管理者之鉴

Management Mirrors

张晓成 著

企业管理出版社
EMPH ENTERPRISE MANAGEMENT PUBLISHING HOUSE

图书在版编目（CIP）数据

管理者之鉴 / 张晓成著. —北京：企业管理出版社，2022.1

ISBN 978-7-5164-2399-8

Ⅰ. ①管… Ⅱ. ①张… Ⅲ. ①企业管理—研究 Ⅳ. ①F272

中国版本图书馆CIP数据核字（2021）第100498号

书　　名：管理者之鉴
书　　号：ISBN 978-7-5164-2399-8
作　　者：张晓成
策　　划：蒋舒娟
责任编辑：蒋舒娟
出版发行：企业管理出版社
经　　销：新华书店
地　　址：北京市海淀区紫竹院南路17号　　邮　　编：100048
网　　址：http://www. emph. cn　　电子信箱：26814134 @qq.com
电　　话：编辑部（010）68701661　发行部（010）68701816
印　　刷：河北宝昌佳彩印刷有限公司
版　　次：2022年1月第1版
印　　次：2022年1月第1次印刷
开　　本：700mm × 1000mm　1/16
印　　张：19.75印张
字　　数：310千字
定　　价：78.00元

自序

管理，从来就不是纯理论的抽象事物。

一名管理者，不论身处高层还是基层，在长期的、日常的经营活动中，随时随地都会直接或间接参与各种各样的管理实践。

在完成《管理者之道》的写作后，能把既往的，或惊涛裂岸或云卷云舒，但大多为自己亲自处置过或亲身经历过的管理事件梳理、记录、描述和展现出来，是我今后一段时间里老骥伏“案”，不懈为之“劳作”的一桩“正事”。

记得很小的时候，就听说过“一滴水可以照见阳光”，长大成人以后，更知道了应“前事不忘，后事之师”和“他山之石，可以攻玉”，则善莫大焉。

于是，我寄望通过这本我将写下来且取名为《管理者之鉴》的书，可使现在或未来的管理者能够从书中解剖的这些管理事件及归结的经验与教训中有所收获，找到属于自己的或明或暗却总是热情、坚定、给人力量，引人踏上光荣与梦想征程的那一盏心灯。

张晓成

二〇二〇年春

目录

第1章
理论与方法

1.1 学习，学习，再学习

史永正从国内一所名牌大学毕业后通过校园招聘进入了喜马拉雅集团（公司）[①] 人力资源部工作。他一米七九的个头，走路带风，不戴眼镜，清隽的面庞上一双明亮的眼睛透出了十足的英气。他的到来，对做事政策性强、普遍严谨，有时甚至让人感觉有些“刻板”的人力资源部来说，就像吹进来“一股惬意的风”。

上班第一天，史永正见到了人力资源部总经理唐双全。

唐双全热情欢迎史永正加盟喜马拉雅集团，并向他介绍了人力资源部的基本情况，安排他负责集团总部员工的招聘工作。

听到这一安排，史永正还是很高兴的。因为这符合他内心的期望。他一直对自己的形象和口才充满信心。他喜欢和“外人”打交道，更何况在大学时，他就对人员招聘的课程感兴趣，在这方面他没少下功夫。相对其他人力资源的课程，他认为对与人员招聘相关的课程自己学得更多、也学得更好。

于是，当史永正从唐双全办公室走出来的时候，他的脸上带着笑意，嘴里哼着曲子，走路更轻快了，自己都觉得像是在飞……

但两周以后，周围的人就不怎么能看见他脸上的笑意了。一个多月以后，大

---

① 本书涉及的主体企业（包括其商号和产品商标）及其相关人物，一律使用化名。

家竟能发现他脸上挂着的一丝苦意，感觉他整个身心似乎也显现出了某种疲态。

没过多久，关于史永正的“故事”就飘进了唐双全的耳朵里：

“他筛选简历的效率太低，别人一天干完的活，他三天都干不完。据他自己说‘还经常加班加点，有时候连午饭也没时间吃……’。真不知道他是怎么干活的？”

“小史初试后推荐给用人部门复试或进一步面试的人，用人部门很多都不认可，认为这些人的学识经验，尤其是业务能力达不到要求，说是‘白白耽误大家的时间，现在任务这么紧，大家都挺忙的’。”

“他前期与应聘者沟通不够，招聘到的人入职后不愿意服从业务部门的安排，说‘家里孩子小，还总生病，一生病就发高烧、咳嗽、喘不上气来，要赶紧跑医院……所以，实在不能经常出差。’也不知道小史最初是怎么沟通的？其实他挺爱说的，都有点‘话痨’。”

“小史有时忘了对应聘者做背景调查，结果应聘者入职后发现有的履历不实，还有的学历造假。这问题就严重了！就像业务部门说的，‘这涉及个人诚信。谁还敢把业务，哪怕是一单小业务交给这种人去干？这我们也不放心啊！’”

……

唐双全打电话把史永正叫到了自己的办公室。这一次，唐双全热情依旧，但史永正却不如上一次那样轻松、自如了。他低头站着，手垂在身体两侧，一言不发。

看到史永正这样，唐双全先招呼他坐下，然后笑着对他说：“怎么了？小史，干吗这么垂头丧气，你那活力四射的劲头跑哪儿去了？”

史永正：“我……”

“是工作遇到问题了吧？没关系。别说工作了，我们人生中都会遇到这样或那样的问题。有问题不怕，把问题解决了，工作就进步了，人生也就顺畅了。是吧？”

“是的……”

“我也听说了一些你工作上的事情。发生这些问题，小史，你自己认为会是什么原因呢？”

“主要是我缺乏经验，工作能力也不够。”

“这是一定的。其实所有人都有工作经验不足或工作能力不强的问题。这一点，对刚参加工作的人来说可能会更明显。但我要强调的是，发生这些问题在很大程度上说明你在大学里学习的理论和方法还远远不够，你还需要不断学习新的知识。”

史永正抬起了头，疑惑地看着唐双全，嘴角动了一下，但没有说话。

尽管如此，唐双全还是从史永正的表情里读出了他想说的话，“是吗？不会吧。我可是科班学习人力资源管理的。大学四年，我所学的人力资源管理的理论和方法不少了，尤其是人员招聘方面的理论和方法精研得更多……”

于是，唐双全看着史永正的眼睛说：“小史，你可能还没有意识到，但结果就是这样的。例如，你筛选一份简历的时间是别人的三四倍，你想过这是为什么吗？是你阅读速度慢，还是你看东西更认真？我认为都不是。是因为你只看一遍，往往还无法判断应聘者是否符合招聘岗位的要求，包括应聘者的学识经验、工作能力、性格特征等，尤其是对你还不够了解知识背景的那些专业岗位的应聘者，如招聘一位软件开发人员，要求懂C、C++，而应聘者说他懂Java和VB，这可不可以呢？你不知道，所以，你不得不再看第二遍、第三遍，甚至还要向应聘者了解，再向招聘部门求教，这样花费的时间肯定就长了。”

史永正仍没有说话。

唐双全接着说：“同样，你认为简历合格，甚至你初试合格后推荐给用人部门的一些应聘者，你对其专业知识和专业能力也不能准确把握，所以才会出现很多用人部门在复试或进一步面试时不认可的情况。我就听说财务部希望招聘一位负责成本会计的主管，你却给他们推荐了两位分别在政府机关和贸易公司工作较长时间、对费用会计很熟的人，他们自然无法认可了。”

这时，史永正搭了腔，“我当时觉得都是做会计业务，成本会计和费用会计应该是大同小异的吧。”

唐双全笑了笑，说：“可你‘觉得’不行，要人家财务部‘觉得’才行，何况你觉得的并不对。这两种会计业务在有些方面差别是很大的，隔行如隔山，就像内科医生接不了外科手术，动不了手术刀一样。”

“所以，”唐双全接着说，“我们要学习，学习，再学习。即便你是人力资源管理科班毕业的，但仅靠大学里学到的那些理论和方法还不够。尤其你从事的是人员招聘工作，需要面对各种各样的应聘者，需要了解集团总部不同部门和不同岗位对应聘者的要求，需要准确把握每一名应聘者与每一个招聘岗位之间的匹配度，是正好匹配，还是高配、低配？如果不是正好匹配，会带来哪些问题？如果匹配度不够，现在相对合适的这位应聘者还有没有培养、上升的条件和空间？等等，这些都离不开你自己对相关知识的学习和掌握。”

史永正点了点头。

唐双全继续说：“参加工作以后再学习，如果学习理论，可以利用业余时间回到大学选修一些课程；也可以通过公司组织的外训和内训学习。当然，更多是靠自学。建议你制订一份读书计划，定期读完一本专业图书。这贵在持之以恒，要坚持不懈。如果是学具体做法，可以多看看自己周围的人是怎么做的，他们做的程序怎样，利用了什么工具，结果又如何，有什么值得总结或借鉴的地方？我看我们人力资源部每月一次的部内交流就搞得不错，把一些大家经手过的典型案例拿出来讨论，既可以规避再犯类似错误，又可以集思广益，开阔思路，提高业务水平。上次部内交流你正好出差，没能参加，下次一定要参加，最好也做个典型发言，讲讲你工作中存在的问题，也让大家帮你把把脉。”

“当然，”唐双全最后说，“学习具体做法，也可以‘走出去’或‘请进来’，向别人请教，看看别的企业是怎么做的，都取得了哪些成果，有什么经验和教训是值得我们借鉴的。一定要谦虚、好学，我以前生长在农村，记得有一条农家谚语是这样说的，‘越是饱满的穗，头越低’，大概讲的就是这个道理吧！”

史永正笑了。

问题

您如何评价唐双全对史永正工作中出现的问题所做的原因分析？

您认为唐双全为史永正开的“药方”正确吗？如果不正确，您的建议是什么？

1.2 问题就一个字：空

渤海集团（公司）与国内很多企业一样，通常都会在每年元旦前后召开全集团一年一度的工作会议。会议代表来自总部各部门和各分、子公司，几天的会议就像“梁山英雄们”的“聚义”。会上，他们争先恐后地发言，讲述自己的成功经验，畅谈未来的发展思路……会下，他们也会喝点小酒，或春风得意引吭高歌一曲，或发发牢骚倒倒苦水一滩。

在这一会议上，渤海集团都要对过去一年的各项工作——主要是生产经营工作进行总结，也要对将开启一年的各项工作——主要也是生产经营工作进行部署。会议讨论的主题通常都是围绕先期数易其稿，直到会议召开前一天才最终敲定、打印的《渤海集团XXXX年工作报告》展开的。

渤海集团对这一《工作报告》向来非常重视。每年都要由一位集团副总经理牵头，搭一个三五人的"小班子"负责起草《工作报告》，报告基本成形后先送集团总经理初步审核，通过后再提交集团管理层参加的集团总经理办公会审议，通过后才最终定稿并安排打印。

2008年12月中旬，刚接任集团战略发展部经理职务的费莹莹第一次参与了《工作报告》的起草工作，具体负责完成《工作报告》中"当前的形势"和"2009年的工作部署"两部分的起草任务，而"2008年的工作总结"部分的起草任务由集团办公室主任廉海平负责。

费莹莹自博士毕业就进入渤海集团，已经工作六年了，其间，她从专员到主管，再到高级主管，一直从事战略研究工作。这与她在大学念本科，尤其是硕士、博士时主修管理类专业时的学习与研究活动相似，主要是查阅各种信息资料，撰写国民经济和产业经济等的分析文章，为渤海集团和所属企业的管理层引领企业发展提供一些参考依据。所以，尽管渤海集团某些人对她的分析文章有着这样那样的看法——其实也不仅是对她的分析文章，对战略发展部其他人的文章也都一样，"完成的战略分析报告往往过于空泛""与渤海集团产业发展的实际脱节""基本上属于隔靴搔痒""华而不实"……对这些话，费莹莹倒能够承受，用她带着几分自信的话说就是，"自己还能在一片荆棘中相对滋润地活着"。

然而，在其前任离职而费莹莹接任了集团战略发展部经理职务以后，再确切地说，是在她参与了《工作报告》的起草工作以后，她曾有的那几分自信就所剩无几了……

事情的经过是这样的：

费莹莹首先安排部门内的几位"小伙伴"帮助她收集近期的国际和国内宏观经济形势，以及国内通信信息产业发展形势的资料，然后她结合自己的认识从中摘取了若干"精华"，完成了"当前的形势"部分的起草任务。

在对形势所做的基本分析中，她写道："由美国次贷危机引发的国际金融危机[①]还在扩散和蔓延，世界经济正进入衰退周期""受国际金融危机的影响，我国经济发展的增速放缓，经济下行压力逐步加大""当前，国民经济的首要任务是立足扩大内需，保持经济平稳较快的增长；要实施积极的财政政策和适度宽松的货币政策，继续加大对自主创新、先进装备制造业、重大改革等的支持力度；加快发展方式的转变，推进经济结构战略性调整；落实促进经济发展的政策措施，支持重点产业发展；制定九大支柱产业振兴规划，组织实施信息、新能源等高技术产业化专项；推进企业技术改造和兼并重组，制定并贯彻企业技术改造指导意见和实施办法；加快服务业发展，大力发展交通运输、现代物流等生产性服务业""在通信与信息化领域，国家将继续支持、推动 TD-SCDMA[②] 研发和产业化工作，大力推进信息化和工业化融合；实施新一代宽带无线通信网、软件和集成电路等重大专项；推进数字电视、AVS、手机电视等自主知识产权技术的产业化；保持国内金融电子和行业信息化建设的稳步发展"，等等。

最后，她以一句"套话"作为"当前的形势"部分的结语："总之，面对上述的机遇与挑战，全体高管团队一定要对可能会变得更为严峻的经营形势有更加充分和清醒的认识，要坚定信心，主动应对，化挑战为机遇，扬己之长避己之短，攻坚克难，用我们的扎实工作，全力开拓渤海集团 2009 年经营发展的新局面。"

至于"2009 年的工作部署"部分，由于工作部署需要熟悉企业生产经营的具体情况，这不是费莹莹擅长的，所以，尽管她按时交了稿，但这部分内容能否"过关"，她并没有什么把握。

果然，《工作报告》送集团总经理岑弘初审时没有得到认可。

岑弘把牵头起草《工作报告》的集团副总经理薛绍刚和起草"小班子"的那三五个人叫到第二会议室，对大家说："《工作报告》我看过了。其中，'2008

① 国际金融危机，指 2007 年在自身互联网经济泡沫、虚拟金融业泛滥和政府实行高赤字财政政策、高消费政策和出口管制政策等深层次问题的多重作用下，美国爆发的次级抵押贷款危机（简称次贷危机）。该危机导致美国大量次贷机构破产、股市债市剧烈震荡，并在 2008 年致使多家投资基金、保险机构和投资银行（雷曼兄弟、美林证券等）破产或被迫出售，最终演变成一场让众多实体企业裁员、倒闭、大幅亏损和实体经济严重下挫的国际性的金融危机。

② TD-SCDMA（Time Division-Synchronous Code Division Multiple Access，时分同步码分多址），指由中国提出的第三代（3G）移动通信标准，也是国际电信联盟（ITU）批准的三个 3G 移动通信标准之一。

年的工作总结’部分，涉及的都是集团上上下下做过的事情，反映得已比较全面了，只是应把经验和教训再归纳、提炼一下，理出几条重要的就行了。‘当前的形势’和‘2009 年的工作部署’两部分还差得很远，完全不具备让我初审的条件。”

“问题就一个字：空！”岑弘把目光转向费莹莹，又说，“你博士毕业进入企业这么多年了，写的东西怎么还这么‘宏观’？国际、国内形势如何如何，可哪一条与我们有关？与我们企业的发展有关？把这份东西换个企业，不是渤海集团，而是什么蓝海、红海集团，我看也完全可以用，反正大家面对的国际、国内形势都一样。你以为你写的东西是‘万金油’吗，可以到处抹？”

费莹莹低下了头。

岑弘接着说：“还有‘2009 年的工作部署’，每一条都应该是非常具体的，必须是可以一一落实的。哪一些应该干，哪一些不应该干？该干的，具体措施是什么？不该干的，具体要求又是什么？这来不得半点含糊！这一部分还不像前一部分。形势嘛，多说一点、少说一点，还不是那么要紧，但工作部署就不一样了。什么叫‘工作部署’？这就像在战场上，将军下达了命令，要士兵往上冲，如果命令错了，是要死人的！我们的部署也一样，如果乱部署，还不如不部署！如果部署错了，虽然不一定死人，但把企业带进了沟里，我们于心何忍啊？”

费莹莹的嘴唇嚅动了一下，脸上的表情更沉重了。

岑弘看见后，略微和缓了口气，接着说：“当然，让你来写这一部分可能也不一定合适。你也不是直接参与生产经营和指挥决策的人，要完成它，的确有些困难。你看能不能这样，薛总，”岑弘转向薛绍刚，对他说，“今年还是让英杰来写这一部分吧，去年就是他写的，今年还可以让他参与一下。”

岑弘提到的英杰，是雷英杰。他以前一直参与《工作报告》的起草，但他在 2008 年年初担任了渤海集团副总经理后，便不再参与该项工作了。

“我看行。”薛绍刚说。

“这样的话，小费今年也可以先学习一下，看看‘2009 年的工作部署’部分该怎么写？”岑弘最后对费莹莹说，“当然，对‘当前的形势’部分，你也可以请雷总帮着改改。”

问题

您认为费莹莹的问题是写作问题吗？如果不是，那是什么问题？问题的根源出在哪里？用什么方法或通过什么途径可以减少这种问题发生的概率？

1.3 你知道当“大兵”与做“小将”的区别吗

倪锦龙一向对亨利•法约尔（Henri Fayol）的“管理五要素”深信不疑。

在他的眼里，计划（Planning）要素，即提前对经营、管理活动做出安排部署，包括未来要达到的工作目标、实现工作目标的路线图和时间表，以及相应的保障措施；组织（Organizing）要素，即搭建企业的内部组织或工作团队；指挥（Commanding）要素，即对内部组织或工作团队进行工作布置，下达工作任务；协调（Coordinating）要素，即通过沟通协商，让人与人、团队与团队之间消除分歧，最大限度地保持统一与和谐，形成合力；控制（Controlling）因素，即在计划执行中，检验执行的过程和结果，及时解决出现的问题，并对相关责任部门或责任人予以必要的奖惩等，一并构成了管理者的基本工作职责。

他认为，并且他相信不少的管理者也会这样认为：亨利•法约尔的“管理五要素”也是管理者应该具备的五种能力[①]。

所以，这位洞庭股份（公司）主管人力资源的副总裁但凡参加企业某一干部职位的招聘面试，尤其是面对以前一直当员工，即“大兵”，而现在通过应聘有可能第一次做干部，即“小将”的应聘者时，他往往会对其提出同样的问题：

“你知道当‘大兵’与做‘小将’的区别吗？换言之，假如你这次应聘成功，从‘大兵’变成了‘小将’，你认为，你的工作内容和工作方式会有哪些明显的变化呢？”

问题

对倪锦龙将“管理五要素”认定为管理者应该具备的五种能力，您如何评价？

您认为各种企业，无论是传统的实体企业，还是现今的互联网企业、虚拟金融企业等，其管理者都需要具备这五种能力吗？另外，这五种能力只是做“小将”才需要，还是当“大兵”也需要？

---

① 张晓成 . 管理者之道 [M]. 北京：企业管理出版社，2020.

1.4　哪个人可以在这样的老板手下“安逸”地工作

邬兴龙个子不高，讲话带着浓重的四川口音。18 年前他创办的胜利饲料厂——后来叫“胜利饲料（公司）”，现在已是当地一家生产、销售家畜家禽饲料的颇具规模的企业了。

既是企业创始人又是企业总经理的邬兴龙，在管理上一向以神情严肃、行事严谨、要求严格、批评严厉著称。他自己不苟言笑，也很少看见有人可以面带笑容地走出他的办公室。

安成亮进入胜利饲料 6 年后担任了财务部经理一职，此前他先后做过费用会计、成本会计、总账会计、财务部经理助理等工作，在进入胜利饲料之前还在一家审计事务所工作过 3 年。

安成亮没有担任财务部经理前，虽对邬兴龙“严”字当头的工作风格有所耳闻，但毕竟自己不是财务部经理，与邬兴龙直接打交道的机会并不多，所以也就没有考虑过“与老板沟通、互动是否顺畅、和谐”的问题。

安成亮担任财务部经理后，这个问题却不时地困扰着他，几乎成了他的一大心病。

问题最早出现在安成亮担任财务部经理当月第二周的周四。

这天下午，阳光温煦，安成亮拿着刚出来的上个月的月度财务报表去向邬兴龙汇报。由于上个月的生产经营任务完成得不错，所以安成亮兴致勃勃，以为邬兴龙也会很高兴，至少不会给他脸色看。但没想到，不到五分钟，邬兴龙就打断了安成亮的汇报，对他说：“为啥子财务部不可以在每个月月初的三四天内就拿出上个月的月报来？我搞不懂，就弄这么几张纸的东西（财务数据），非要十天半个月吗？你也不想想看，上个月的生产经营情况成也罢、败也罢，有啥子优、良、中、差，过了半个月我才晓得，咋个还来得及对这个月的生产经营搞点调整、优化呢？”

安成亮刚想做一点儿解释——胜利饲料已有两家子公司了，每月月底要先用三四天分别完成母公司和子公司的“关账”“入（总）账”，再用两三天分别编制母公司和子公司的单户财务报表，然后再用两三天才能编制胜利饲料合并的财务报表，但他的嘴唇只是动了动，还未出声，就又被邬兴龙打断了："你不用给我解释啥子，我也不听！我就是这样的要求，财务部必须在每个月的第一周拿出上个月的月报来，否则就不用弄了。季报也是如此，不能超过十天。年报因为有外审，时间可以稍微宽限点儿，但也不能超过一个月。如果过了时限，你们拿出来我也不看！以前我对你的前任常春华也是这样要求的。只是她在永安豆粕厂时就和我是同事，是先人板板[①]，已经干了二三十年财会了，成习惯了，改不脱[②]了。没想到现在换了你，咋个还是这个样子？今天我就给你说，'这绝对不可以！'"

问题第二次出现是在二十六七天以后。

这天上午，天有些阴沉，邬兴龙打电话把安成亮叫到了他的办公室。还不等安成亮坐稳，邬兴龙就对他说："财务部现在给公司经营班子定期提供月报、季报和年报。上次我说了以后，这个月你们的月报有了丁点儿进步，比上次快了三四天，但还不够，还莫得达到我说的'必须在每个月的第一周拿出上个月的月报来'的要求，所以我是不会看的。我这个人说话认真。我既然说'过了时限，你们拿出来我也不看'，那就是不看！"

"下个月，我们争取再提前几天拿出来。"安成亮说。

"不是争取，是必须！"邬兴龙盯着安成亮，语气严厉。

他接着说："我今天喊你来，不是要再和你说报表的时限问题，是另外有一件事要交代。前天，我去市里面参加了工商业联合会举行的年会，听了几个会员单位的典型发言，他们分别说到了零基预算、弹性预算、目标成本、生命周期成本、财务杠杆、边际贡献、敏感性分析等，我向旁边的人打听，他们给我冲壳子[③]，说这些都是管理会计报表里面爱出现的内容。我就奇怪了，为啥子我就从来莫得看到过这种报表？也从来莫得听你们财务部说起过？"

安成亮回答："管理会计报表不是企业必须编报的。企业必须编报的一般就是财务会计的'三张表'，即资产负债表、损益表、现金流量表。"

"你不用给我说这三张表了！"不等安成亮说完，邬兴龙就粗暴地打断了他的话，"你就回答我，为啥子财务部从来莫得给公司经营班子提供过管理会计报表？"

---

① 先人板板，四川方言，指"祖先牌位"，意为"长辈""前辈""老干部"。

② 改不脱，四川方言，意为"改不掉"。

③ 冲壳子，四川方言，意为"吹牛皮""侃大山"。

“财务会计的‘三张表’有一定之规，是按照相关的企业会计制度定期编制的，而管理会计报表并没有相关的硬性规定，要由企业自行决定是否编制和如何编制。我们财务部是没有提供过管理会计报表，因为经营班子从来就没有提出过要管理会计报表啊！况且，要编制哪些管理会计报表，你们也从来没有告诉过我们呀！”看到邬兴龙的态度，安成亮也来了脾气，他不软不硬地把这个“球”又踢了回去。

“你们工作的主动性呢？你们都是专业财务，我们莫得说，你们就不可以先搞个建议出来？”邬兴龙说话仍不好听。

安成亮没有再吱声。他心里想，“这也对。管理会计，你懂吗？”

“还是废话少说。下个月你们必须拿出来两三张管理会计报表。至于先拿出来哪两三张，你们可以自定。”

“最好还是您先提出要哪两三张，否则财务部拿出来的可能您又不满意。”安成亮明知邬兴龙提不出来，他只是想提前打个预防针，以免下一次提交的报表不是邬兴龙想要的，自己又挨批。

“你咋个晓得我会不满意？”邬兴龙反问道，语气依旧强硬。

“月报的‘三张表’要求在每个月的第一周提供，那管理会计报表呢？有没有时限？”

“做啥子工作会莫得时限？先定十天，定成和季报一样。”

“十天时间？这有点儿紧。财务部现在就这么几个人，而且管理会计报表以前大家又都没有做过，关键是要进行指标分析，给出分析结论。”

“那就是你的事情了。你问我，我就说十天。完不完得成，你自己去想办法。可以从子公司借人，要不然就是你们自己加班。如果过了时限，你们拿出来我也不看！只能算你们做了无用功。”说到这里，邬兴龙向安成亮摆了摆手，示意他可以走了。

问题第三次出现是在一个多月后的一个周五。

这天下午，胜利饲料在大会议室召开每月一次的中层干部例会。窗外，小雨下了一上午都未停——也难怪，正是清明时节嘛。

邬兴龙在讲话。他介绍完上个月公司生产经营取得的成绩后，开始对上个月公司经营管理中存在的问题逐个点评。

“公司办公室，你们是公司的‘总值班室’，办公室不可以一个人都不剩，三四个人全跑出去，有时找个人、查个资料、接个电话，连一个人都莫得，这绝对不可以！万一误了大事，你们负得起责任吗？”邬兴龙盯着公司办公室主任乐玉慧说：“还有下班，有时候公司领导还在办公室忙，你们就都拍屁股跑了，太不落教[1]了嘛！从明天起，这些问题必须统统给我扳过来！”

“市场营销部,上个月又有超过100万元的合同原件未及时归档的问题出现。你们想干啥子？这么重要的合同原件放在业务员手上，如果丢了、被偷了或者发生啥子意外，要和客户打官司，而公司手里莫得合同凭证，最后官司输了，要赔钱，这哪个来负责？是业务员，还是你老时？”邬兴龙冲着市场营销部经理时友临说。“你搞忘了你上次和别人打赌输了200块钱，你老婆让你跪搓衣板的事情了嗦？”

会场上顿时传来一些嬉笑声，但安成亮没有笑。说老实话，重要合同不归档，市场营销部的确有错，但你邬兴龙批评人，也不能不分场合拿别人家里的事情乱说啊……

“财务部，你们部门有两个员工相互代打（出勤）卡，被人家人力资源部抓到了，要罚款，我咋个听说你安成亮还跑到人力资源部给他们说情去？难道你不晓得公司这方面的规定嗦？”

安成亮没有吭声。

“发生了这样的事情，部门不批评、不处理，还想大事化小、小事化莫得了？你晓得这是啥子行为吗？是包庇、是纵容！”邬兴龙的嗓门很大，会场一下变得安静了许多，可以很容易听到窗外的雨声。

安成亮慢慢地站了起来，坐在他旁边的财务部副经理傅洪涛使劲拉了拉他的衣角，要他别站起来，但他没有理睬。

“邬总，财务部的两个员工相互代打卡，这肯定不对，人力资源部通知了部门，要罚他们半个月的工资，这些我们都没有意见，同意按公司的规定办。我还分别同他们谈了话，提出了严肃批评，要求他们深刻检讨，从思想深处寻找问题的根源，以此为戒，做出郑重承诺，保证以后不再发生类似事情。所以，您刚才说我们‘不批评、不处理’，这与事实不符！”安成亮说到这里，会场上又有几个人冲他摇头或摆手示意，要他别再说了，但他依旧没有住声，“的确，我是到人力资源部去了一次，但我不是替他们说情去了，而是把出现这种问题

---

① 落教，四川方言，意为“有教养”“懂规矩”。

的具体原因向人力资源部做了说明。真实的情况是，他们这个月为了编制财务月报和您新近要求的管理会计报表，连着加了好几天的班，晚上十一二点才回家。现在公司又没有正常的加班安排，员工加班都叫‘自愿加班’，既没有加班补贴也不能安排换休，而且头一天员工加了班，第二天晚来一会儿就要扣工资。所以，从根子上讲，他们这样做也是不得已而为之的。因为，公司的一些制度的确存在某些缺陷……”

安成亮说到这里，邬兴龙忍不住了。他铁青着脸，对安成亮吼着：“公司制度有缺陷？我看是你脑壳有缺陷吧？先不说公司的这些制度有莫得问题，就算有，在没有对现行制度进行修订并出台实施新制度以前，公司任何人，就算是我，也要按照现行制度执行。而他们竟敢无视公司的规定？加班咋个了？你打听一下，公司哪个不加班？加了个班就可以违反公司规定？如果全公司的人都这个样子干，这个公司我看早就死硬了！”

安成亮涨红了脸，分辩道：“我没有说他们这样做对，我只是想说他们这样做事出有……”

“事出有因，有啥子因？就算有因，代打卡也最多是合情，但不合规。我原来还在想，他们的胆子为啥子这么大？现在我晓得了，是因为有你在给他们扎起[①]，在他们后面摇鹅毛扇，做‘狗头军师’。”

看见邬兴龙不容他再说，安成亮就试着要坐下。

“不准坐！哪个喊你坐下了？你不是喜欢站吗？你就一直站着吧！”邬兴龙继续对着安成亮咆哮：“员工整奸耍滑，其实不可怕。可怕的是我们干部，不敢从严管理，还在包庇和纵容。包庇和纵容，是极大的犯罪！”邬兴龙拍着桌子，“知道吗？这是犯罪，极大的犯罪！”

邬兴龙不讲话的时候，会议室里鸦雀无声，安静得连一根针掉在地上的声音仿佛也能听见。

几十个人坐着的会议室里，只有安成亮一个人站着……

第二天上午，安成亮向公司递交了辞呈。

问题

您如何评价邬兴龙的个人修养？

---

① 扎起，四川方言，意为“站桩”，给人支持，做后盾。

管理者之鉴

您认为在所发生的事例中，是邬兴龙和安成亮两人都有错，还是只有其中的一人有问题？为什么？

您认为安成亮应该以怎样的方式与邬兴龙沟通、互动，才可以做到顺畅、和谐，以适应邬兴龙的管理风格？

您可以把与上司的沟通方式分类吗？分类的标准又是什么呢？

第2章
企业文化

2.1 企业精神长成记

对许多企业来说，其企业精神往往都是伴随着自己的历史而逐渐繁衍、成长起来的。

百年历史与红色基因

昆仑集团（公司）的历史可以追溯到100多年前。

1904年1月（清光绪二十九年十一月），清政府租用了位于北京东单二条的大学士翁同龢宅邸旁的8间马厩，改造后安装了100门磁石式人工电话交换机，同时聘请外籍参赞担任技术顾问，试办了中国第一家官办电话局——北京电话局。1906年，北京电话局下设铜匠处，专门承担王公大臣家电话机的维修事务。

从1911年辛亥革命后至1949年北平和平解放前，该铜匠处先后作为国民政府的修机室和电信机械修配所，主要负责城内电话线缆、交换设备和电话机的修理。

1931年，中共中央军委在江西瑞金成立通信材料处，承担修理无线电台和收发报外设的任务。1938年，中共中央军委三局建立了延安通信材料厂，在极其简陋的条件下，突破层层封锁，自力更生，靠修配和自制，使通信元器件自给率达到 70% 以上，保障了全军通信器材的供应。1940 年 7 月 7 日，欣闻延安通信材料厂的突出事迹后，毛泽东挥毫题词："发展创造力，任何困难可以克服，通讯材料的自制就是证明。"（该题词见于中共中央军委三局的《通信战士》杂志第四五期的合刊）

1949 年 1 月 31 日，北平和平解放，电信机械修配所被中国人民解放军北平市军事管制委员会接管。随即，中共中央军委电信总局派遣曾在延安通信材料厂工作的蒋文义、葛运来、吕光荣等相继进入该所主持工作。同年 6 月 1 日，根据中央军委电信总局命令，该所更名为电信总局第二修配厂，即后来的昆仑集团所属的北京昆仑设备厂。

时至今日，毛泽东的题词，依然构成了昆仑集团企业精神中的红色基因。

责任担当与忘我奉献

中华人民共和国成立后，昆仑集团的创业者们住"干打垒"，吃粗粮、咸菜，靠着自力更生、艰苦奋斗的一腔热血，把建设好中国人自己的邮电工业体系的责任扛在肩上，舍我其谁、白手起家，"有条件要上，没有条件创造条件也要上"，硬是从北国原野到岭南一隅、由东部沿海至西部"三线"，先后建起了 29 家国有邮电工厂，使邮电工业完成了从修配到制造，从仿制到自行设计，从只能提供单一通信器件到提供成套通信系统设备，从修修打打的作坊式生产方式到初具规模的工业化生产方式的彻底转变。这就像昆仑集团所属的兴安（广西）昆仑设备厂当年厂歌里唱的那样：开进昔日丛林荒野，迎来今天机声轰鸣，微波天线指蓝天，传真带来春天的喜讯，电源送往四面八方，战友来自江南塞北，前辈耗尽金色年华，后辈奉献火红青春，几经磨砺初衷不改，奋发图强众志成城……

至二十世纪七十年代末，通过开展工业、科研、运营单位"三结合"的技术攻关和成千上万人参与的工程大会战，已初步建立起来的邮电工业体系突破一道道技术和生产难关，累计贡献了 106 项首创产品，如第一部 55 型电传打字电报机、第一台明线 12 路载波机、第一部 HJ-921 纵横制电话交换机、第一套 960 路微波通信系统等，为国家邮电建设事业提供了 90% 以上的所需设备，满足了国民经济发展的需要。

改革开放与合作共赢

1978 年 12 月 18 日，中国共产党十一届三中全会召开，吹响了中国改革开放的号角。

1980 年 4 月 1 日，昆仑总公司（昆仑集团的前身）成立，开始以企业集团形式组织 29 家国有邮电工厂的生产，包括对外承接国家在邮电工业领域的技术引进、合资合作等任务。同时，调整生产与经营关系，改革企业管理机制，提出把市场是生产过程的终点转变为是生产过程的起点、把以产定销转变为以销定产、把工厂生产什么就向用户提供什么转变为用户需要什么工厂就生产推销什么的“三个转变”指导思想，为企业逐步转向市场经营提供了动力。

1981 年 12 月，昆仑总公司所属的长春昆仑设备厂研制的 JT-02 型长途交换设备通过生产定型鉴定。

1982 年 6 月，昆仑总公司所属的贵阳昆仑机械厂研制的 H-Y-BJ-100-79 环形包裹分拣机通过生产定型鉴定，陆续装备各邮政枢纽局。

1983 年 7 月 30 日，昆仑总公司、比利时贝尔、比利时政府发展合作基金会三方投资设立中国通信行业第一家中外合资企业——上海贝尔公司的合资合同在人民大会堂签约，该项目总投资额为 1.7 亿元，包括建设 1 条年产 30 万门 S1240 数字程控电话交换机的生产线和 4 条专用零部件的生产线及软件中心。

自 1986 年起，昆仑总公司与某学院合作研发 HJD 04 大容量程控数字交换机，历时 5 个寒暑，至 1991 年 12 月终于研制成功。这是中国第一种达到国际先进水平且具有完全自主知识产权的大容量程控电话交换机，得到了时任国务院副总理朱镕基的高度评价，称“04 机送来一股清风”。

1995 年 10 月，由昆仑总公司参与研制的 155Mb/s 和 622Mb/s 两种速率的 SDH 设备在成（都）攀（枝花）架空光缆线路上成功开通，同时通过了出厂验收与网路鉴定。

1998 年昆仑总公司所属的杭州昆仑公司推出了国产 GSM[①] 手机产品 EC528，这是中国第一部通过欧洲 FTA[②] 认证具有自主知识产权的手机。

与此同时，昆仑总公司利用国家改革开放政策，广泛引进国际先进的产品

① GSM（Global System for Mobile communications，全球移动通信系统），指按照欧洲电信标准而设计的一种数字移动通信系统，采用数字信令信道和频分多址（FDMA）、时分多址（TDMA）技术，较之第一代（1G）移动通信系统而言，属于第二代（2G）移动通信系统。

② FTA（Free Trade Agreement），自由贸易协定。

技术和制造技术，包括从NEC引进2×34Mb/s、140Mb/s大容量数字微波通信设备生产技术、从摩托罗拉引进GSM移动通信设备生产技术等，还先后与多家国际著名通信厂商设立中外合资企业数十家，包括与西门子投资组建光缆合资公司、与诺基亚和爱立信等投资组建移动通信合资公司等，培养了大批专业人才，大幅提升了产业制造能力，有力支撑了中国通信业大规模建设时期的高速发展。

至二十世纪末，昆仑总公司已成为拥有直属国有工厂、控股和全资子公司、合资联营企业三种企业形式的控股公司，1998年年底共有员工35000人，全年实现销售收入248亿元（按当时的汇率8.27∶1折算成美元，为30亿美元），位列英国《电讯周刊》发布的全球通信设备制造商50强排行榜的第20位（列昆仑集团之前的均为国外跨国公司，如朗讯、摩托罗拉、爱立信、NEC、阿尔卡特、西门子、北电等）。

1999年3月，昆仑总公司更名为昆仑集团，与行业主管部委脱钩，成为中央企业，踏上了二十一世纪的新征程。

……

1999年8月，经时任总经理项义刚的提议，并经昆仑集团组织广泛地论证和考证，最终将昆仑集团的企业精神确定为：创造·突破。

创造，就是自力更生，克服一切艰难险阻，敢为天下先，从无到有，不断实现思想创新、作风创新、技术创新和产业创新。

突破，就是突出重围，打破坚冰，由量变到质变，不断超越环境、超越自我，挑战新高度，跃上新舞台。

2000年4月，昆仑集团文史委员会和职工思想政治工作研究会编辑了《企业精神　创造·突破　论证—考证》一书。该书指出，“创造·突破”的企业精神对新中国成立以来邮电工业企业发展历程发挥了指导作用，有丰富的历史根基和思想内涵，已经成为昆仑集团的企业精神，是几代人长期培育的结果。

问题

您认为昆仑集团将其企业精神确定为“创造·突破”是否合理、准确？

假如您是昆仑集团总经理，会提议把“责任”“奉献”“开放”“共赢”等也列入昆仑集团的企业精神吗？

2.2　“超越自我”的故事

苏建勋 1985 年 7 月进入杭州经纬设备厂领导班子，1988 年 11 月起担任该厂的党委书记兼厂长。

作为二十世纪四五十年代出生的江浙人，他的身材算是高瘦型的，一双锐利的眼睛镶嵌在一张较为白净但有些沧桑的脸上。

他工科毕业，一直从事技术工作，办事认真仔细，逻辑思维能力强。同时，文笔不错，还写得一手好字。

他性格倔强、做事执着。他自己曾说：“到池塘里去钓鱼，人家一次、两次，至多三次，没有（钓到）鱼就走了。我总是坚持下去，哪怕一百次，直到钓到鱼为止。”

他认为自己是一个目标导向型的人。“只要我们坚定信心，策划用心，工作精心，一定能够达到既定目标……我在家中是老大，总有强烈的责任感。母亲非常能吃苦，她对我一生的影响很大。她总是告诫我，办事要有恒心，不能轻易半途而废。我做事总是让她老人家放心。”

同事也不止一次开玩笑说，老苏总是朝着一个目标拼命跑，开始大家还跟着，但跑着跑着，大家就跟不上了，再一拐弯，老苏回头一看，后面已经没有人了……

杭州经纬设备厂成立于 1958 年，老一辈人发扬大无畏的“小老虎”精神，白手起家、艰苦创业，经过二三十年的努力，终于将该厂建设成一家部属的专业通信设备制造企业。

尽管如此，在苏建勋刚担任该厂“一把手”的时候，厂子的净资产不足 2000 万元，一年的产值只有 3000 多万元，像一个大作坊，自主开发的几款微波、载波设备还未走出质量问题的困局，企业正处在风雨交加的“至暗时刻”。企业应该向何处去？摆在他面前的就是这样一个看似简单，而又复杂得难以说清楚的问题。

好在当时中国改革开放已十年，市场经济的春风正越吹越强劲。单就通信设备市场来说，那时的通信设备主要分为交换、传输和终端设备等三类，每一类又可以分为有线通信和无线通信两种。1988 年，有线通信的固定电话，全国的用户数已有三四百万个，而无线通信的移动电话，全国的用户数却只有一两万个，对一个人口超过十一亿的大国来说，这几乎就是空白。依据当时国家通信事业的发展规划，预计到二十世纪末，固定电话用户数将达到5000万个，如果按照国际普遍预测的移动电话用户数为固定电话的10%来计算，移动电话用户数就是500万个；即便按照国内保守预测的移动电话用户数为固定电话的1%～2%来计算，移动电话用户数也有50万～100万个，换算为价值量就是100亿～200亿元。这对当时一年产值不过3000多万元的杭州经纬设备厂来说，就是一个“天高任鸟飞，海阔凭鱼跃”的巨大市场。更何况，当时移动通信，无论是系统（基站）设备还是终端（手机）设备几乎全要进口，国内根本没有生产厂家。显然，如果杭州经纬设备厂选择移动通信产业而且干成了，就一定能跃过“龙门”。

目标市场找到了，但杭州经纬设备厂具备条件吗？能干成吗？说老实话，条件真的不具备，能不能干成谁也说不好，的确风险很大。“人是要有一点精神的，一个企业也一样。”苏建勋对大家说，“我们的企业精神就是‘超越自我’。”

超越自我，首先是认识自我。苏格拉底认为，一切智慧都源于“自我认识”。个人的成长和进步如此，企业的生存与发展也如此。

超越自我，其次是发展自我。要把自身的潜力充分释放出来，聚集全部的力量，突破既有的客观环境的制约、自身条件的制约，才能创出新天地，站上新舞台。

超越自我，最后必须落在“实干”上。光耍嘴皮子不行，“坐地冲锋”也不行。拿破仑讲过，先投入战斗，然后再见分晓。企业也一样，先真干实干，然后便见效益。

于是，苏建勋带头跑邮电部、国家计委等相关部门，住招待所、挤公交车，在北京一扎就是十天半个月，硬是在1988年获得了移动通信900MHx TACS[①]手机技术引进项目立项，而不到一年前，该技术制式才被确定为国家移动通信公网的技术标准。

接下来，是可行性报告批复、办理生产设备进口许可和非专用设备的招标、争取外汇额度、获得中长期项目贷款和银行担保、与外商进行谈判并批

① TACS（Total Access Communications System，全入网通信系统），指按照英国标准设计的一种模拟移动电话系统，属于第一代（1G）移动通信系统。

准签署合同，等等。对每一项工作，都是苏建勋带领企业一班人，废寝忘食、殚精竭虑，咬牙坚持、再坚持……终于在1990年12月22日与摩托罗拉签署了移动通信手机引进（制造）技术合同。当时已临近圣诞节，除了一位华裔业务经理外，参与谈判的外方全都休假回国了，这位华裔业务经理最后获得了特别授权，才代表摩托罗拉高层在合同文本上签了字，随即他也飞回了美国。

然而，当杭州经纬设备厂第一批以IKD①方式生产的3000台手机上市时，这些历经千辛万苦引进来的“大哥大”却并不怎么畅销。分析原因，一是当时国内市场需求的确小，那时人均月收入不到百元，能买得起一两万元“大哥大”的毕竟是极少数人；二是每个省市邮电部门在进口移动通信基站的时候往往也配套进口一批手机，所以单独再买手机的需求就不大了。

怎么办？一条路是提高社会购买力，让大家都来买手机，而这要看老百姓的“腰包”鼓不鼓，说穿了要看国民经济的发展水平，这肯定是短期内无法实现的。另一条路则是把移动通信基站也引进到国内来生产，那样配套手机也就不用再进口了，也就可以直接打开企业的手机销售市场。这显然难度极大——负债4000多万元获得的手机引进项目还未成功，第一批3000台手机还未卖出去，又要再负债4000多万元去搞基站引进项目，这在许多人看来，苏建勋一定是“疯了”，但他仍然坚持这样做。

与用户和外商反复沟通后，苏建勋带头再一次跑邮电部、国家计委等相关部门，通过“软磨硬泡”——据说还发生过整夜在部委领导家门口“堵”领导的事情，晓之以理、动之以情，1991年移动通信900MHx TACS制式基站技术引进项目得以立项。当然，时间只给了三个月，如果三个月内不能签署该技术引进合同，则必须向所有设备制造商开放市场竞争。

三个月？殊不知当时技术引进项目都是以“年”为时间计算单位的。

毫无退路的苏建勋带领企业再一次开启了“挤压时间”的模式。他们将原先很多需要串行的工作程序改为并行，白天时间不够就昼夜兼程，吃不上热饭就啃上几个冷馒头，招待所深夜大门紧闭就爬门、跳院墙，有时连续一周每天只睡一个来小时，每个人的眼睛里都布满了血丝……快50岁的苏建勋终于顶

① IKD（Incomplete Knocked Down，不完全散件组装）。常见的组装方式还包括CKD（Completely Knocked Down，全散件组装）、SKD（Semi Knocked Down，半散件组装）和DKD（Direct Knocked Down，大散件组装）等。

不住了，在两个多月后的一天夜里突然大口大口地咯血，被诊断为肺结核，住进了医院。

最后，苏建勋他们竟然只用了两个半月，就与摩托罗拉草签了该技术引进合同。

1992 年，杭州经纬设备厂的手机和基站引进项目获得了巨大的成功，当年实现销售收入 4 亿元，比上一年翻了 5 倍，“一步登天”跨入了全国 500 家最大工业企业行列。

1993 年，杭州经纬设备厂再创佳绩，当年实现销售收入 15 亿元，大幅提前完成企业原订的十年产业发展规划，即到 2000 年年末实现销售收入 10 亿元的跨世纪目标。也就是在这一年，杭州经纬设备厂对原来的十年产业发展规划进行修订，提出了到 2000 年年末实现销售收入 100 亿元的新的跨世纪目标[①]。

1996 年，杭州经纬设备厂改制为经纬集团（公司），并独家发起成立经纬股份（公司），苏建勋出任经纬集团总经理和经纬股份董事长。经纬股份 1996 年 8 月在上海证券交易所公开发行 1 亿股 B 股，募集资金 8000 万美元；11 月又在上海证券交易所公开发行 3050 万股 A 股（不含内部职工股 950 万股），募集资金 3.29 亿元。同年，经纬股份市值突破 100 亿元，比上市前的净资产增长了 30 多倍。

面对这些成就，苏建勋说：“为了避免今后陷入危机，我们不能掉以轻心，时时需要挑战自我（超越自我），事事需要自我挑战（自我超越）。这个大道理要对企业的中高层管理干部乃至全体职工年年讲、月月讲、天天讲。”

问题

您认为苏建勋的个性与“超越自我”的企业精神之间是否存在必然联系？假如苏建勋不再担任这家企业的“一把手”，这家企业还应该继续坚持“超越自我”的企业精神吗？

如果您是这家企业的“一把手”，您会倡导这家企业建立什么样的企业精神？还会是“超越自我”吗？为什么？

① 2000 年年末，实现销售收入 89.24 亿元，距销售收入 100 亿元的“新的跨世纪目标”仅一步之遥。

2.3　“相亲相爱的一家人”

1995 年，只有小学文化水平，曾卖过冰棍、水果，又当过工人，快而立之年的臧大龙“下岗”了。他东拼西凑了一点钱，创立了大龙烟酒店，即现在的大龙商贸（公司）。当年，大龙烟酒店就是位于中原地区一个三线城市的一家 40 多平方米的小门脸儿，主要经营烟、酒、茶、糖，与周围的烟酒摊、茶叶铺、糖果店等本无二致，但靠着臧大龙的诚实守信、服务周到和待人和善，大龙烟酒店逐渐赢得了四邻百姓的喜爱，生意也越做越好，不知不觉中这个小店一天天壮大了起来。

今天，大龙商贸已成为中原地区几个三线城市知名的商超零售企业，拥有若干家大型超市、百货大楼、电器商城和服装鞋帽商场，以及十余家连锁店、专营店等，营业面积达十余万平方米，有数千名员工，年均销售收入突破了几十亿元，无论是营业面积的每平方米销售额，还是员工的人均销售额，别说在这几个三线城市，就算在全国商超零售企业中也名列前茅。

在臧大龙的笔记本里，记载着一条关于员工、顾客和企业发展的完整的价值链：员工把公司当成家，才会用心服务→ 员工用心服务了，就能够让顾客满意→ 顾客满意了才会再来、新来、常常来→ 当新老顾客越来越多，就需要新开店面以获取更多的收入和利润，同时提升企业声誉。

于是，为支撑这一价值链，大龙商贸形成了自己独特的，以“公平、自由、快乐、博爱”为核心的“以人为本”的企业文化。正是这样的企业文化，使大龙商贸与员工、顾客和社会各界建立了“相亲相爱的一家人”的关系。

与员工

臧大龙一向认为，做企业不是单纯地为了名和利，而是要把企业当成“家”来经营，要让员工在工作中也能像在家庭生活中那样，感受到真情和真心，获得拥抱与支持。这样，“你不想挣钱，钱反而追着你跑；你光想赚钱了，你反而赚不到钱”。

在他眼里，企业应该是一所大学校，可以培养专业能力，传播处世道理，成就完美人生，推动社会进步。

他常对员工说，要学会尊重自己、尊重同事和尊重顾客，要时时刻刻替他人着想，才能在让别人感到幸福的同时也让自己感到幸福满满。

臧大龙还常常对各级干部讲：企业应形成好的理念和好的体制，要建立一个快乐的团队，营造快乐的工作氛围；要学会放手，要让员工自主工作，让他们感受到尊严和民主，感受到信任、希望和幸福；你对员工好了，尊重他了，凝聚力就强了；企业与员工有感情，再教员工学东西，效率就不一样了；只要是真正为了员工好，即便是批评，甚至处罚，他最终也会欣然接受。

在工资收入上，大龙商贸干部员工的工资收入要比当地同类企业同类人员的工资收入高出 30%，有的甚至要高出两三倍。例如，普通员工的工资收入每月几千元；带 5 ～ 20 人团队的课长的年薪二三十万元；生鲜处、百货处、采购处等处长的年薪四五十万元；公司副总、总监或子公司总经理的年薪六七十万元；公司总经理的年薪在 100 万元以上。同时，大龙商贸还实行了“虚拟股权激励”政策，每年都将可分配利润的一部分拿出来奖励干部员工，开始是 50%，后来达到 90%，而臧大龙只给自己留了 10%。

在员工福利上，大龙商贸也毫不含糊，建立了完整的“四险一金”制度；同时，还实行了员工生日、结婚、生育和子女上学等多种福利政策，即每当出现这些情况，员工都可以领到企业工会发放的贺金、礼袋；2004 年 12 月员工诊所开业，员工的小伤小病都可以在这里得到免费诊疗；公司还先后多次为员工举办集体婚礼，有数百对新人在企业里得到了领导和同事们不是家人胜似家人的美好祝福。

在工作时间安排上，大龙商贸规定每周二所有的门店闭店休息一天，每年正月初一至初五放假休息五天，这在国内商超零售行业应该是绝无仅有的。2018 年 11 月大龙商贸又决定，在现在休假政策的基础上再增加一个月的带薪休假时间，这在国内商超零售行业应该也是绝无仅有的。另外，还规定所有中高层干部每周只许工作 40 个小时，除值班经理外，其余中高层干部晚上 6 点后不允许加班；员工在上班时间但不忙的时候可以听音乐，可以看书、看电脑、看手机，下班以后也可以不开手机，不再处理与工作有关的事情。

在员工培训、培养上，大龙商贸定期组织干部轮训、新员工培训或岗位变动员工培训；多次举办课长助理级及以上团队领导 PK 赛和员工技能比赛，提高干部员工的知识、技能水平。还编制并不时更新《岗位实操手册》，对各项工作做出了明确、详尽的规定。比如，商品怎么进货？供应商怎么确定？商品的质量标准是什么？商品怎么分类、包装、上架？销售怎么定价？剩余商品怎么处理？临时缺货时怎么办？……凡涉及的政策、内容、流程、技术等统统有据可查，有标准可依。

在员工发展规划上，2009 年 5 月大龙商贸印发了《员工指导手册》。这本手册包括员工工作、生活、学习、道德等方面的指导意见，提供了详尽的职业发展规划和快乐生活规划。比如，一名普通员工如果勤奋学习和努力工作，成长为课长或小店店长的时间一般为 6 年，并且此时可以拥有一辆车和一套 60 ～ 80 平方米的住房，等等。

在企业文化建设上，2010 年 5 月大龙商贸职工活动中心落成，同时《职工文体活动奖励方案》发布实施。大龙商贸还定期组织员工春游——全体干部员工一同踏青、远足，有说有笑，在大自然中舒缓自己和放空自己，从而以更加饱满、健康的身心状态重新投入工作。此外，公司很早就创办了《大龙人》报，还出版了《讲述大龙商贸和您的故事（上下册）》等图书。这些报刊、书籍记载了大龙商贸干部员工的工作、学习、生活、道德等方面的点点滴滴，宣传了企业蓬勃向上的正能量。

所有这些，可能就是大龙商贸对外招聘时一个岗位经常有上百个人竞聘，或者很少有大龙商贸员工主动“跳槽”去同类企业的同类岗位的主要原因。

因为这里是大龙人自己的“家”。

与顾客

与其他商业精英一样，臧大龙也认同“顾客就是上帝”这一观点。但在臧大龙眼里，顾客这个“上帝”不是拿来“供奉”的，而是要为其提供优质的商品和周到的服务，要让其随时随地都感受到称心、舒服、满意，以及体验到在别处购物消费时从未有过的欢乐与幸福。

那么，顾客在大龙商贸会听到什么、看到什么，又会真正得到什么、感受到什么呢？

来到大龙商贸，在存包处的旁边，能够发现这里居然还设有寄存宠物的架子，十几只小猫小狗或卧或站，悠闲自得地待在笼子里。显然，如果带着宠物来到大龙商贸，顾客只需先把宠物寄存在这里就可以进店购物了。此外，这里还设有大衣外套寄存处，顾客存放的衣物会被套上保护罩挂起来。当然，这里还有童车存放处、拉杆箱存放处、雨伞存放处……给来此购物，或者只是随便逛逛的人们提供了种种便利。

在购物车存放处，可以看见购物车有六七种之多，有儿童购物车、老人购物车、母婴购物车、双层购物车、小号购物车、大号购物车等，而且对每种购物车的适用人群、容积大小等都有说明，便于顾客选用。比如，儿童购物车属于轻便购物车，高度较低，适合 3 ～ 8 岁的儿童使用。老人购物车也属于轻便购物车，为方便老年人查看商品的标签说明，专门在把手处配置了放大镜，用手往外扳开就可以使用；老年人走累了还可以打开购物车上的折叠凳坐着休息，等等。

进入卖场，首先映入眼帘的是“高大上”的购物环境。

宽敞、明亮，注重用家具、色彩、音乐、灯光等烘托环境氛围，比如，水产区的灯光就是经过专门设计的，不同颜色的灯光打造出了美丽的、像海洋般的风格，再配以海浪哗啦啦的声音和海鸟掠过时的鸣叫，使顾客恍如身处海边的鱼市，挑挑拣拣，然后带着活蹦乱跳的鱼虾离去。

其次看到的是琳琅满目的商品。

一是数量多。比如在果蔬区，红、黄、青、绿、紫、白、黑各色水果、蔬菜，堆得像一座座小山，而且营业员随时都会补货，顾客完全不用担心自己喜欢的某种商品会被抢购一空。二是品种全。比如在中原地区商超里不易见到的虎牌、膳魔师牌的保温杯，北京的二锅头、陕西的冰峰汽水、俄罗斯的格瓦斯等，在大龙商贸里都有。再比如，顾客在这里可以买到鸽子蛋、驴肉、兔肉、火鸡肉等不常见的食品。鱼的品种也很多，除了青、草、鲢、鳙四大淡水鱼以外，还有鲤鱼、鲫鱼、罗非鱼、武昌鱼、鲈鱼、鳜鱼、鲶鱼、乌鱼、黑鱼、虹鳟等，而且都是活的；海鱼的种类也不少，黄鱼、带鱼、鲳鱼、三文鱼、比目鱼、加吉鱼、马面鲀、鳕鱼——仅鳕鱼就有大西洋鳕鱼、太平洋鳕鱼、蓝鳕鱼、狭鳕鱼、细鳞壮鳕等品种，还有许多可能是顾客第一次见到，连名字也叫不上来的海鱼，再加上林林总总的虾蟹、贝类和海带海藻类等，可谓应有尽有。

再次体验到的是细致、周到和热情的服务。

在大龙商贸，无论是营业员、搬运工、保安、门卫，还是客服经理、店长，甚至公司总经理，都会笑容可掬地打招呼，叫顾客大哥大姐、叔叔阿姨、爷爷奶奶；只要看到顾客抱着孩子、提着东西，马上就有人过来帮忙；看到上了年纪不方便上下扶梯的顾客，立刻就有人过来搀扶并把顾客送到安全的地方。

在所有的购物区，到处都可以看见各种各样的提示牌。比如，对冷冻类商品，提示牌会提醒顾客，选取时应该戴上提示牌旁边为顾客准备的一副厚实的橡胶手套；对有冷冻、冷藏要求的商品，提示牌会告诉顾客购买后要及时放入冰箱，等等。这些提示牌有大有小，形状各异，上面的字迹并不一定漂亮，甚至还有的歪歪扭扭，但却是员工亲手做的、亲手写的，就像是一张张家人留下的便条，显得更加亲切和温馨。再比如，对有保质期要求的商品，提示牌会建议顾客不要一次性购买太多，防止未能及时用完而致使商品变质；当顾客对外包装并无特别要求时，提示牌会提醒顾客“只买对的，不选贵的”，不要在包装上花费不必要的钱；当顾客打算选购珠宝首饰时，提示牌会告诫顾客，要根据自己的经济情况合理选择，不要承担不必要的经济负担，要把钱用在更实用、更需要的地方，等等。类似这些宁可不挣钱，也要提醒顾客理性消费的提示牌在大龙商贸里随处可见。

在大龙商贸，所有的果蔬和生鲜食品都有卫生检测标签，这还属正常，但让顾客惊艳的是大龙商贸对果蔬和生鲜食品的捆扎也采取了防护措施——在捆扎胶带胶贴与果蔬和生鲜食品之间预先包扎了食品保鲜膜，避免胶带、胶贴的背胶污染果蔬和生鲜食品。

当顾客寻找商品或有事情需要询问时，如果营业员恰好不在身边，顾客只需轻轻按一下货架或货柜上的呼叫铃，随着清脆悦耳的“叮咚”声，营业员会及时来到顾客身边。

在购物袋的放置处，大龙商贸还会放置一个湿手器。有了这个小小的湿手器——其实就是过去手工点钞员用的那种带有海绵、里面放了些许清水的塑料盒，顾客只需在上面轻轻一抹，湿润的手指就可以轻松地捻开购物袋啦！

大龙商贸销售的商品很多、很全，但可能有时某些商品恰好没有。这时，顾客只需留下联系方式，大龙商贸就会联系并帮顾客单独购买需要的商品！比如，一位顾客因家中病人煎药急购 4 两荞麦皮做药引子，在各处都没有买到，就在大龙商贸做了缺货登记，大龙商贸通过自己的信息渠道从外地购买了荞麦皮，并派专人送到顾客手中，解了顾客的燃眉之急。

大龙商贸设有专门的“产品质量问题曝光台”，实时公布顾客反映的产品质量问题，以及公司对问题的处理过程和处理结果。更有意思的是，顾客如果认为某一营业员的服务存在问题，可以向值班主任投诉，值班主任会帮助顾客解决问题，同时再送上 500 元作为服务问题投诉的奖励。

在大龙商贸，有人见过一位带着小男孩儿的中年女士在购物，由于小男孩儿顽皮，将一瓶花露水从购物筐里翻弄出来掉在了地上，顿时瓶子碎了，空气中弥漫着花露水的气味……此时这位女士尚未结账，正当她不知所措时，一位营业员立即跑了过来，一面关切地询问她和孩子有没有受伤，一面蹲下身收拾了地上的玻璃残渣。这位女士询问是否需要赔偿，那位营业员明确地告诉她“不用赔偿”，并马上去货架处取来了一瓶同样的花露水放进了她的购物筐。

大龙商贸还有一项服务对顾客来说是格外贴心的——所有的卫生间都规划在楼层的显眼位置，顾客可以轻松找到。同时，还设置了方便老年人和残疾人士使用的“无障碍卫生间”，配备卡通造型、小一号卫生洁具的“儿童卫生间”和安放婴儿摇篮并方便更换婴儿兜垫的操作台的“母婴室”。不仅如此，大龙商贸还在每层楼的电梯通道旁边安放了可提供冰块的取冰机、冷热饮用水的饮水机、手机充电站等，以便满足各类顾客的不时之需。

再说说卫生清洁。哪怕人再多，即便外面还下着雨，一片泥泞，大龙商贸内每一个地方永远是干干净净的。小孩子可以随时在洁净的地上玩耍打闹，完全不用担心衣裤会被弄脏。

大龙商贸还有哪些特别的服务呢？下雨天有保安小哥在露天停车场或大门口为顾客撑着伞；下雪天有保安小哥在大门口为顾客扫掉身上的雪花；如果顾客的鞋沾上了泥土，门厅处会有保洁员为顾客清理干净……在大龙商贸，你时常可以看见保洁员们不是用拖把，而是用抹布蹲在地上清洁地板，再用扇子把湿滑的地板扇干，以保证绝对不会有人滑倒。这种打扫卫生的方式，你可能只在家里见过，而在大龙商贸，这些普通的保洁员做到了！如果顾客问：“为什么会这样打扫卫生，是公司要求的吗？”保洁员可能会反问：“这需要公司要求吗？我在家里不就是这样做的吗？！”

这就是大龙商贸无限魅力的所在——顾客想要什么就能为顾客提供什么，顾客暂时不想要或还没有想到的，也替顾客提前备好或提前想到了。

与社会

自大龙商贸成立至今，已先后安排数千名下岗职工再就业；为希望工程、见义勇为基金、抗洪抢险、非典防疫等捐赠上千万元。

2000 年 11 月大龙商贸率先使用可降解购物袋，响应“保护环境，从我做起”的倡议。

2008 年，“5·12”汶川地震发生后，臧大龙亲率 100 多人的救援队伍赶赴灾区救援，并先后向灾区捐款捐资近千万元。

2008 年 9 月 17 日，大龙商贸“爱心桥”举行奠基仪式。几个月后“爱心桥”落成，每天都有无数的男男女女、老老少少通过“爱心桥”兴致勃勃地离家，上班、上学，再下班、放学，平平安安地回家。

2020 年 1 月 25 日，正月初一，大龙商贸对外宣布，将为抗击新冠肺炎疫情捐款 5000 万元，同时向社会承诺：一是疫情严重期间“蔬菜一律按采购价销售”，大白菜每斤 0.3 元，白萝卜每斤 0.4 元，冬瓜每斤 0.9 元，南瓜每斤 0.9 元，等等，而且保证充足供应，绝不囤积居奇；二是所属的三家医药超市 24 小时开门营业；三是向当地因坚守工作岗位而牺牲的员工补偿，每人补偿……

如此的温情，仿佛可以融化那在数九隆冬中冰封千里的九曲黄河。

……

这就像二十世纪九十年代一首脍炙人口的歌曲[①]所唱的那样：

“因为我们是一家人 相亲相爱的一家人 有缘才能相聚 有心才会珍惜 何必让满天乌云遮住眼睛

“因为我们是一家人 相亲相爱的一家人 有福就该同享 有难必然同当 用相知相守换地久天长。”

问题

您认为大龙商贸独特的、“以人为本”的企业文化产生的背景是什么？需要哪些基本条件？其他行业、其他企业能够模仿或移植，并获得成功吗？

2.4　业绩是我们对人对事评价的唯一标准

康瑛 2003 年冬天出任黄海集团（公司）总经理，而此时的黄海集团正遭遇自成立以来最为寒冷的“冬天”。

① 指《相亲相爱一家人》，作词：陈乐融，作曲：陈耀川。

当时的黄海集团出现了巨额亏损，自主产品缺乏竞争力，各类专业人才短缺，内部同业竞争严重，企业资金链几近断裂，超过半数以上的子公司资不抵债，集团整体濒临破产的边缘。

在生产经营上，为重整旗鼓，康瑛果断叫停了尚未找到生存出路且亏损严重的自主品牌的手机研产销业务，同时严控非主业投资，压缩不合理的资金支出，推进产业资源的优化配置，以市场化手段破除和化解内部同业竞争的矛盾……

在企业文化上，为凝心聚力，康瑛大力倡导“以业绩为核心”的经营管理理念，力求通过文化变革来统一大家的观念和行动。

在2004年年初召开的集团预算布置会议上，面对集团总部和子公司的80多位财务总监和预算主管们，康瑛讲话不多，但坚定有力：“企业的一切工作都要以业绩为导向，这来不得半点含糊！只有以业绩目标为旗帜，切实强化预算执行，确保完成全年预算目标，到年底才能够交出一份令人满意的业绩答卷。”

在2004年年中召开的一次集团总部干部会议上，面对集团总部30多位中层以上干部，康瑛的要求十分明确：“集团总部今年的核心任务之一是努力实现从行政管理性总部向经营管理性总部的转变，而衡量转变的标准就是看集团当年实现的经营指标是否有所提升。为此，总部各部门要坚定信心，找准定位，细化KPI业绩考核，积极沟通，落实职责，为实现这一转变做好工作。”

在2004年年底召开的2005年黄海集团年度工作会议上，面对集团总部和子公司的四五十位主要领导，康瑛分别对集团2004年年度和2005年年度的工作进行了总结和部署，同时对“以业绩为核心”的经营管理理念做了较为全面的阐述：“业绩，指企业达到预期的、满意的工作结果。业绩是企业成长、发展的物质基础和精神文化基础，是企业为之奋斗的一切工作的最终目的。以业绩为导向，实质就是尊重贡献，激励进步。业绩，既是我们获得企业和员工认可的前提，也是我们对人对事评价的唯一标准。”“之所以这样说，不是讲‘过程’就不重要。‘过程’也很重要，也需要一一落实，但任何‘过程’，即便很完美，无可挑剔，也只是一个活动，是一个时空上的程序，是为达到最终的目的——‘业绩’服务的。”

……

通过康瑛的全力倡导，黄海集团上下逐步形成统一的意识和行动。

2005年冬，黄海集团出台《员工守则》，明确员工职业准则为“诚实守信、敬业奉献、团队协作、追求业绩、协同发展”。其中，对追求业绩的释义为：

立足岗位，为客户创造价值，为企业创造效益；提高成本意识，反对浪费与无效劳动，坚持业绩导向和结果导向。

2006 年冬，黄海集团出台《出资企业创建“四好班子”[1] 考核办法》，要求：坚持以“四好班子”建设为目标，以提高领导班子整体素质、能力为核心，不断提高各级领导班子的凝聚力和战斗力，在建设以业绩为导向的各级领导班子上下功夫。

2006 年冬，黄海集团出台《全资或控股企业高管人员业绩考核办法》，其实施原则共三条。第一条就是“关注经营过程，突出关键业绩指标考核，坚持业绩导向的原则[2]”；对财务类 KPI 指标的要求是，与企业自身上一年比，经营业绩增长；与同行业比，经营业绩提高；对管理类 KPI 指标的要求是，与企业自身上一年比，经营管理水平提高，并应符合黄海集团对企业发展战略的管理导向。

2007 年冬，黄海集团出台《关于加强和完善中青年干部培养与管理体系建设的指导意见》，指出：对已被列入中青年干部名单的优秀人才，要逐年认真考核，总部和各企业要建立和完善中青年干部的考核评价指标体系，本着科学合理、量化细化、易于考核的原则，制订以实绩为核心，包括政治素质、知识经验、领导能力、工作业绩、群众基础等各方面的评价标准，客观评价和反映中青年干部的素质、能力和业绩表现，强化对中青年干部经常性的跟踪考察评价，并及时将德才兼备、业绩突出的优秀人才充实到中青年干部队伍中。

在黄海集团的企业报纸、刊物上，经常可以看到一些普通员工在平凡的工作岗位上做出不平凡工作业绩的故事。

例如：

“我叫卞梁，是来自成都黄海（公司）生产一线的一名操作工。从进车间起，我始终铭记师傅的教诲，努力学习和工作，不断做出成绩。很快，我就成为一名生产骨干。

“记得一年夏天，生产任务非常繁忙，可就在这时候，一台设备出了故障，大家都很着急。于是，我主动提出维修这台设备。那几天酷暑难耐，在高达 50 摄氏度的机器旁，我仔细观察设备运行的每个细节，一点一点地摸索排除，

---

① “四好班子”指“政治思想好、经营业绩好、团结协作好、作风形象好”的企业领导班子。

② 《全资或控股企业高管人员业绩考核办法》的另外两条实施原则分别是：按照企业资产状况的不同水平和主营业务的不同特点考核，实事求是，坚持公平公正原则；按照资本收益最大化和资产保值增值的要求考核，坚持促进企业可持续发展原则。

身上的工作服湿了又干，干了又湿。终于，我找到了故障所在并进行了排除，还做了一些工艺上的改进。第二个月，这台设备的产量创了历史新高。这次体验让我更加坚信，小小的岗位，一样能舞出人生的精彩。

“‘5·12’汶川地震发生后，我们接到为灾区生产通信电缆的紧急任务。灾情就是命令，必须和时间赛跑。公司离汶川不到100千米，每次余震整个厂房都有明显晃动，震落的灰土不时落到头上肩上，让人有些心慌。在这样的危情时刻，作为党员和班长的我，对大家说：‘灾区的父老乡亲正在受苦受难，前方的兄弟姐妹正等着我们的通信器材。我们必须坚守岗位，心往一处想，劲往一处使，抢时间、拼速度，保质保量地完成生产任务’。于是，我们把支援灾区的爱心化作最大的动力，36小时没有下机台。

“为适应市场需求，公司调整产品结构，由单一生产通信电缆改为合并生产通信电缆和机车缆。记得我到新岗位的第一天，正赶上德国工程师来调试我要操作的新设备。这台设备是公司进口的第一台多头拉丝机，操作它的工作强度相当于一个人操作10台单头拉丝机，而且，润滑方式很特别，穿线的时候，手要一直浸泡在润滑液里，戴上塑胶手套操作又不灵活，穿线速度会下降一半。为了赶时间，我就用普通手套，一天就穿了1000多个拉丝模，手套用坏了十多双，手也被润滑液浸得脱了皮。这天，我回到家已经是凌晨1点。如今，一想到自己生产的机车缆正安全、平稳地运行在北京、深圳、成都、重庆等地的地铁上，心里总有一份无形的喜悦。今天，无论是我一人奋战在机器旁，还是代表公司参加全国拉丝工总决赛，心里都平添了一份自信。对，就是那种坚持不懈而取得成绩的自信！”

再如：

“转眼间，黄海国际（公司）已经成立10年了。在这片丰厚的土地上，黄海国际新老员工携手并进，辛勤耕耘，在平凡的工作岗位上让‘业绩’之光熠熠闪烁。

“皮玉是财务部的一名财务人员，2009年从中财大毕业时，她还是稚气未脱的学生样。别看她年龄小，但胸中总是憋着一股‘大干’的劲儿。工作中，她勤于动脑，善于总结，为公司争取到了更好的资金配置方案，俨然是个财务管理的小能手。

“伍延是市场拓展部的一员虎将，但却有个可爱的外号‘大熊猫’——他整日奔波在外，常常牺牲休息时间，半夜还与海外客户沟通，第二天只能带着黑眼圈来上班。成果从不吝啬付出人，他成功开拓了多个大宗贸易进出口项目，为拓展国际贸易新市场做出了突出贡献。

“余华芬是非洲业务部尼日利亚广电项目负责人，她巾帼不让须眉，经常独自奔赴非洲的项目现场。面对当地有限的卫生条件和不稳的社会治安状况，她从不叫苦。凭着一份执着和一股闯劲儿，她克服多种困难，把青春的汗水洒向那片广袤的大地，把动听和美丽的电视音画带进每一个家庭，让黄海集团的技术产品在非洲的热土上绽放出了友谊的花朵。”

正是通过这些生产经营调整和企业文化建设的活动，黄海集团 2004 年大幅减亏，2005 年扭亏为盈，2006 年实现较大盈利并全面完成 2004—2006 年三年的任期考核目标，初步建立了与自身规模发展相适应的产业基础和管理基础，彻底转变了自身在行业产业领域的被动局面。

2007 年冬，在中央企业负责人第一任期（2004—2006 年）经营业绩考核总结表彰大会上，黄海集团荣获了“扭亏增效特别奖”。

问题

您如何评价黄海集团“以业绩为核心”的经营管理理念？

您认为“以业绩为核心”的经营管理理念，会存在什么缺失吗？

2.5　商标的“变脸”[①]

2010 年的一场春雨过后，海燕电子（公司）的注册商标，以“变脸”后的崭新形象出现在人们的视野之中——就在这场春雨飘落的时候，在中国乃至在全世界能够看见海燕产品的地方，原先的那款绿色、标记着“海燕”两个变体汉字的注册商标消失了，走向市场的是一款仍为绿色、标记着“HEYAN”五个英文字母的注册商标。

其实，这已是海燕电子注册商标的第二次“变脸”了。

① 变脸，一种在川剧舞台上表演的特殊技艺，用于揭示剧中人物内心的思想感情变化。掌握此种技艺的演员可以在转身投足，甚至只是在转头、低头或抖手、晃腿的瞬间变换脸谱，可由黄变白、由白变蓝、由蓝变黑、由黑变红……技艺高超者竟可在片刻变换十余张脸谱。

时光追溯……

1984年，西子湖水波光粼粼。这一年，海燕电子诞生在杭州城中的武林巷，是一家由云杉集团（公司）出资200万元，以生产销售电工接插件（开关、插座）产品为主业的小型全民所有制企业。

最早出现在公司产品和公司各类标牌之上的、由一只向东奋飞的红色的海燕（飞鸟）图案构成的注册商标，代表了老一辈海燕人艰苦创业、百折不挠，他们就像迎着朝阳的海燕，穿云破雾、不惧风浪，具备了不断为市场提供令客户满意的电工接插件（开关、插座）产品而不懈努力的坚定信念。

2000年，海燕电子的注册商标进入“中国驰名商标”行列。

时光摇曳……

2004年，雷锋保俶双塔辉映。成立20年后，海燕电子完成了由全体员工持股的公司化改造，原先的全民所有制企业整体增资改制为有限责任公司。公司注册资本增至1893万元，其中，云杉集团及其成员企业共占股52.77%，全体员工占股47.23%。当年，海燕电子实现主营业务收入2.32亿元，比2003年增长13.73%；利润总额首次突破了1000万元大关，达到1127万元，比2003年大幅提高了73.12%。

此时，公司主业除生产销售电工接插件（开关、插座）产品外，已拓展至生产销售电气管线（防护或绝缘管道、线槽和电线电缆）产品，并承接计算机网络系统工程项目设计、安装等业务，形成“海燕电工”“海燕塑胶”“海燕智能”三大支柱产业。

也就在这一年，海燕电子注册商标第一次“变脸”：那过于具象写实的红色的海燕（飞鸟）图案的注册商标不见了，取而代之的是由绿色的“海燕”两个变体汉字图案构成的注册商标，抽象概括，向市场客户昭示了自己的行业属性，焕发出一派勃勃生机。

时光转回……

2010年，西溪湿地垂柳婆娑。为了适应自身产业快速发展的势头，海燕电子已陆续搬迁至杭州城郊西北的五常大道。当年7月，通过盈余公积和未分配利润转增资本，公司注册资本增至8000万元，各股东持股比例不变。当年公司实现主营业务收入8.15亿元和利润总额4205万元，与改制时的2004年相比，年均分别增长了23.3%和24.54%。

此时，除了生产销售电工接插件（开关、插座）产品和电气管线（防护或绝缘管道、线槽和电线电缆）产品，以及承接计算机网络系统工程项目设计、安装等业务之外，海燕电子还生产销售 LED 电光源、灯具等新型照明器材，并承接城市环境照明与道路照明工程项目，形成“海燕电工”“海燕塑胶”“海燕智能”“海燕照明”四大支柱产业。尤其是“海燕照明”LED 产业具有源源不断的创新潜力，可以为智能家居，甚至为智慧社区、智慧城市、智慧生态社会等拓展出无可限量的市场空间。

为此，经多次酝酿，才有了本文开始时所述的海燕电子注册商标的第二次“变脸”。

对个中缘由，海燕电子总经理韦永全在接受记者采访时说：“海燕电子早期的确就是一个做电工开关、插座的普通的生产厂家，给人的感觉是产品技术附加值不高，在消费者心目中的品牌定位也属于中低端。如今，随着产业的多元化发展，我们已不再局限于电工等产业范围，而是向着以智能化和节能环保为主要特征的高科技企业转型，由此对包括商标品牌在内的公司形象再一次改变已势在必行。”

“当然，这可不仅仅是换个商标图案那么简单，而是以商标‘变脸’为契机，对企业的品牌架构进行梳理，重新策划和布局。”韦永全介绍说，“从酝酿‘变脸’到现在，差不多用了 4 年，因为其中要做的事太多。”

“新的品牌体系创建首先是从商标设计入手。经过大量调研、讨论、分析，最终确定了单一的英文字体图案的架构。

“海燕电子要展示自己将‘成为电器连接与电气控制系统的集成供应商，并以高科技推动建筑电气行业迈入智能时代’的企业愿景，要‘走出去’，必须有一个优秀的英文商标。为此，我们一方面向全社会征集英文商标，得到了广泛的响应；另一方面，我们还邀请日本知名设计大师吉田团队承担设计任务——其团队曾参与松下等多个知名品牌的形象设计。在经过反复讨论、修改后，最终推出了目前这一新的、仍为绿色、标记着‘HEYAN’五个英文字母的商标图案。

“目前，‘HEYAN’商标已在全球范围内注册，海燕电子的所有产品将统一使用这一新的注册商标。原先的‘海燕’商标将不再单独使用，只有在国内做品牌宣传，包括在包装物、招牌、旗帜、展柜、灯箱等对外展示系统中才采用‘HEYAN 海燕’的复合标识。而在海燕电子四大支柱产业的专业渠道中可以分别用带产业属性的‘HEYAN海燕电工’‘HEYAN海燕塑胶’‘HEYAN海燕智能’‘HEYAN海燕照明’等复合标识。”

他拿出一本海燕电子的企业VI（Visual Identity，即视觉识别）系统手册，有100多页，从新商标和复合标识每个字母的间距，到公司各个办公室、会议室门口牌子的字体，再到水杯、桌签、名片、信纸、信封上的图案和颜色，都有极为详细、严格的规定。

据说，海燕电子为此次注册商标“变脸”提出的预算超过了2000万元。不过，在韦永全看来，这笔钱花得很值。“因为，”韦永全看着记者，用缓慢但坚定的语气说，“伴随着新商标的诞生，我们开启了企业发展的新征程。”

韦永全继续说：“未来，作为一个以‘成为电器连接与电气控制系统的集成供应商，并以高科技推动建筑电气行业迈入智能时代’为己任的领袖品牌，海燕电子正在谋求更大的发展空间。

“我们将向两个主要方向发展转型。

“一是整体定位和发展策略的转型。要打破过去海燕电子留给他人只关注成本优势和量的扩张，属劳动密集型传统产业的感觉，扭转这个成见，未来将更多地依靠差异化的技术优势来赢得市场先机，走技术领先之路，往智能化、节能化的方向发展。

“二是目标市场的转型。以往海燕电子主要面对的是国内的传统建筑电气市场，未来将向更舒适宜居、更绿色环保、更多交互体验的高端智能家居，甚至智慧社区、智慧城市、智慧生态社会等市场转型。另外，海燕电子还要大踏步地走向国际市场，与现在让别人贴牌或为他人代工说‘再见’。今后，我们在东南亚市场、非洲市场、欧洲市场上销售的产品将全部采用‘HEYAN’自主品牌，并着手在海外投资建设生产基地，在进行产业资本输出的同时，有计划地开展海燕电子品牌文化的输出。”

说这番话时，韦永全那双圆圆的眼睛里一直闪烁着热情的光芒。

问题

您认为商标等品牌标识是企业文化的组成部分吗？

很多企业的注册商标几十年，甚至一二百年都不曾变化，那么海燕电子对其注册商标一再“变脸”的行为合理吗？为什么？

第3章

战略管理

3.1 企业定位与自身发展休戚相关

2011年11月，辉煌研究院成立十周年，同时走到了向何处发展的“十字路口”。

十年之前的2001年11月，辉煌研究院成立暨揭牌仪式在北京举行，现场高朋满座、气氛热烈，伴着欢快的乐曲声的是一声声祝福的话语和一片片赞许的目光……辉煌研究院注册资本2亿元，名义上为辉煌集团（公司）独资的有限责任公司，实际上却为辉煌集团内部的新技术、新产品研发机构，研发经费由辉煌集团以委托研发的形式予以拨付，肩负着新技术发展规划、新产品研发和新产业培育，以及支撑辉煌集团实现产业自主可控和持续发展的历史重任。

十年间，辉煌研究院发起成立中国TD-SCDMA产业联盟，参与TD-SCDMA从试验到商用发展的全过程，并在意大利开通了首个欧洲的TD-SCDMA试商用网络。

十年间，辉煌研究院以基于TD-LTE[①]的无线通信技术，参与国家智能电网和多地政务专网的建设工作，在江苏海盐成功搭建了国家电网配电侧的无线宽带试验网，并率先开通了北京政务物联数据专网。

① TD-LTE，即LTE-TDD。LTE是由3GPP（3rd Generation Partnership Project）标准组织制定的4G无线通信技术标准，包括频分双工FDD和时分双工TDD两种模式。其中，TD-LTE是TDD模式的LTE，是两个4G无线通信技术标准之一，主要由中国移动采用并实施网络覆盖。

十年间，辉煌研究院设立了博士后科研工作站，研发队伍由四五十人发展到一千余人，并成为国内首家、全球第十五家通过包含 IPPD（集成产品和过程开发）和 CMMI（集成能力成熟度模型）5 级认证资质的高新技术研发企业。

……

但在辉煌研究院获得的这些鲜花与掌声的背后，却浮现出若干尖锐的问题亟待解决。

一是新产品研发与市场需求存在某些脱节。譬如，在 TD-SCDMA 一期设备招标时，辉煌研究院率先提出“BBU+RRU 中频拉远”解决方案，而用户最终采用了行业竞争者提出的“BBU+RRU 光纤拉远”解决方案作为自己大规模组网的产品标准。如此一来，辉煌研究院不但需要调整自己的研发计划，造成二次开发的资源浪费，而且在某种程度上降低了自己在用户心目中作为 TD-SCDMA 行业中标杆企业的形象。

二是研发人员激励机制缺乏或不健全。辉煌研究院尽管已建立平衡计分卡（BSC）等业绩考核体系，但与业绩考核结果挂钩的仍是“工资 + 奖金”，缺乏研发成果与市场销售业绩紧密结合的激励机制，更无许多行业竞争者已纷纷采用的股权、期权等中长期激励机制。这既无法引导研发人员关心市场，从市场中发掘商机，也不利于研发人员充分发挥自身的创新潜能，长期与企业“同呼吸、共命运”。

三是新产业培育不尽理想。辉煌研究院的研发资源几乎都投入到 TD-SCDMA 和 TD-LTE 基站产品之中，而从该产品目标市场中实现的销售收入只占辉煌集团自主产业全部销售收入的 5% 左右，也就是说，辉煌集团自主产业的绝大部分都与辉煌研究院研发的新产品无关。这显然与当年设立辉煌研究院的初衷——肩负着新技术发展规划、新产品研发和新产业培育，以及支撑辉煌集团实现产业自主可控和持续发展的历史重任，相去甚远。

四是产品研发的产出始终小于投入，辉煌集团已无力再支持辉煌研究院走向下一个十年。在辉煌研究院发展的十年中，辉煌集团每年需要支付近 2 亿元的研发费用，而辉煌研究院研发的 TD-SCDMA 和 TD-LTE 基站产品实现的销售收入尚不能完全覆盖当期的销售成本，就更别提摊销前期的研发费用了。新产品研发长期“入不敷出”，让辉煌集团叫苦不迭，已到了非彻底解决不可的地步。

于是，辉煌集团在 2011 年第四季度的数次总经理办公会上都对辉煌研究院未来的发展问题进行了研讨。

在第一次研讨中，辉煌集团分管产品技术与产业规划的副总经理，同时兼任辉煌研究院院长的魏国栋，总结了辉煌研究院这些年来取得的成绩和存在的问题，然后说："我认为，摆在辉煌研究院面前的路可能有四条。一是不要了，即对辉煌研究院进行清算或对外转让。二是瘦身为一个几十人的研究所，专门从事无线通信基础理论和技术标准等的研究。三是按用户类型进行拆分，与集团事业部结合或与集团其他所属企业重组为若干个专业化的科技企业。四是不拆分，但在机制上，由集团每年拨付研发费用和接受集团委托而研发新产品的内部研发机构，转变为完全市场化的，自主经营、自负盈亏，以其全部财产对其全部债务承担责任的企业法人实体；在新产品研发和产业发展方向上，由'以 4G 公网用户为主、以应用 4G 技术的专网用户为辅'，调整为'以 4G 公网用户和应用 4G 技术的专网用户并重'，或'以应用 4G 技术的专网用户为主、以 4G 公网用户为辅'等。"

在第二次研讨中，辉煌集团总会计师祝文汉认为魏国栋提出的第一条路不妥，理由是："如果对辉煌研究院进行清算或对外转让，尚在集团挂账的研发费用可能需要全额计提，这会造成集团当期出现较大的亏损。"分管人力资源管理的副总经理戴云放认为第二条路也不妥，理由是："瘦身为一个小研究所，专门从事无线通信基础理论和技术标准等的研究，尽管每年的投入可以大幅减少，但这不符合辉煌集团的期望。集团是一个产业类企业，它需要支撑其产业发展的产业组织，而不是一个仅仅停留在做做基础研究，搞搞专利、标准的学术机构。环顾国内外，目前还'养'着一个研究机构的产业类企业实属'凤毛麟角'。何况，走第二条路也有祝文汉总会计师刚才提到的，会造成集团当期出现较大亏损的问题。"分管经营业务的副总经理秦志明认为第三条路仍不妥，理由是："如果按用户类型对辉煌研究院进行拆分，与集团事业部结合，一是只能做一些小的'短平快'项目或应用集成项目；二是由于已不再是企业法人，所以也无法规避祝文汉总会计师刚才提到的，会造成集团当期出现较大亏损的问题。而与集团其他所属企业重组为若干个专业化的科技企业，面临的主要障碍是其他所属企业目前均未涉足辉煌研究院这些年主要从事的 TD-SCDMA 和 TD-LTE 的产品技术，不具备市场、技术和人才等先决条件，重组并不能实现资源共享和资源优化配置，除非是搞行政性的'拉郎配'，否则其他所属企业对这种重组应该不会有太大的积极性。"

在第三次研讨中，辉煌集团总经理舒远说："经过几次研讨，我们对辉煌研究院未来的发展问题已有了较为清晰的答案。这就是调整辉煌研究院的企业定位，不再将其定位为集团的一个内部研发机构、一个费用中心，而是将其定位为一个充分市场化的高新技术企业、一个利润中心，不再承担集团产业发展规划和技术管理的职责。它应该完全自主经营、自负盈亏，以其全部资产对其全部债务独立承担法律责任。”略微停顿后，舒远又说：“至于在新产品研发和产业发展方向上，我倒认为，既然辉煌研究院——以后建议更名为‘辉煌技术有限公司’是一个独立的法人企业，就应该由其产品委员会和技术委员会对‘以4G公网用户和应用4G技术的专网用户并重’，或‘以应用4G技术的专网用户为主、以4G公网用户为辅’等进行分析评估，然后提交企业董事会审议批准。在这方面，企业会更‘聪明’，往往比我们更有发言权。”最后，舒远要求：“请魏国栋副总经理牵头，对‘调整辉煌研究院的企业定位’组织可行性研究，编制项目可行性研究报告，两周后提交集团总经理办公会审议。”

两周后，辉煌集团总经理办公会审议、批准了该项目的可行性研究报告：向辉煌研究院增资3亿元现金和相关专利技术等无形资产，调整辉煌研究院的企业定位，将其定位为一个充分市场化的高新技术企业，完全自主经营、自负盈亏，以其全部资产对其全部债务独立承担法律责任。

2012年1月，辉煌研究院完成3亿元现金增资。同时，辉煌研究院调整发展战略，建立市场营销体系、生产运营体系和新的产品研发体系——按客户划分为公网、政务网和企业网三条产品线，与若干条资源线组成矩阵式管理架构，实施了彻底的市场化改革。

2014年2月，在分次完成相关专利技术等无形资产增资后，辉煌研究院的注册资本变更为20亿元，同时更名为“辉煌技术有限公司”，当年实现营业收入10.26亿元，比调整企业定位之初的2012年①增长了489.65%。

问题

您认为应该对辉煌研究院的企业定位进行调整吗？将其定位为一个充分市场化的，完全自主经营、自负盈亏，以其全部资产对其全部债务独立承担法律责任的高新技术企业是否合理？

您判断在对辉煌研究院的企业定位调整后，其未来的中长期发展会顺利吗？

① 在企业定位2012年调整前，辉煌研究院为辉煌集团的内部研发机构、费用中心，只有很少的营业收入可以入账。

3.2 在战略的指引下

在中国改革开放开始不久的 1982 年，宏宇电器（公司）悄然出现在杭州市天目山路以北一条僻静的小巷里。那时，它只是一个很小的、做电工开关插座的经理部，只有“十几个人、七八条枪”，但就是靠着这“十几个人、七八条枪”，生产出了最初的 86 型开关插座。

宏宇电器追求“品质是立身之本”。1994 年，公司全面推行 ISO 9001 质量管理体系，并在国内同行业中首先通过认证；2005 年，成为行业内较早通过 CNAS 国家认可的实验室认证企业，检测能力与国际接轨；2007 年，随着企业规模的不断壮大，公司开始导入“卓越绩效管理体系”，将质量管理水平推向新的高度；2013 年，荣获“浙江省政府质量奖”，成为行业内荣获省级政府最高级别质量奖的企业。

宏宇电器坚信“创新是强企之源”。自 1985 年起，公司先后设立技术开发部和技术中心，凭借对研发持续的大力投入和取得的一系列创新技术成果，成为“国家级技术中心”企业，被批准设立“国家级博士后科研工作站”，并荣获“全国知识产权示范单位”称号。

从公司创立至今，宏宇电器一直坚持“成本领先战略”。

譬如，对电工开关插座，无论是低价、大宗的建筑用的“一次安装”产品，还是高价、个性化的家用、商用的“二次装修”产品，宏宇电器都精打细算，厉行节约，严格控制成本费用。这就像宏宇人说的那样：“做一个开关插座往往还挣不到一分钱，不精打细算，哪怕是一厘钱，行吗？”

为此，宏宇电器在产品研发阶段就确立了产品标准化、零件模块化、用料精准化的设计思路，提高了采购的大宗性、产品的互换性、用料的合理性，同时降低了产品不合格率，很好控制了企业的生产成本和制造费用。同时，宏宇电器只花很少的钱，就早早地自主开发了适合自己的 ERP① 系统，实现了对人、财、物三种资源和产、供、销三种经营行为的信息化管控，极大地提高了合同审批、项目决策的效率，减少了库存和应收账款，提高了资金的周转能力和盈利能力。

---

① 指 Enterprise Resource Planning，企业资源计划。

靠着“成本领先战略”，宏宇电器消化了供应商部分甚至全部的涨价因素，也不惧同业竞争者的“价格战”，并让一些行业“新进入者”知难而退。宏宇电器总经理谢智超曾说过：“2008 年 8 月国际金融危机爆发之前，电工行业就面临着塑料、铜等原材料价格大幅上涨的压力，加之人工和运输成本等逐年上涨，不少同业竞争者即使不打‘价格战’也早已无利可图，但宏宇电器每年还有 30% 左右的产品毛利率和 6% 以上的成本费用利润率……这主要得益于我们多年来坚持的‘成本领先战略’。”

2008 年，宏宇电器实施“（横向）一体化战略”。在控股股东——长胜集团（公司）的支持下，当年 1 月，宏宇电器完成对长胜集团所属的北京长胜设备厂“宏宇经营部”的业务重组，将其并入宏宇电器北京分公司；6—8 月，宏宇电器又先后收购长胜集团持有的西安宏宇公司 100% 的股权和南京宏宇公司 75% 的股权，从而彻底解决多年来宏宇等各企业之间的同业竞争问题，统一了宏宇的品牌形象，优化了研发、生产、营销全产业链上的资源配置，提高了宏宇产品的市场竞争力。

从 2010 年开始，宏宇电器推行“（同心）产品多元化战略”。其标志性事件是 2010 年，宏宇电器在巩固和壮大原有电工产业（包括开关插座等电气接插件、各类电工管材和电线电缆等产品）的基础上，正式进军 LED 照明产业，并首先识别出“LED 不仅是一种新型光源，而且可以是一种信息技术载体”，率先在业内提出“智慧照明”的概念。

2011—2014 年，宏宇电器相继推出“酷”“炫”“玉”“和”等系列的 LED 小夜灯、台灯、筒灯、射灯、壁灯、吊灯和吸顶灯等，可通过（开关插座）智能面板、iPad 平板或 iPhone 手机等，以有线、无线和声控等方式操作 LED 单灯或多灯的亮度和色温，实现智能用光控制。

在 2012 年中国（北京）国际照明展览会暨 LED 照明技术与应用展览会上，面对宏宇电器展台前观众的好奇和惊叹，谢智超侃侃而谈：“以前的灯具，包括 LED，多为单灯控制，即便是多灯组合，也都由厂家预先设计好了控制程序，灯具最多只能像街边的霓虹灯那样，依照已固化的程序自动闪烁或改变亮度和色温。这套‘玉系列’LED 灯具则不同，它是宏宇电器今年主推的、业内独树一帜的‘智慧照明’概念下的新品。之所以叫‘智慧照明’，一是这种灯具更加强调用户参与，更富于个性化和人情味，用户可以依据个人的喜好、习惯，甚至在某时某地和某种事件中的心境，来调节单灯或多灯组合的亮度和色温，使人在自己喜欢的光线下保持更加惬意的心情……”他略加停顿，“在这方面，还有很多可以拓展的应用领域。比如，我们研究了鸡的产蛋率与光线的关系，发现在某种光线下，某种鸡的产蛋率会高出多少个百分点，养鸡场就可以安装这种‘智慧照明’产品，每天在某个时候给鸡多照一点这种光线，使鸡下更多、更大的蛋。二是这种灯具具有独特的节能理念，通过控制技术来实现‘智慧’节能。比如，当室外的自然光变亮，房间内的灯光就会自动变暗；当用户打开阅读灯，吊灯或吸顶灯就会自动变暗，等等，通过与外界环境光的合理匹配，来达到更深层次的节能的目的。”

当记者问及宏宇电器为什么要进军“智慧照明”产业时，谢智超回答：“这可不是心血来潮，而是宏宇电器认真分析后做出的战略选择。首先，宏宇电器在电工产业领域已经耕耘了几十年，原有的品牌优势、产品设计优势、工程服务优势、渠道优势、客户资源优势，这些都能够很快配置进来，实现我们在 LED 产业上的‘（同心）产品多元化’扩张；其次，照明产业这块蛋糕固然很大，但在白炽灯、日光灯和节能灯时期，宏宇电器并没有‘杀’进来，当 LED 要大发展的时候，宏宇电器来了。我们看到 LED 可以打通宏宇电器在电工、照明和智能控制方面的产业链，将我们原来传统的机械电气的开关插座升级为可以智能控制的开关插座，实现由传统的电工产业到智慧照明产业的‘弯道超车’式的发展。现在，我们已有‘智慧照明’，下一步，我们还要推动‘智慧照明’成为‘智能家居’的核心子系统，探索通过智慧照明切入智能家居产业的发展路径。”

从 2016 年开始，宏宇电器推行“创新领先战略[①]”。

在 2016 年，宏宇电器提出“将（开关插座）智能面板打造成智能家居的入口、平台、终端”的理念，全面进军智能家居产业，并与阿里巴巴开展战略合作，布局“智能家居 2.0”生态圈。

2017 年，阿里巴巴与宏宇电器“全屋智能”解决方案正式发布。该方案涵盖安防监控、健康环境、智能净水、智慧照明、影音娱乐、能源管理等八大子系统，力图为用户创造更加智慧、舒适的生活空间。

2018 年，宏宇电器参与主编《智能家居自动控制设备通用技术要求》国家标准，为行业规范化、标准化发展提供参考依据，以全面推动智能家居行业发

① “创新领先战略”非宏宇电器所称，而是本书作者自己定义的，指“以革命性的技术创新或商业模式创新而领先其他同业竞争者的发展战略”。

展升级。同年 11 月，第五届世界互联网大会在江南水乡乌镇召开，中国智能家居产业联盟 CSHIA 在大会现场举办“2018 智能家居生态高峰论坛”，谢智超应邀出席会议并在会上与智能家居行业企业、IoT（Internet of Things，物联网）平台方、房地产方、电信运营商等共同探讨智能家居的生态环境，分享了宏宇电器以智能面板为主要载体的全屋智能解决方案及多种智能面板新品。

2019 年，宏宇电器以“1（1&1）+ 5（X）+N”，即 1 个控制中台——数据与业务统一，智慧用电、智慧用光、智慧用水、智慧灯杆、智能家居 5 类核心产品——还可以扩展至 X 类，N 种场景解决方案为核心理念，构成实现家庭、楼宇、园区与城市有机连接的 IoT 解决方案，从智能家居进一步拓展到智慧楼宇、智慧园区、智慧城市的全景式服务运营模式，意在不断开启人类“智简生活”。

为使“创新领先战略”得以落实，在 2019 年 1 月 26 日召开的宏宇电器《三年战略规划（2019—2021）》评审会上，谢智超胸有成竹地提出了以下四项重要举措。

一是发力新产业。继续推动智能家居商业应用的规模化，稳步推进智慧园区、智慧城市的产业拓展，实现从卖产品向卖系统解决方案的转型。

二是创建新模式。以 O2O 新零售为牵引，做大、做强线上渠道和线下分销渠道，实现线上线下互动融合；以新制造为导向，重塑生产运营模式，从标准化走向智慧化、个性化和定制化，以此实现从 B 端的工程销售向 C 端的全网营销转型。

三是重塑新文化。继续以强势的企业文化引领内部运营变革，打造客户第一、追求速度、敢于变革、敬业专业的现代化员工形象；从人员推销向品牌营销转变，突出现代化、科技化、国际化的品牌形象。

四是再造新动能。要追求有质量的增长，为公司从传统制造业向物联网平台企业转型，提供持续创新发展的动力。

问题

除了本节提及的“成本领先战略”“（横向）一体化战略”“（同心）产品多元化战略”“创新领先战略”以外，您所知道的企业发展战略还有哪些常见的类型？

您认为宏宇电器每一次的战略调整是否合理？为什么？

3.3　它会变成“白天鹅”吗

鹏程股份（公司）以研发、生产和销售自动柜员机（Automatic Teller Machine，ATM）等货币自动处理设备及相关系统软件产品为主业，公司 2007 年上市以来，一直在银行金融客户市场上开拓耕耘，先后入围农业银行、中国银行、建设银行、交通银行等大型商业银行定点供应商名单，业务收入节节攀升，经营业绩斐然。

早期，鹏程股份通过承接 ATM 维修、保养业务获得的服务收入只有每年一两千万元，还不到 ATM 产品销售收入的几十分之一。用鹏程人的话讲，那纯属“搂草打兔子——顺带”，只是企业签订 ATM 产品销售合同时，某些客户因希望“三包”期后仍将 ATM 维修、保养工作也交由企业承担，而另行签下的服务订单。

因此，在鹏程股份刚上市的头两年，无论是做 ATM 维修、保养业务，还是做（ATM 维修、保养）业务的人，在企业里都像是一只躲在僻静角落里的“丑小鸭”。

但鹏程股份的董事会在 2009 年却意识到，这种状况终究会随着时间的推移而发生变化。

究其原因，鹏程股份董事长苗永青曾在讨论公司发展战略问题的一次董事会会议上说：“我们目前是向银行金融市场提供 ATM 设备及相关系统软件的主要厂家，我们 ATM 产品的销售收入每年都在增长，但这一增长速度近两年已不再是百分之几十，而只有百分之十几了。预计在不远的将来，这一增长速度还会降低，可能每年就百分之几，甚至出现‘滞胀’或掉头向下。反之，我们 ATM 维修、保养的服务收入虽然现在绝对值还不大，还无法与我们 ATM 产品的销售收入相提并论，但近两年的增长速度却都达到了百分之几十。我相信，这样的增长速度还会持续好多年。

“此消彼长，随着时间的推移，可以预计在不远的将来，这两条业务收入的曲线将会交叉。这标志着，那时来自 ATM 维修、保养业务的服务收入将超过 ATM 产品的销售收入。”

“为什么会这样？”苗永青扬起带有几分朴实和倔强的脸庞，继续说，“一个因素是受产品生命周期规律的影响——我们ATM产品的研发、生产和销售业务已渡过‘发展期’，即将进入‘成熟期’，而我们ATM维修、保养的服务业务才刚进入‘发展期’，正在高速发展。

“另一个影响因素与ATM的产品特性有关。对银行金融客户来说，购置的ATM设备成了他们的固定资产，这些固定资产需要使用相当长的一段时间并逐步摊销其成本，不像低值易耗品，可以很快在使用中消耗掉。所以，银行金融客户不会总是无节制地购置ATM设备，除非开辟新的业务网点。这样，随着我们ATM设备在市场上的保有量逐步变大，我们签订的新装机合同必然会逐步减少，一旦某一年客户报废换机的订单又不大，现在还在增长的ATM产品销售收入就会出现‘滞胀’或掉头向下了。

“同时，ATM产品又具有较高的技术含量，其维修、保养工作带有一定的专业门槛，不是银行金融客户自己可以胜任的。他们往往希望由ATM生产厂家来承担其维修、保养工作，而他们只需为这种‘购买的服务’支付一定的费用，既划算，又方便。所以，随着我们ATM设备在市场上的保有量逐步变大，我们签订的ATM维修、保养的服务合同必然会逐步增加，即便客户报废换机也会延续原来的，或续订新的维修、保养的服务订单。这样，现在高速增长的ATM维修、保养的服务收入势必还会持续增长下去，直到某一年出现ATM维修、保养的服务收入超过ATM产品的销售收入的情形，我看也是很有可能的。

“因此，建议把ATM产品的研发、生产和销售业务作为公司的‘现金牛’，继续保持其市场地位，为公司带来源源不断的经营性净现金；同时，把ATM维修、保养的服务业务作为公司的‘明星’，进一步加大投入，设立更多的分支机构，扩充和培训维修、保养队伍，除了要全额拿下我们的ATM维修、保养的服务订单外，还要全力争取拿下其他厂商的ATM维修、保养的服务订单，并积极开拓更多的金融服务市场，如现钞安全押运业务、（自助）银行保洁和保安业务等，尽快让公司的金融服务业务成为支撑鹏程股份的骨干力量，为我们撑起更大的一片蓝天。”

“到那个时候，哈哈哈……”苗永青爽朗地笑了，“现在这只‘丑小鸭’，就一定会变为大家眼中的‘白天鹅’啦！”

附：鹏程股份 2007—2018 年的损益情况[①]（见表 3.1）

表 3.1 鹏程股份 2007—2018 年的损益情况

（单位：亿元）

	2007	2008	2009	2010	2011	2012	2013	2014	2015	2016	2017	2018
营业收入	7.81	12.00	14.89	17.24	20.90	21.68	25.16	31.52	39.73	44.24	43.84	54.59
其中：ATM产品收入	7.19	10.40	13.19	14.75	16.49	17.77	18.68	20.23	22.90	22.91	16.18	15.89
ATM维保收入	0.19	0.30	0.56	0.95	1.60	2.32	3.36	5.72	8.85	13.07	17.84	19.87
营业成本	4.13	6.55	8.53	8.74	10.51	10.35	11.42	14.24	18.99	23.45	25.51	32.00
其中：ATM产品成本	3.84	5.70	7.61	7.38	8.26	8.42	8.22	8.76	10.40	11.72	9.65	9.75
ATM维保成本	0.09	0.10	0.21	0.33	0.48	0.90	1.37	2.45	4.22	7.09	9.92	10.93
营业利润	1.97	2.96	3.38	4.54	5.03	5.07	6.14	7.08	8.24	8.22	11.31	9.07
利润总额	2.58	3.63	4.23	5.26	5.95	6.48	7.76	9.17	10.54	10.03	11.22	9.00
净利润	2.32	3.32	3.87	4.75	5.07	5.81	7.11	8.17	9.18	8.92	9.64	7.84

问题

您如何评价鹏程股份对其 ATM 维修、保养的服务业务所进行的战略分析和做出的战略判断？

3.4 从两篇《致股东》[②]中传递出来的战略思想

一家上市企业的发展战略除了需要其董事会、经营班子的谋划和决策，以及一众员工的认可和践行之外，往往还需要众多中小股东的理解和支持。在这方面，荣耀股份（公司）做得颇为“到位”，其方式之一就是通过年度报告将公司的战略思想向每一位股东予以披露。

① 摘自鹏程股份 2007—2018 年年度报告

② 源自荣耀股份公司 2004 年年度报告和 2014 年年度报告。本书作者仅对其做了个别字词句及标点符号的调整。

2004年的《致股东》

2004年公司业绩保持稳步成长，效益更获得长足进步。全年实现营业收入76.67亿元，同比增长20.2%；净利润8.78亿元，同比增长62%；净资产收益率提升到14.16%，为近年来最高点。

2004年也是荣耀成立20周年。对荣耀来说，这不仅仅是一个时间刻度上的整数，更是一个重新开始的起点。公司从战略的层面，对过去20年进行了全面的总结，并提出了未来10年的中长期规划。

过去20年：价值观的坚守

自1984年至2004年，荣耀的营业收入从5800万元到76.67亿元，增长了131倍；净利润从500万元到8.78亿元，增长了近175倍。

20年，对一家企业来说，未来才刚刚开始。面对享有全球盛誉的诸多百年老店，20年的阅历更谈不上悠远。但就20世纪80年代方才起步的中国当代商业经济而言，20年足以见证其肇始以来的全过程。时光考验犹如大浪淘沙，与荣耀同期创业的公司，硕果仅存者屈指可数。

荣耀是中国最早的上市公司之一。自1991年至2004年，荣耀营业收入复合增长率达25%，净利润复合增长率达31%；同期上市的企业，像荣耀这样持续十三年盈利增长的堪称绝无仅有。

市场是一个不断试错的场所。过去20年间，中国的社会环境发生了重大的变迁，荣耀对自身业务也做出了剧烈的调整，最终选择的行业——房地产，更是经历了从无到有的巨变。荣耀在这20年间曾经面对的机会与风险，曾经做出的判断与选择，曾经感受的困惑与喜悦，对于同在发展过程中的其他中国企业，当不失其可供借鉴的价值。荣耀亦乐于与社会分享20年来沉淀的经验与教训。

正如《基业长青》这本书中提到的那样，要成为高瞻远瞩、可以面对巨变数十年繁荣发展的持久公司，第一步也是最重要的一点，就是明确核心理念，树立在任何情况下坚持不渝的坚定价值观。

回顾20载发展历程，荣耀最引以为自豪的，就是在行业还有待成熟的时候，守住了职业化的底线，在任何利益诱惑的面前，荣耀一直坚持着自己的价值观。荣耀的价值观包括：对人永远尊重、追求公平回报和牢记社会责任。

体现对人的尊重是荣耀创建的初衷。20年来，荣耀对客户、股东、员工和其他社会成员的尊重始终不渝。荣耀坚信，市场的奥秘就是双赢，而只有尊重才能带来和谐，只有和谐才能创造双赢。

荣耀认为，市场最终是公平的，任何暴利都不可持久。只有持续提供令客户满意的产品和服务，才能赢得市场的信赖；只有不断为客户创造价值，才能在竞争中立于不败之地。

荣耀亦坚信，只有在一个规范、和谐、可持续发展的商业社会和市场环境中，才可能诞生真正基业长青的百年老店。荣耀不敢或忘自身对社会和行业所应承担的责任。

过去 20 年：方法论的选择

基于这样的价值观，荣耀通过 20 年的实践，在方法论上也做出了明确的选择。那就是：简单、透明、规范与均好。

与国内众多企业一样，荣耀在起步阶段也曾走过一段多元化弯路。但荣耀最终意识到，国际上虽不乏多元化经营而获得成功的企业，但它们的成功离不开成熟的商业环境、完善的社会信用和较低的社会交易成本。而荣耀置身于刚刚起步的市场中，依靠自身积累而成长，专业化是唯一可行的道路。为此，荣耀用了长达十年的时间来完成专业化进程。从 2001 年开始，荣耀已经明确将自身定位为专业的城市住宅开发商。

荣耀也认识到，现代商业社会的一切成功，源自与他人的合作。合作必须以信任为基础；信任的第一步是相互了解。越透明、越没有秘密，就越容易获得合作与成功的机会。基于这种认识，荣耀一贯以最大的诚意，促进内外部的沟通与了解。自深圳交易所推出信息披露评级以来，荣耀是少数几家每年都获得“优秀”评级的公司之一。

在商业经济的萌芽阶段，面对种种利益诱惑，机会主义和权谋文化都可能成为部分企业的一时之选。但现代和当代商业社会离开诚信、公正的基本制度框架将难以维系。荣耀一贯坚持，首先在自身行为上恪守市场的游戏规则，同时也致力于促成行业规则的不断完善。这一努力得到了社会的承认，在 2004 年“中国最受尊敬企业”评选中，荣耀名列第二位；在“中国首届企业公民行为”评选中，荣耀凭借公司治理和道德准则上的表现，得票数居企业第一位。

在发展过程中，有不少企业在短期内实现了迅猛的发展，甚至在行业内一时独占鳌头。但遗憾的是，它们没能经受住时光的考验。荣耀同样渴望高速的成长，但我们绝不以股东的利益为赌注，来博取一时的荣耀。荣耀相信企业的竞争不是短跑而是长跑，均好性才是长期制胜的根本。为此，荣耀在国内企业中率先建立了基于“平衡计分卡”的绩效评估与考核体系。

此后 10 年：机遇挑战同在

2004 年，中国经济继续保持 9.5% 的 GDP 高速成长，但也出现了一些结构性的投资过热。为此，国家开始了第五轮宏观调控，土地政策、金融政策不断收紧，并在 2004 年 10 月底进行了 9 年来的第一次加息。以上海为代表的部分城市，出现了房价增长过快、投资性购房比例过高的迹象。这都使得，社会对房地产行业能否获得可持续的高速增长表现出了关注甚至担忧。

对此，荣耀的看法是，消费者的有效需求才是一个市场存在的理由。政策是市场环境中不可忽视的一个重要组成部分，但它的出发点，只会是防范市场波动带来的风险，而不可能凭空创造或者消除一个自我演进的真实市场。住宅是人类生存必需的基本物资，也是社会成员改善生活品质最重要的物质基础之一。决定住宅市场基本走势的，是经济的成长性、人口结构和居住形态的变迁。

研究结果表明，未来 10 年全国城镇人口规模将由 2005 年的 5.37 亿人增长到 2015 年的 6.60 亿人，城镇平均家庭人数将从 2005 年的 3.53 人减少到 2015 年的 3.25 人。由于人口规模增长、家庭人数减少和人口老龄化，在 2005 年至 2010 年间的新增住宅需求，合计每年 5.35 亿平方米；在 2010 年至 2015 年间的新增住宅需求，合计每年 4.53 亿平方米。对比目前每年 3.38 亿平方米的商品住宅供应量，未来需求的旺盛是不言而喻的。

而对于目前商品住宅的主要市场，另一组数字值得关注。2005 年，全国高校应届毕业生将达 238 万人。根据中国人才热线的调查，其中 91% 的毕业生选择到深圳、广州、上海、北京等城市以及江苏、浙江等省求职。此外，尚有 52 万出国留学者，其中 80% 表示希望学成后回国发展。单是这部分人员，将产生每年超过 200 万的新增高学历家庭和超过 1.5 亿平方米的住宅需求，其中大部分需要通过商品住宅市场来满足。

基于以上分析我们可以得出结论，商品住宅市场在未来 10 年仍将是中国最具潜力和发展空间的行业之一。而从金融市场和消费者偏好两个角度来看，行业的集中化也是必然的趋势。

高速发展的商品住宅行业需要大量的资金来支持，而要全面解决资金需求的难题，必须依靠金融产品创新和多元化融资渠道，关键在于金融企业与地产企业之间信任关系的建立，而目前公司治理和风险控制能力已经得到金融界普遍认同的房地产企业只是少数。

住宅是一种特殊的产品，消费者和地产企业之间需要建立长达数十年的信任关系。购置住房又是大多数市民一生中最大的一笔支出，在选择供应商时他们必然保持高度的慎重，因而对品牌的重视程度与日俱增。以荣耀近三年来客户满意度调查的结果为例，品牌和口碑已经取代地段等传统因素，成为消费者选择楼盘时最重要的考量指标。而在同一个市场中，能够被消费者广泛认同的品牌同样只是少数。

行业发展的广阔前景和集中化的必然趋势，为包括荣耀在内的领先企业提供了近乎无限的遐想空间，但在看到巨大机会的同时，我们也必须清醒认识到我们面临的挑战。

挑战之一在于境外同行的进入。尽管世界房地产发展史已经呈现这样的事实：商品住宅市场可能是所有行业中，全球化倾向最不显著的一个，即使美国最强大的发展商，其跨国经营范围也限于周边国家。但我们同样应该注意到近期已经发生的另一组事实：境外同行已经大举进入中国市场，他们的资金实力、国际融资能力都远在国内企业平均水平之上。

更重要的是，行业竞争最终将是核心技术的竞争，目前日本最优秀的住宅开发商，拥有数千项专利；而在中国，走在前端的荣耀，已经获得和正在申请的专利合计只有几十件。

挑战之二在于，目前国内住宅开发的粗放模式已经无法适应未来可持续发展的需求。行业现有的生产和运作模式，必须颠覆。

一方面，房地产是一个高资源消耗行业，不仅房屋的建造本身要消耗大量钢材、水泥、运力，建筑的居住过程也要消耗大量资源，而中国的人均资源是比较贫乏。另一方面，国内住宅生产的工厂化比率远远低于发达国家水平，产品建造精度比世界先进水平低出一个数量级，产品缺陷率降低到一定水平后已经难以为继。如果不补上精细制造这一课，为未来消费者提供优质住宅的理想，将只是空中楼阁。

此后 10 年：战略领跑未来

面对未来 10 年巨大的机会与挑战，荣耀作为行业的领跑者，必须具有归零的心态和凤凰涅槃的勇气。要成功实现自我的超越，首先需要在战略上做出重大调整。

基于这一考虑，荣耀经过将近一年的反复研究，提出了未来 10 年的中长期发展规划。荣耀将在“专业化”的基础上走向“精细化”，以“有质量增长”作为未来10年的战略目标。

在已经进入快速增长期的同时，我们更加追求增长的质量。有质量的增长对我们来说意味着，要提高资本与人力资源回报率，提升客户忠诚度，加强产品与服务创新。为实现有质量的增长，荣耀提出了三大策略。

第一是客户细分策略。

荣耀将完成运营机制的重大变革，从目前以项目为核心的运营方式，转向以客户价值为中心的运营方式。在一个竞争与开放的市场中，企业持续的竞争优势，只有一个来源，就是客户价值。没有对客户价值的精确理解与把握，就不可能真正形成企业的核心竞争力。

在客户细分策略下，荣耀将不局限于以职业、收入、年龄等“物理”方式去把握客户，而将从客户的内在价值出发，按客户的不同生命周期，建立梯度产品体系，通过为客户创造价值，实现客户的终身锁定。

在变化的市场环境中，从粗放走向精细，走到市场前面去把握客户价值，建立自己的核心能力，这是荣耀第二次专业化的关键。

第二是城市圈聚焦策略。

目前，中国城市经济圈正在形成，这些城市经济圈构成了中国经济发展的增长极。长江三角洲，珠江三角洲，环渤海区域，这三大城市经济圈的国土面积只占全国的4.1%，但GDP却占到了40%，居民储蓄存款余额占全国的1/4，人均消费支出是全国平均的两倍。

荣耀在未来10年，将把业务聚焦在城市经济圈，特别是长江三角洲、珠江三角洲和环渤海区域。荣耀将集中资源，在这些地区实现集约型的扩张，在这三大区域成为市场领导者。

第三是产品创新策略。

如何在有限的土地上，为消费者提供安全、环保、适于居住和交流的优质住宅，对中国房地产行业来说，既是机会，也是挑战。荣耀认为，要解决这一问题，必须走产业化的道路。

我们将在细分客户价值的基础上，形成住宅产品体系，建立荣耀住宅标准；通过工厂化生产，提高住宅的品质和性价比；以和谐、自然、生态的标准进行未来可能住宅的研发，为住宅产业贡献更多的自主知识产权。

依托于这一战略，荣耀将继续保持“中国住宅行业领跑者”的自身定位。

我们对这一定位的理解，简单地说就是引领行业发展的方向，走在行业发展的前沿。我们认为，“领跑者”的标准具体包括以下几个层面：

在客户和品牌层面，应该提供满足客户需求和持续创新的产品和服务，具有良好的客户忠诚度和口碑。

在业务规模层面，应该具有稳定增长的业务规模，并处于行业前列。

在股东回报层面，应该保持业绩的持续增长，为投资者提供满意的回报。

在行业责任层面，应该为行业提供一个可供学习的全面标杆。

在社会责任层面，应该维护所有相关主体的利益，为和谐社会和可持续发展做出广义贡献。

目前，一个题为“你认为谁是中国地产行业未来领袖”的网络调查正在新浪网上进行，这个单选题的调查结果显示，75% 的被调查者选择了荣耀。

没有股东的支持，就不会有荣耀的过去、现在，也不会有荣耀的未来。荣耀也怀有充足的信心，与全体股东一起，分享美好灿烂的明天。

2014 年的《致股东》

2014 年荣耀成立 30 周年。一个 10 年成为历史，一个 10 年正在到来。但这并非简单的 10 年循环。相对于以往的 10 周年节点，2014 年对荣耀来说尤为关键。未来通往何方？我们何去何从？关于这些问题的思考，荣耀从没有像 2014 年这么多。

我们身边的世界正发生巨变。房地产行业正由黄金时代转入白银时代，而移动互联网正在颠覆整个商业社会的运行规则。容纳我们生长的大地已沧海桑田，我们以往成功所依赖的天空也或已斗转星移。确实是深思的时候了。

白银时代：从想象到轮廓

白银时代将是怎样的图景？这一图景将持续多少年？2014 年，我们尝试用一项对世界不动产价值发展历史的研究来回答这个问题。这项研究覆盖了 27 个有较为完整数据的经济体（包括爱尔兰、奥地利、澳大利亚、比利时、丹麦、德国、法国、芬兰、韩国、荷兰、加拿大、卢森堡、马来西亚、美国、南非、挪威、葡萄牙、日本、瑞典、瑞士、泰国、西班牙、中国香港、新西兰、意大利、英国和中国台湾），覆盖了它们过去 40 年的历史。

过去 40 年，这 27 个经济体除德国外，都出现过房价累计上涨 100% 以上的阶段。其中包括12次上涨超过5倍和5次超过10倍的案例。在61次快速上涨之后，有14次出现大幅下跌。而日本是唯一一个持续下跌超过20年并始终不能修复的个案。我们试图找到，能够提前区分这14次和另外那47次的可观测指标，再结合中国当前的情况进行预判。我们也确实得出了结论。

我们的结论是相对乐观的。我们相信，在白银时代，中国住宅价格不会发生断崖式的下跌。住宅开发仍将是巨大而且可持续的产业。但房价单边高速上涨的时代已经结束，行业整体规模高速膨胀的时代已经结束。

因此，未来10年，荣耀最重要的业务仍将是住宅。但为了保持公司良好的增长，并为之后的第二个十年发展期奠定基础，荣耀需要在这个十年内基本完成新业务的探索和布局，确定新的商业模式。

一项新业务的发展可以分为三个阶段：0到1的阶段，关键在于找到令人信服的商业模式；1到10的阶段，关键在于验证成功案例的可复制性；10到100的阶段，进入稳定的发展阶段，关键在于提升经营效率和竞争力，进而获得更大的发展空间和更好的回报水平。

未来3年，荣耀新业务的主要目标，就是找到那个“1”，或者说，找到那些“1”。

移动互联网时代：变化与不变

只要市场经济还存在，商业机会就永远存在。这个世界上有无数的“1”。如果随意投资，只要手中有钱，那么“1”俯拾皆是。但要找到真正适合自己、属于自己的“1”，却需要时间。

2014年，荣耀在选择新业务发展方向方面，确定了两条基本原则：一是新业务必须能够体现荣耀的优势或潜力，必须与荣耀的文化基因、体制特征、客户基础和能力优势相符合；二是新业务必须代表着未来发展的方向，必须顺应移动互联网时代的大趋势，而不是与之背道而驰。

过去两年，荣耀管理团队走访了多家互联网企业，或者在移动互联网时代广受关注的优秀企业。我们试图通过这些交流，结合我们自己的学习和思考，找到移动互联网时代的变与不变。

我们认为，“对客户好”是永恒不变的商业逻辑。在移动互联网时代，它只会变得更重要。在移动互联网时代，信息更对称、更透明，“货比三家”更容易。一切竞争性行业都将进入买方市场。产品、服务必须更有竞争力，并切中客户痛点。

而移动互联网时代对房地产行业的具体影响，我们主要关注以下三点。

在住宅地产方面，客户关注的将不仅是房子本身，还有围绕居住的一系列生活服务，以及邻里间互动的社区氛围。

在消费地产方面，电商全面颠覆传统零售渠道，购物中心走向没落，但面向体验和展示的新一代消费中心将兴起。新生代将追求更丰富的人生体验，度假需求将迅速增长，并取代原来单一的观光旅游模式。

在产业地产方面，创客文化兴起，中小、小微企业创业将成为中国未来经济增长的主要动力。原有物流地产难以适应现代物流的要求，需全面升级换代。

基于这样的分析，荣耀将自身未来 10 年的业务版图归纳为：“三好住宅”+“城市配套服务商”。我们希望 10 年后，后者能取得和前者并驾齐驱的地位。

三好住宅，指的是好房子、好服务、好社区。我们将以互联网时代的极致精神，不断更新行业和消费者对优质居住体验的定义和标准，捍卫和扩大我们在居住品牌上的优势。我们相信客户价值的提升将带来更丰厚的股东回报。我们将谋求投资回报的增速超过销售规模的增速，并向荣耀股东回报率的最高历史纪录发起挑战。随着资金效率的提升，我们将加大以现金回报股东的力度。

城市配套服务商，将主要体现在两个方面：一个是有别于传统商办，符合移动互联网时代大趋势的新兴地产业务；一个是与荣耀的客户资源以及技术、信用优势存在关联性的延伸业务。未来 3 年，荣耀这些业务方向将逐渐显露出来。

事业合伙人：从共创、共享到共担

在白银时代，住宅行业的利润率和回报率将逐渐回到社会平均水平。荣耀如何实现“逆生长”，做到回报增速高于规模增速，如何创造股东回报率的新高度?

在白银时代，作为一个已经攀上两千亿元规模的公司，荣耀又如何摆脱大企业的“创新困境”，回归创业心态，焕发创业激情，实现新业务的成功孵化?

回答这两个问题，或许是一个系统工程。但其中最重要的一点，或者说荣耀信心的最重要来源，是我们的事业合伙人计划。

荣耀的事业合伙人计划，基于经济利润奖金制度。作为中国最早全面采用经济利润作为核心考核指标的企业之一，我们早就意识到，股权投资是有成本的，而且其成本远远高于债权资本。只有扣除股权资本机会成本之后的经济利润，才是我们为股东创造的真正价值。

2010年推出经济利润奖金制度以来，荣耀全面摊薄净资产收益率水平逐年上升，到2013年，上升到19.66%，这是荣耀20年来的高位。但之后公司股价的波动，让我们进一步意识到，股东不仅希望我们重视回报率，也希望我们重视股价。我们没有能力改变资本市场的偏好和波动，但我们至少要让股东意识到，在股价问题上，管理团队和他们是利益一致、同甘共苦的。

2014年，荣耀推出了事业合伙人持股计划和项目跟投制度，荣耀骨干团队从此跟随股东成为公司的投资者。无论持股计划还是项目跟投，都引入了杠杆。这意味着，事业合伙人团队将承受比股东更大的投资风险。

共担，也就是说，与股东共同承担投资风险，是事业合伙人与职业经理人最大的区别所在。在存在浮动薪酬、奖金制度和股权激励的情况下，职业经理人与股东之间本身存在共创、共享的关系，但事业合伙人增加了共担。

当同时存在共创、共享和共担机制的时候，管理团队的利益将与股东高度一致。在这样的制度下，团队将更真切、更直接地感受到经营的好坏，也更加关心这一点。2014年，我们欣慰地看到城市公司在投资上变得更加谨慎，看到公司团队为提升效率、减少浪费的大量创新和努力，看到了专业壁垒正在被打破。我们看到，团队成员不仅关心自己的工作内容，也开始关心他们所看到的其他情况。这种自我激励和相互管理，比一切严密的“他律”制度更加有效。

事业合伙人制度培养的，不仅是忠于职守的职业经理，更是具备企业家精神和企业家才能的经营者。在创业的过程中，没有其他任何资源比这二者更加重要。

无论从现有业务的效率、效益提升角度来看，还是从新业务的创新、创业来看，事业合伙人制度都是重要的基础和保障。未来它可能作为企业管理机制的一次重要提升而载入商业史册。

能参与这样一个伟大的进程，我们深感荣幸。而我们的路，才刚刚开始。

问题

荣耀股份的这两篇《致股东》，给了您哪些关于企业战略方面的启示？

您认为，这两篇《致股东》所揭示的问题里，哪些是对企业发展战略层面的思考？哪些是对企业经营策略层面的认识？为什么？

3.5　是要“怒放的生命”，还是要“经典永流传”

在企业发展战略上，经常可以看见两种不同的选择。一种像一曲曲摇滚，配上劲炫火爆的电声，向人们唱出了“怒放的生命”的赞歌；而另一种像一首首古诗，伴着千年流淌的时光，为大家述说着“经典永流传”的故事。

Canon——怒放的生命

1933 年，吉田五郎，一位对机械产品和机械加工工艺痴迷的年轻人，怀揣着造出日本生产的、价廉物美的“Leica II①”的梦想，在日本东京麻布六本木一栋木制建筑第三层的一个房间里与他的妹夫内田三郎等一起创立了当时只有二三十人的“精机光学研究所”，并在次年试制出了取名“Kwanon”的、当时日本第一台 35mm 旁轴相机②。尽管该样机带有一些仿制 Leica II 的痕迹，但毕竟打着当时日本“第一台高级相机”的名头，所以也曾引发一番舆论的支持声浪。

1935 年，精机光学研究所在日本注册了“Canon”商标。

1936 年，精机光学研究所推出了以 Kwanon 为蓝本生产的、被认为是日本第一款量产的旁轴相机 Hansa Canon，销售价格为 275 日元（包括镜头、遮光罩、两个胶卷暗盒和相机皮套等），比 Leica II 要便宜多了。其中，该相机的机身、快门等由精机光学研究所制作，而搭配的 Nikkor 50mm f/3.5 镜头则由日本光学株式会社，即尼康（Nikon）生产，由此可见，现今仍激烈竞争的日本两大相机产业巨头佳能和尼康，当年还曾是关系密切的商业伙伴。

由于第二次世界大战的影响，当时 Hansa Canon 的生产情况并不理想，每月多的时候可以生产十台，少的时候不过四五台。为了生存，内田三郎等——此时吉田五郎已离开，决定将精机光学研究所由“私人作坊”改制为“股份公司”，为此他们四处筹款，终于在 1937 年将精机光学研究所改制为“精机光学工业株式会社”。事实上，1937 年后来被其官方认定为 Canon 的初创时间。

---

① Leica II, 一种由德国徕卡公司（Leica）生产的、当时最高级的 35mm 相机。一台搭配 50mm f/3.5 镜头的 Leica II 当时的价格约 420 日元，相当于进入日本银行业的优秀大学毕业生半年的工资。

② 旁轴相机，又称为旁轴取景相机。因其取景光轴位于镜头成像光轴的旁边而得名。

最初，精机光学工业株式会社的注册资本为100万日元——首次出资40%，而且还不全是现金，相当一部分是精机光学研究所使用过的设备，包括3台车床和1台铣床等的溢价入股，人员为60人左右，月产量目标为45台相机——虽然月产量仍不大，但至少比改制前翻了两番还多。

1939年，在Hansa Canon基础上经过改进的Canon S（标准型）和Canon J（不带联动测距的普及型）面世，产量仍不大，年产不过数百台。

1942年，御手洗毅出任精机光学工业株式会社总裁。医生出身并做过妇产科医院院长的御手洗毅不仅拥有与创始人吉田五郎同样执着的精神，还具备吉田五郎所缺少的管理经验与商业头脑，他绞尽脑汁地使企业顽强地存活下来。

1945年，第二次世界大战的硝烟刚刚散去，战后的日本满目疮痍，但御手洗毅却在困境之中提出“追赶徕卡，超越徕卡”的口号，带领精机光学工业株式会社重新投入了生产。很快，企业二战后第一个新产品Canon S Ⅱ问世，深受驻日美军的青睐，并实现了部分产品的出口。该相机搭配的Serenar 50mm f/3.5镜头是第一支由精机光学工业株式会社大量生产的镜头。其实，早在第二次世界大战开始后不久，企业就开启了独立研发镜头的工作，但当时试制的几款镜头并未真正量产。

1947年，精机光学工业株式会社更名为“佳能相机（株式会社）”。

1949年，佳能相机股票在日本证券交易所上市。

1951年，杰出的工程师伊藤宏主持研发的Serenar 50mm f/1.8镜头上市。该镜头克服了高斯镜头结构在光圈全开时容易产生眩光的缺点，成为青史留名的优秀镜头之一。从此，佳能相机镜头具有“世界级影像质素”的美名传遍了世界。

1952年和1954年，佳能相机分别推出了世界上首款具有闪光灯同步功能的IV Sb和其改进版IV Sb2。这两款相机设计优秀，制作精湛，当时被称为“不输于徕卡”的一代名机。其价格不菲，搭配Serenar 50mm f/1.8镜头的IV Sb和IV Sb2的售价分别达到了74000日元和74500日元，而按当时日本的人均月工资4680日元计算，要花费大概16个月的工资才能够买下一台IV Sb或IV Sb2。

1955年，佳能相机跨出国门，在美国纽约成立分公司。

1959 年，为顺应当时 35mm 相机市场逐渐从旁轴相机转向单反相机[①]的趋势，佳能相机推出了第一款 35mm 单反相机 Flex。该相机采用背锁式螺纹 R 镜头卡口，可通过转动镜头上的螺纹环将镜头锁定在相机的卡口上。其价格也不便宜，搭配 R 50mm f/1.8 镜头的 Flex 的售价虽比 IV Sb 或 IV Sb2 低，但也达到了 59500 日元。

于是，佳能相机内部关于“相机平民化”的讨论在当时此起彼伏。追求精益求精是否意味着只打造脱离普通消费者的高级相机？相机是否也应该走进千家万户？在产品定位和企业发展战略问题上，“要制造都能买得起的佳能相机”的呼声越来越高，企业最终选择了“高级相机与平民相机共荣”的发展之路。

1961 年发生的两件事情，说明佳能相机这一发展之路的选择是正确的。

在这一年，佳能相机推出“平民相机”的代表——带电眼（Electric Eye，EE）、不可换镜头旁轴相机 Canonet（装配 45mm f/1.9 镜头），价格低于 20000 日元。因该相机采用了快门优先（Time Priority，TP 或 T）曝光，操作简便，“您仅需按下快门按钮即可拍出美丽相片”，由此创下了空前的销售记录——一周的存货在 2 小时内就被抢购一空，更在两年半的时间里一共卖出去了 100 万台。

同年，佳能相机推出了“高级相机”的代表——带内置测光、可换镜头旁轴相机 Canon 7。该相机搭配世界上最大口径、具有梦幻色彩的、被誉为“比人眼还要明亮”“世界上最快”的 50mm f/0.95 镜头，引发轰动效应——在世界影像博览会（’61 Photokina）上一登台就吸引了众多的眼球。当然，价格也较为昂贵，一台搭配 50mm f/0.95 镜头的 Canon 7，最初的售价达到了 86000 日元。

1962 年，佳能相机制订第一个五年计划，并开始进军办公设备领域。

1963 年，佳能相机在日内瓦设立销售公司，取消总代理制，建立佳能相机直属的销售体系。

1965 年，佳能相机推出第一款带 TTL（Test Through Lens ）测光的单反相机 RFLLIX。该相机首次采用了厚 0.02mm 特殊镀膜的半透明固定式反光板，在拍摄时因没有反光板抬起的黑屏现象而受到了不少用户的欢迎。

1967 年，佳能相机在“右手照相机，左手商务机”的口号下推进产业多元化战略。

---

① 单反相机，又称为单镜头反光（Single Lens Reflex，SLR）取景相机。与旁轴相机不同，单反相机取景时，取景光轴与镜头成像光轴合一，即通过机身内反光镜和光学棱镜多次的光线反射，用户可以从取景器中直接看见通过镜头传来的，将在胶片或数码影像感应器上记录的影像。

1969年，为顺应公司产业多元化战略的需要，佳能相机将公司名称“佳能相机（株式会社）”中的“相机”二字去掉，更名为“佳能（株式会社）”。

1971年，佳能将1968年和1969年分别设立的办公设备销售公司和相机销售公司合并为统一的销售公司。

1976年，佳能以创建优良企业为目标，启动“优良企业构想计划”。

1978年，佳能导入按产品门类划分的事业部制。

同年，佳能继1976年推出内置微处理器，采用全电子快门和快门优先曝光、手控曝光的单反相机AE-1之后，推出采用全电子快门和程序（Program，P）曝光、光圈优先（Aperture Priority，AP或A）曝光、快门优先曝光等AE模式和手控曝光的单反相机A-1。

1979年，世界首款自动对焦（Auto Focus，AF）旁轴相机AF35M上市销售。该相机先利用发光二极管发射近红外光线和光电管接收反射光线的三角测距系统完成测距，然后再利用获得的距离数据控制镜头伸缩来完成自动对焦。

同年，佳能的海外销售收入首次突破了1000亿日元。

1981年，继1971年推出第一代专业级单反相机F-1之后，推出第二代，也是最后一代专业级单反相机New F-1。该相机利用了自F-1推出10年以来最新的技术成果，采用四轴钛金属机械与电子快门相结合的混合快门——快门速度在1/125秒～1/2000秒范围内为机械快门，快门速度在8秒～1/90秒范围内为电子快门。这既解决了慢速状态下机械快门往往不够准确的问题，又为用户在电池电力不足，无法使用电子快门时还可以使用机械快门完成拍摄任务提供了可能。另外，该相机在机身材质（黄铜打造）、最高快门速度（1/2000秒）、快门使用寿命（超过10万次）、耐受环境温度（-30℃到60℃）及湿度（90%）等方面与F-1相比有过之而无不及，也可搭配包括取景器、对焦屏、闪光灯、高速卷片马达等众多的专门附件和蔚然成军的FD卡口镜头群，由此成为公司单反相机的新“旗舰”，博得了众多用户，包括职业摄影师的青睐。

1987年是佳能诞生的第50个年头。照相器材彻底从机械产品转向机电技术相结合，尤其是微处理器控制的信息化产品，佳能当时敏锐地捕捉到了这一产品演变的趋势。于是，佳能在这一年推出了具有划时代意义的、以“电子光学系统”（Electro Optical System，EOS）命名的自动对焦单反相机EOS 650。以此为标志，拉开了EOS自动对焦单反相机好戏连台的大幕。

EOS 650 采用自主研发的感光度测距感应器（Base-Stored Image Sensor，BASIS），先通过 TTL 对被摄主体进行相位差检测完成对被摄主体的测距，然后再利用获得的距离数据控制电子对焦（Electronic Focus，EF）镜头的伸缩，来完成单次自动对焦或连续自动对焦（以快门释放优先）。为此，佳能以壮士断腕的勇气完全放弃了原有的、存世量已很大的 FD 卡口镜头——这一明智之举为以后几十年 EOS 产品的发展铺平了道路。在全新研发的 EF 卡口镜头内设置了超声波马达（Ultra Sonic Motor，USM），因机身与镜头之间无任何的机械运动装置，控制镜头的只有电子信号，使 EOS 650 搭配 EF 镜头在自动对焦时既平顺、安静又迅速、准确，由此一举夺得了“1987—1988 年度的欧洲相机大奖”。

1988 年，佳能宣布开始第二次创业，以“共生”为企业理念，启动“全球企业构想计划”。

1998 年，继 1992 年推出世界首款具有“眼控”对焦专利技术的高级单反相机 EOS 5 之后，佳能推出新一款，也是最后一款高级自动对焦单反相机 EOS 3。该相机具有多种曝光模式和 6 种测光方式，包括分区评价测光、中央重点平均测光、中央局部测光、中心点测光、与对焦点联动的点测光和自选多点测光，并设置了 45 个对焦点，其中对预选出的 11 个对焦点均可实现“眼控”。在用户取景时，先由取景器内安装的红外发光二极管向用户的眼球发射红外光线，在探测出人眼的目视目标后，再由相机自动选择 11 个对焦点中与人眼的目视目标最为接近的那个对焦点完成对焦，不再需要用户手动选择对焦点，相当于靠人眼“指哪打哪”而使自动对焦变得更加快捷。

1995 年，御手洗富士夫出任佳能董事总裁。

1996 年，佳能启动“全球优良企业集团构想”——在此后的 20 多年中，先后设立多家海外研发、生产和销售类子公司，包括 1997 年设立佳能（中国），并先后收购分子压印（美国）、麦视通（丹麦）、安迅式（瑞典）等公司，力求实现业务全球化和多元化，以及更大的增长性。

2000 年，继 1989 年和 1994 年分别推出第一代和第二代专业级自动对焦单反相机 EOS-1 和 EOS-1N 之后，第三代，也是最后一代专业级自动对焦单反相机 EOS-1V① 问世。该相机采用了部分曾在 EOS 3 上使用过的且已成熟的技术，如具有多种曝光模式、6 种测光方式和 45 个自动对焦点等，但没有采用

① 张晓成 . 从 EOS-1N 走向 EOS-1V 的缘故 [J]. 人像摄影，2000（5）.

EOS 3 的“眼控”对焦方式。在安装 PB-E2 电动手柄及专用镍氢电池组 NP-E2 后，单次 AF 和连续 AF 时的最高连拍速度分别达到了 10 张 / 秒和 9 张 / 秒。新研发的旋转式磁体快门具有 1/8000 秒的最高快门速度和 1/250 秒的闪光同步速度，其工作寿命超过了 15 万次。此外，采用最新的“注入式铸模工艺”制作的高强度镁合金机身，能够耐受严苛的环境条件，其防水防尘的密闭性也明显加强——据说可以在“瓢泼大雨”中照常使用，由此迅速得到了众多用户，包括职业摄影师的一致好评。尽管该相机早在 2010 年就已停产，但时至今日，其在自动对焦单反相机中的“霸主”地位仍不可撼动。

同年，佳能确定“以全部主导业务创世界第一为目标，推动数字化发展”。

2008 年，成立佳能全球化战略研究所和一般财团法人性质的佳能财团。

2014 年 4 月 30 日，佳能宣布：截至 2014 年 4 月 22 日，佳能 EF 镜头产量累计达到了一亿支。一支 EF 200–400mm f/4 L IS USM Extender 1.4X 超远摄变焦镜头，成为这一标志性事件中的“实力武生”。

2016 年，继 2005 年、2008 年、2012 年和 2015 年推出四款高级数码单反相机 EOS 5D、5D Mark II、5D Mark III、5Ds/5Ds R（即去掉了低通滤镜的 5Ds）之后，佳能推出了第五款，也是最新一款高级数码单反相机——使用 EF 镜头的 EOS 5D Mark IV。该相机采用新研发的全幅（约 36mm×24mm）、可记录 3040 万有效像素的 CMOS 图像感应器和 DIGIC 6+ 数字影像处理器，支持全像素双核 CMOS AF，自动对焦点数量提升至 61 点，其中 41 个为十字对焦点，自动对焦亮度检测范围扩展至 EV-3 ～ EV 18，常用感光度为 ISO 100 ～ ISO 32000，并可扩展至 ISO 50 ～ ISO 102400，高像素和高信噪比的完美平衡使用户在低照度下也能拍到精细和真实的影像。此外，该相机还具备 4K、全高清和高清视频的拍摄能力，还可利用 WiFi 在相机与 PC、服务器、手机等之间完成信号传输，由此成为众多用户，甚至是一些职业摄影师手中“全能型”的拍摄利器。

2017 年，佳能发射小型人造卫星 CE–SAT–1。

2019 年，继 2003 年、2004 年、2006 年、2007 年、2008 年、2010 年、2013 年和 2016 年先后推出中级数码单反相机 EOS 10D、20D、30D、40D、50D、60D、70D、80D 之后，佳能最新一款中级数码单反相机——使用 EF–S 镜头或 EF 镜头的 EOS 90D 面世。该相机采用遮幅（22.3mm×14.8mm）、可记录 3250 万有效像素的 CMOS 图像感应器和更高性能的 DIGIC 8 数字影像处理器，支持全像素双核 CMOS AF，具备 45 个全十字形自动对焦点和面部优先 AF 功能，能够快速、高精度地捕捉被摄体，实现光学取景器下最高约 10 张 / 秒和实时显示下最高约 11 张 / 秒的高速连拍。此外，具备拍摄 4K、全高清和高清视频，以及 4K 和全高清延时短片的能力，还可利用 WiFi 和蓝牙功能，在相机与 PC、服务器、手机等之间完成信号传输。

同年 10 月 9 日，佳能宣布：截至 2019 年 9 月 20 日，佳能 EOS 可换镜头胶片相机及数码相机产量累计达到了一亿台。一台 EOS R 单电相机[①]成了这一标志性事件中的“当红花旦”。

2020 年新年伊始，继 2002 年、2004 年、2007 年、2012 年和 2016 年先后推出四代专业级数码单反相机 EOS–1Ds、EOS–1Ds Mark II、EOS–1Ds Mark III、EOS–1DX 和 EOS–1DX Mark II 后，佳能第五代，也是最新一代专业级数码单反相机——使用 EF 镜头的 EOS–1DX Mark III 问世。该相机采用新研发的全幅（约 36mm × 24mm）、可记录 2010 万有效像素的 CMOS 图像感应器和性能强劲的 DIGIC X 数字影像处理器，支持全像素双核 AF，自动对焦点数量提升至 191 点，其中 155 个为十字对焦点，自动对焦亮度检测范围扩展至 EV–4 ～ EV 21，实现了光学取景器下最高约 16 张 / 秒和实时显示下最高约 20 张 / 秒的超高速连拍。其常用感光度为 ISO 100 ～ ISO 102400，并可扩展至 ISO 50 ～ ISO 819200，带来了在高感光度下，尤其是在不超过 ISO 102400 时极佳的影像表现，可有效抑制画面“白边”“摩尔纹”“伪色彩”等现象。其新研发的快门叶片用碳纤维复合材料制作，并进行了降低摩擦系数的表面处理，轻薄而坚固，工作寿命超过了创纪录的 50 万次。此外，该相机还具备专业视频拍摄能力，能够拍摄 5.5K RAW，以及 4K 和全高清视频。尤其可在拍摄 4K 视频时，可实现无裁切 5.5K 超视频采样和 C–Log、时间码等专业功能。不仅如此，该相机还具备多种曝光模式、6 种测光方式，以及 HDR 拍摄、11 种照片风格、14 种白平衡设置、38 种自定义功能等，并可利用 WiFi、蓝牙或有线 LAN，在相机与 PC、服务器、手机等之间完成信号的无缝高速传输。正是其如此优异的表现，使该相机一经亮相就博得了众多专业用户，包括那些准备在东京奥运会报道中一显身手的体育记者的“满堂喝彩”。

2000 年夏，继 2018 年和 2019 年先后推出单电相机 EOS R 和 RP 之后，佳

---

① 单电相机，指采用非光学的电子取景器，且具有数码单反相机功能（如可更换镜头，具备快速相位检测自动对焦，具有较大甚至全幅的影像传感器尺寸等）的相机。

能同时推出了两款新的 R 系列单电相机——使用 RF 镜头，或通过卡口适配器转接 EF 镜头及 EF–S 镜头的 EOS R5 和 R6。其中，R6 可以看作是 R5 的简配版，价格比 R5 低约 40%，显得更加亲民。单就 R5 来说，该相机采用新研发的全幅（约 36mm × 24mm）、可记录 4500 万有效像素的 CMOS 图像感应器和刚在 EOS–1DX Mark III 上使用不久的 DIGIC X 数字影像处理器，支持全像素双核 CMOS AF，以及人和动物（包括鸟类）的身体、面部、眼部优先 AF，自动对焦亮度检测范围扩展至 EV–6 ～ EV 20，具备机械快门下最高约 12 张 / 秒和电子快门下最高约 20 张 / 秒的超高速连拍，并支持 5 轴机身防抖。此外，该相机还具备超强的视频拍摄能力，能够拍摄 8K、4K 和全高清视频，以及 8K、4K 和全高清的延时短片，并可利用 WiFi 和蓝牙在相机与 PC、服务器、手机等之间完成信号传输。

2020 年 10 月，继 2012 年、2013 年、2015 年、2016 年、2017 年、2018 年和 2019 年先后推出微单相机[①]EOS M、M2、M3 及 M10、M5、M6 及 M100、M50、M6 Mark II 及 M200 之后，佳能最新一款 M 系列微单相机——使用 EF–M 镜头，或通过卡口适配器转接 EF 镜头及 EF–S 镜头的 EOS M50 II 问世。该相机采用遮幅（22.3mm × 14.9mm）、可记录 2410 万有效像素的 CMOS 图像感应器和 DIGIC 8 数字影像处理器，支持全像素双核 CMOS AF，以及面部、眼部优先 AF，单次 AF 和连续 AF 时的最高连拍速度分别达到 10 张 / 秒和 7.4 张 / 秒。此外，具备拍摄 4K、全高清和高清视频，以及 4K 和全高清延时短片的能力，还可利用 WiFi 和蓝牙功能，在相机与 PC、服务器、手机等之间完成信号传输。

2020 年，佳能位列《财富》“世界 500 强”第 380 名——以 2019 年实现营业收入 329.61 亿美元计算，拥有员工 187041 人，除了能够生产、销售各类可换镜头专业级和高、中、低档（即普及型的，如 EOS 200D II、850D 等）数码单反相机、单电相机、微单相机和与之配套的 EF、EF–S、EF–M、RF 卡口的镜头群（包括采用低色散和高折射率的特殊玻璃、多层镀膜、内 / 后对焦、内变焦、浮动镜片、非球面镜片 Asph、影像稳定防抖 IS 等技术的专业 L 级镜头、普通消费级镜头、移轴[②]镜头和微距镜头等），以及各类不可换镜头小型数码相

---

① 微单相机，指微型小巧，便于携带，且具有数码单反相机部分功能（如可更换镜头，具有较大的影像传感器尺寸等）的相机。

② 移轴，指一种通过调整镜头或相机上安装的移位和倾角机构，而使成像光轴发生变化的特殊功能。利用该功能，一是可以通过移位调整，拍摄到大型建筑物垂直而不是下大上小的画面；二是可以通过移位调整，拍摄到边缘延展、后期可无缝拼接的画面；三是可以通过倾角调整，拍摄到长纵深景物的前后位置均清晰，或某一位置清晰而其余位置模糊的画面。

机（如 PowerShot G 系列、PowerShot SX 系列和 IXUS 系列），还生产、销售家用数码摄像机、打印机、扫描仪、望远镜、硒鼓墨粉等耗材，并生产、销售办公和工业用数码一体化办公设备、商用打印机、高速文件扫描仪、商用印刷系统、宽幅面打印机、工程和教育及商务投影机、特殊打印产品和网络摄像机及解决方案、专业影视设备和广播器材、各种专用软件和耗材等，已成为影像和相关信息技术产品领域的世界级企业。

Alpa——经典永流传

1918 年，皮涅斯家族企业（Pignons SA）成立于瑞法边境侏罗山脉瑞士一侧的巴莱格（Ballaigues）镇。这里属于瑞士沃州的法语区，是瑞士制表业的中心，所以皮涅斯在成立之初的若干年里，也沿袭了当地制造业的传统，将自己的主业定位于瑞士钟表的零部件加工。

1933 年，杰出的产品设计师雅克 • 博尔斯基（Jacques Bolsky）来到皮涅斯，并带来了最初的相机技术。博尔斯基出生于乌克兰，他最初在日内瓦学习医学，并于 1924 年在那里设立了博尔公司（Bol SA）——该公司在 1930 年被收购，生产销售他的 35mm 电影摄影机 Cinematographe Bol 和后来的 16mm 电影摄影机 Bolex。

10 年之后的 1943 年，在第二次世界大战的阴霾中，犹太裔的博尔斯基离开皮涅斯去了美国，但他把自己从 1933 年起主持研发的一些 35mm 单反相机的原型机，如 Bolca、Teleflex 和 Viteflex 等留给了皮涅斯。这些原型机都有一个在后来看起来颇有些“奇葩”的特征，就是在机身上既安装了在当时的单反相机上常见的腰平透视取景器，又安装了在旁轴相机上常见的联动测距取景器。

1944 年，第一代 Alpa 单反相机问世。在这一年巴塞尔的春季博览会上，皮涅斯推出了以 Bolca 原型机为蓝本的、自己的第一台单反相机 ALPA-REFLEX，即“Alpa 1 型”。由于当时尚未完成“Alpa”商标和某些专利技术的申请注册，因此皮涅斯在相机名称“ALPA-REFLEX”下加注了“专有权办理中（PANTENTS PENDING）”的字样。该相机采用焦平面快门，快门速度为 1 秒～ 1/1000 秒和 B 门，安装了腰平透视取景器和联动测距取景器，机身由钢板通过高精度的金属切削加工完成，并像瑞士手表一样进行全手工装配，因此一经问世，就因“工艺精湛、坚固可靠和品质优异”而声名远播，成为世界顶级相机队列中的一员。Alpa 1 型在 1944—1946 年共生产了 570 多台，年均产量 190 台左右。

1946 年，皮涅斯在瑞士注册了“Alpa”商标。同年，不再加注“专有权办理中”字样的 ALPA REFLEX，即“Alpa 2 型”面世。Alpa 2 型在 1946—1952 年共生产了 4640 多台，年均产量 660 台左右，远高于 Alpa 1 型的年均水平。

1949 年，皮涅斯在 Alpa 2 型的基础上推出 ALPA PRISMA REFLEX，即“Alpa 3 型”。该相机一是在位于相机左下方的位置安装了闪光灯同步接点，并配有塑料盖以防止闪光灯被意外触发；二是将原来尺寸较低的腰平透视取景器改为了尺寸较高的 45° 视角眼平五棱镜光学取景器——该相机也由此与 Contax S 一样，成为世界上最早带五棱镜光学取景器的单反相机之一。Alpa 3 型在 1949—1952 年共生产了 940 多台，年均产量 240 台左右。

1952 年，第二代 Alpa 单反相机问世。这一年，皮涅斯一下推出三台新的单反相机，包括 ALPA ALNEA Mod 4、Mod 5 和 Mod 7。该“ALPA ALNEA”系列单反相机一是用精铸的铝合金结构机身取代了原先的钢板结构机身；二是采用了新的加大了口径的三爪式镜头卡口。在一些美学家看来，第二代 Alpa 单反相机更加密实，从里到外都散发着纯机械加工工艺的魅力。

Mod 4 配备一个腰平透视取景器和一个带 50mm 镜头框线的平视取景窗，但去掉了联动测距机构和自拍器。Mod 4 在 1952—1956 年共生产 350 多台，年均产量 70 台左右，主要提供给医院和科研机构，以满足其近摄和记录资料等特殊需要。

Mod 5 与 Mod 4 类似，但把在 Mod 4 上的腰平透视取景器换成了 45° 视角眼平五棱镜光学取景器。Mod 5 在 1952—1956 年共生产 2200 多台，年均产量 440 台左右。在此期间，还生产过 130 多台 ALPA ALNEA Mod 5a，相当于加装了自拍器的 Mod 5。

Mod 7 则配备 45° 视角且对焦屏带水平和垂直十字线的眼平五棱镜光学取景器，以及带 50mm ～ 135mm 镜头框线的联动测距取景器，并配备自拍器。显然，其定位比 Mod 4 和 Mod 5 更高。Mod 7 在 1952—1956 年共生产 3780 多台，年均产量达到了 760 台左右。

1956 年，推出 ALPA ALNEA Mod 6。该相机配备了 45° 视角并具有当时最先进的裂像对焦屏的眼平五棱镜光学取景器——其裂像为 45° 斜向分界面，可以适应横轴和纵轴方向的对焦。此外，与 Mod 4 和 Mod 5 一样，也配备一个带 50mm 镜头框线的平视取景窗。Mod 6 在 1956—1959 年共生产 2600 多台（包括一些后来的 ALPA REFLEX Mod 6），年均产量 650 台左右。

1956—1959 年，为进一步拓展美国市场，皮涅斯决定在其 Alpa 单反相机上不再使用“ALNEA”名称——“ALNEA”取自“All Near”，而美国人不太接受，恢复使用以前曾在 Alpa 第一代 35mm 单反相机 1 ～ 3 型上使用过的“REFLEX”名称。为此，相继有 ALPA REFLEX Mod 4 ～ Mod 8 面世，基本上是在 ALPA ALNEA Mod 4 ～ Mod 7 的基础上，加加减减，或按照美国人的习惯做些个别改动——如将快门速度标记由 1/60 秒、1/120 秒改为 1/50 秒、1/100 秒，等等。

1959 年，推出 b 系列单反相机，包括 ALPA REFLEX Mod 4b ～ Mod 8b。该 b 系列相机是对 ALPA REFLEX Mod 4 ～ Mod 8 的机械结构做了较多改良，如采用反光镜快速复位机构和加装具有 ALPA 特点的从前向后卷片的卷片扳手等，并在全面停产 ALPA REFLEX Mod 4 ～ Mod 8 之后推出的。至此，Alpa 单反相机的机械结构已基本定型。

1960 年，ALPA REFLEX Mod 6c 问世。该相机是在 ALPA REFLEX Mod 6b 的基础上，去掉自 Alpa 1 型以来一直都有的联动测距取景器或平视取景窗，代之以硒光测光表。同时，采用外形左右不对称的 90º 视角五棱镜光学眼平取景器，机身上盖也由以前机型的圆弧形状改为有棱有角、更为刚性的形状。Mod 6c 在 1960—1967 年共生产 4100 多台（包括 418 台黑色和 84 台绿色的限量版），年均产量 510 台左右。

1964 年，推出 ALPA REFLEX 9d[①]。该相机也采用了外形左右不对称额的 90º 视角五棱镜光学眼平取景器，并在测光方式上取得了重大技术突破：首次在机身内安装了 TTL 测光表——由指针摆动显示硫化镉（CdS）元件的测光数据，由此 Alpa 9d 与 PENTAX SPOTMATIC 和 TOPCON RE SUPER 一样，成为世界上最早采用 TTL 测光技术的 35mm 单反相机之一。这个亮点使 9d 一度“大卖特卖”，于是皮涅斯不得不雇了 70 个全职的技术工人加班生产，月产量曾达到 200 台。当然，这比起当时日本相机制造商已在流水线上生产的相机产量来说，不过是“九牛一毛”。9d 在 1964—1969 年共生产 5140 多台（包括 665 台黑色、

① 皮涅斯并没有推出过 ALPA REFLEX 9、9b 和 9c，而是在 Mod 8b 或 Mod 6c 后直接推出了 9d。

63 台绿色和 28 台紫红色的限量版），年均产量达到了 860 台左右。虽然产量不大，却已是最为“畅销”的一款 Alpa 单反相机。

其间，还生产过 155 台 ALPA REFLEX 9f，相当于去掉 TTL 测光表的 9d。虽然是 9d 的简化型，但由于产量稀少，9f 的价格依然较为昂贵。

1968 年，第三代 Alpa 单反相机问世。在这一年，皮涅斯推出 ALPA 10d。该相机采用了外形左右对称的 90º 视角五棱镜光学眼平取景器，且机身外形也变得更为简洁，甚至连本来应该称为“ALPA REFLEX 10d”的“REFLEX”字样也省掉了，变成“ALPA 10d”。但客观地说，10d 除了在相机外形上有明显变化外，相机功能与 9d 的区别其实并不大。10d 在 1968—1976 年共生产 3980 多台（包括带徽章和不带徽章的版本，以及少量黑色和紫红色的限量版），年均产量 440 台左右。

其间，还生产过 186 台 ALPA 10s，相当于只保留顺光而去掉背光测光的 CdS 元件——简化了逆光计算，并去掉快门锁和自拍器的 10d。与 9f 是 9d 的简化型一样，虽然 10s 也是 10d 的简化型，但由于产量少，10s 的价格依然较为昂贵。

1970 年，推出 ALPA 11e。该相机在外形和功能上与 10d 区别不大，仍由 CdS 元件进行 TTL 测光，但不再用指针摆动而改用红色和棕色两枚发光二极管（LED）来指示曝光是否正确。11e 在 1970—1975 年共生产 1030 多台（包括银色和黑色的，以及带徽章和不带徽章的版本），年均产量 170 台左右。

1972 年，ALPA 11el 问世。该相机主要是在 11e 的基础上，改进反光镜设计，增加反光镜预升机构以兼容后镜组通常凸出的超广角镜头。11el 在 1972—1977 年共生产 1130 多台（包括银色和黑色的，以及带徽章和不带徽章的版本），年均产量 180 台左右。

1976 年，推出 ALPA 11si。这是皮涅斯在瑞士本土生产的最后一款 Alpa 单反相机。该相机主要是在 11el 的基础上，采用测光范围更大的硅光敏元件取代了 CdS 元件进行 TTL 测光，并用红色、黄色和绿色三枚 LED 来指示曝光是否正确。11si 在 1976—1989 年共生产 2600 多台（包括银色和黑色的、带徽章和不带徽章的版本，但不包括 705 台表面镀 10um 厚的 18K 金、卖到近 7000 美元的金版），年均产量 140 台左右，完全退回到 1944 年 Alpa 1 型面世时的水平——这是受到来自日本相机制造商生产的 AE 功能齐备、价格相对低廉的单反相机严重冲击的缘故。

面对市场销售的颓势，只好“有病乱投医”——皮涅斯找到日本的启侬（Chinon），走上了一条 OEM[①] 之路。

在 1976 年，皮涅斯选中启侬生产的一款 35mm 单反相机“CE II MEMOTRON”，再换上自己的“马甲”，以“ALPA Si 2000”为名，与 11si 同时推向了市场。虽然 Si 2000 具备全开光圈 AE 和最高快门速度 1/2000 秒等功能，在指标上要高于 11si，且价格要远低于 11si，但真正的 Alpa 拥护者并不买账。他们仍然爱着瑞士本土的“奶酪”与“面包”，不喜欢打着瑞士“奶酪”与“面包”旗号的来自日本的“寿司”与“饭团”。

在 4 年后的 1980 年，皮涅斯仍不死心，又选中启侬生产的另一款 35mm 单反相机“CE 4”，再一次换上自己的“马甲”，冠以“ALPA Si 3000”之名推向了市场。Si 3000 与 Si 2000 的结局几乎一样，未能使 Alpa 起死回生。

至 1989 年，皮涅斯停止了 11si 及其少量变形版本，如 11a、11si PIN 等的生产。

作为世界上最精密的机械相机的翘楚，在 1944 年至 1989 年的 46 年里，皮涅斯各型号的 Alpa 单反相机一共只生产了 42000 台左右，年均产量不到 920 台，这比起日本相机制造商，如佳能、尼康等每款相机产量动辄年均成百万、上千万台来说，可谓“沧海一粟”，但每一款都堪称杰作，件件都弥足珍贵。

1990 年夏天，瑞士政府接管了皮涅斯，宣布对其破产重组。

1996 年春天，当年皮涅斯最大的债权人、来自苏黎世的科博尔—韦伯家族（Capaul & Weber），出于对瑞士相机产业的热爱，历经数年的执着追求，最终以拍卖方式从瑞士政府手中买下了 Alpa——这一曾让无数瑞士人引以为自豪的相机品牌的全球使用权。

从此，阿尔帕公司由巴莱格搬到了苏黎世。

阿尔帕在设立之初就将主要用于拍摄风光、建筑及人物肖像照片等的中画幅旁轴相机确定为自己的产品定位。因为此时的阿尔帕已经知道，虽然中画幅旁轴相机，尤其是那些需要外置测光、手动对焦，甚至估光或估焦的中画幅旁轴相机，其用户相对于 35mm 单反相机的用户来说，要小众又小众，且会因产量小，又具备世界上最好的选材和做工而价格十分昂贵。但这恰恰可以避开日本相机制造商在 35mm 单反相机领域所具有的 AE、AF 功能上的技术优势，以

① OEM（Original Equipment Manufacturer，原始设备制造商），指某一生产厂商按照相关合同、协议，为另一厂商生产符合其要求的产品及配件，并冠以另一厂商的品牌，即“定牌生产”“贴牌生产”。

及在流水线上大批量生产所带来的产品价格优势，还可以发挥过去皮涅斯时期在 Alpa 单反相机精密机械加工工艺上的优良传统，捍卫 Alpa 所蕴含的“工艺精湛、坚固可靠和品质优异” 的世界顶级相机品牌的地位，这样才能使 Alpa 凤凰涅槃，再度辉煌。

于是，在当年秋季的世界影像博览会（'96 Photokina）上，阿尔帕不负众望，拿出了固定在一起的、具有 645 画幅后背和 80mm f/2.8 镜头的三台试制样机 ALPA 12——其中一台立即被瑞士照相机博物馆收藏。这一样机由阿尔帕与塞兹相机技术公司①（Seitz Phototechnik AG）共同研发，一经亮相，就受到不少专业摄影师和媒体的高度关注，“Alpa 又回来了”的消息震动了世界摄影界。

1998 年，在两年前的样机 ALPA 12 的基础上，阿尔帕正式推出了两款量产型的、可转接不同后背和镜头的中画幅相机 ALPA 12 WA （Wide Angle）和 ALPA 12 SWA （Shift/Wide Angle）。前者为广角中画幅相机，后者为镜头接口带移轴功能的广角中画幅相机——可向上移位 25mm，向下移位 25mm（需要机身适配器）。同时，如果配上几年后推出的镜头适配器②，12 WA/SWA 均具备另一移轴功能——可实现最大 5° 上下俯仰或左右摇摆的倾角调整。

那么，12 WA/SWA 究竟是一台什么相机呢?

它太简单，简单到已经不像一台常见的相机，而像一个长方形的金属框架——宽 180mm、高 115mm、厚 45mm，重量为 600g （SWA 重量为 640g）。

一是没有镜头——镜头可选用多种著名品牌，如德国的蔡司（Zeiss）、施耐德（Schneider）和罗敦斯德（RodenStock）等专门为阿尔帕中画幅相机定做的广角和标准镜头，以及少数几支中焦距镜头；二是没有后背——后背可通过适配器与多种品牌，如德国的林可夫（Linhof）、日本的骑士（Horseman）和玛米亚（Mamiya）等中画幅胶片相机后背，或瑞典的哈苏（Hasselblad）V 型、丹麦的飞思（Phase One）、以色列的利图（Leaf）等中画幅数码相机后背，甚至美国的宝丽来（Polaroid）等的“一次成像”相机后背相连接，拍摄 645、6×6、6×7、6×9 等中画幅的胶片、数码及“一次成像”照片；三是没有旁轴

① 塞兹相机技术公司于 1960 年在瑞士拉斯多夫（Lustdorf）设立，是瑞士精密机械制造业中的佼佼者。其创始人为皮涅斯时期的产品设计师，曾设计过 ALPA Roto SM60/70 360° 转机的赫尔曼·塞兹（Hermann Seitz）。

② 此类镜头适配器，可用于 Alpa 12 系列中任一款中画幅相机，但要无限远合焦必须搭配那些为阿尔帕专门开发的，镜筒缩短了的所谓“短筒”镜头。

取景器——取景器要外置；四是没有测光表——测光表要外置，或干脆由摄影师凭经验进行估光；五是没有测距机构，测距器也要外置，或者干脆由摄影师靠目测或利用广角镜头景深范围较大的特点进行估焦；六是没有使用说明书，因为阿尔帕相信 12 WA/SWA 的用户应该个个都是摄影高手，完全可以随意“摆弄”手里的这台不带任何电子装置的纯机械相机，而不需要再看什么“说明书”之类的东西。

虽然如此简单，它却成为这个世界上可能“唯一”的开放的相机“平台”。在这个“平台”上，可以由阿尔帕预先搭配好某支镜头、某款后背等，组成一台中画幅相机供摄影师选购；也可以由摄影师自己加加减减，自主选择搭配某支镜头、某款后背等，组成一台符合自己拍摄目的，甚至个人喜好的中画幅相机。

虽然如此简单，它却没有采用精铸或冲压工艺，而是在整块航天用合金材料上用数控机床“抠”出来的，重量轻但强度极高，据说从五六层楼的高处向下扔落到地面上而“毫发无损”；它具有极致的加工精度，公差范围达到了 1/100mm 量级，与镜头、后背等的连接处不需要任何的遮光棉材料，直接卡上就密不透光，可谓“严丝合缝”；它采取了特殊的处理工艺，锁紧扳杆和各个紧固螺丝使用了耐磨复合材料，内六角的调整螺栓还一一做了镀金处理，以保证其经久耐用；在它的左右各配有一个由制造军械枪托的专业厂家用天然玫瑰木或山毛榉木制成的手柄，握持手感会让每一个摄影师都感到即舒适又牢固，堪称一流。

此外，12 SWA 还配备了多个高精度的滚子轴承，采取相互滚动而不是相互滑动的方式来保证其在实现移轴功能的同时，各种活动件能够移位顺滑、阻尼适当，且“毫厘不差”、定位准确。

2000 年，Alpa 12 系列中画幅相机——虽然当时仅有 12 WA/SWA 两款量产机型，以其杰出的技术与美学特性在德国的竞赛设计创新大赛中赢得了代表最高设计质量水平的“红点奖”。

2005 年，ALPA 12 TC（Travel Compact）问世。这一次，它变成一个正方形的金属框架，宽 110mm、高 110mm、厚 20mm，重量仅为 220g，只占 12 WA/SWA 重量的 1/3 左右。虽然小巧，但 12 TC 依然是在整块航天用合金材料上用数控机床“抠”出来的，依然具有极致的加工精度，依然采取了特殊的处理工艺。尽管是“小小的身躯”，却蕴藏着“大大的能量”——12 TC 照样可以覆盖大至6×9的画幅，并能够搭配所有可以在12 WA/ SWA上使用的镜头、后背、取景器及其他相关附件。当然，它不像12 SWA具有移轴功能，而像12 WA，但又比12 WA轻便了许多。正如阿尔帕将其命名为“TC”那样，它应该是Alpa 12系列里最适合“旅行”“紧凑”的中画幅相机，摄影师可以在旅途中依仗它直接和相对快速地拍摄出高画质的图片。

2006年，推出ALPA 12 XY。这是一款必须安装在三脚架上使用的中画幅相机，宽220mm、高290mm、厚40mm，重量为2500g，很大、很重，但其精确定位拍摄的本事“无人可望其项背”。同时，它还是一款镜头接口和后背接口都带移轴功能的中画幅相机，且移轴的范围比12 SWA更大——可向上移位45mm，向下移位25mm，向左和向右各移位25mm。

2008年，ALPA 12 MAX面世。它结合了12 SWA可以手持拍摄及12 XY可以前后、上下、左右移轴的优点，像一台通过减轻重量和缩小体积后能够手持拍摄的12 XY。宽180mm、高205mm、厚30mm，重量为1200g，的确比12 XY变小、变轻了。该相机可向上移位25mm，向下移位18mm，向左和向右各移位18mm。正是其广泛的实用性、理想的重量、适宜的大小、极致的精度，为Alpa 12系列中画幅相机“一直被模仿，却从来没有被超越”做了可能是最好的一种诠释。

2010年，推出ALPA 12 STC（Shift/Travel Compact）。该相机很像12 TC，宽145mm、高140mm、厚25mm，重量为590g，要比12 TC大一些，重一些，但增加了移轴功能，可分别向上、向下、向左、向右各移位18mm，算12 TC的增强版，能够提供更广、更强的自由摄影能力，也为Alpa 12系列里“旅行”“紧凑”的中画幅相机树立了一个新标杆。

2012年，后来多次获奖的，更加开放的相机“平台”ALPA 12 FPS（Focal Plane Shutter）问世。该相机不具备移轴功能，宽205mm、高115mm、厚35mm，重量为750g。这款相机一改以往Alpa 12系列中画幅相机“大道至简”的设计理念，在机身上设置了一个最高快门速度为1/4000秒的电子控制焦平面快门。正是因为多了这个焦平面快门，12 FPS除了可以搭配以往能够在Alpa 12系列中画幅相机上使用的，带镜间快门的镜头、后背、取景器及其他相关附件之外，还可以搭配以往不能在Alpa 12系列相机上使用的不带镜间快门的镜头，包括许许多多35mm单反相机镜头，如徕卡R系列镜头、佳能FD、EF系列镜头和尼康F系列镜头，甚至阿尔帕自己在皮涅斯时期为Alpa 1型、2型、

3 型～ 11 系列单反相机配套的那些镜头等，理论上都可以通过专门的转接环转接到 12 FPS 上使用。这无疑进一步拓展了 Alpa 12 系列中画幅相机作为开放的相机“平台”的空间，使之进入了一个几乎可以囊括世间所有影像器材为之工作的全新的世界。

2018，推出 ALPA 12 PLUS。加号（PLUS）既是瑞士国旗的图案，又代表着在各个方面都有所提升，是集 XY、MAX 和 STC 等之长为一身的最新一款 12 系列中画幅相机。该相机宽 184mm、高 184mm、厚 25mm，重量为 1040g。由于其采用了完全对称的设计，包括上下左右，正面和背面，可以任意转动和翻转使用，加之具备移轴功能，可分别向上、向下、向左、向右各移位 20mm，因此成为一款 Alpa 12 系列中适用于各种拍摄环境和各种拍摄目的，包括拍摄室内或室外、静态或动态、人文或风光等影像的“全能”型的中画幅相机。

阿尔帕在苏黎世只有一两间不大的办公室，只有几位设计人员，加上负责精密机械加工的技术工人等也不过区区几十人，年均生产一两百台 Alpa 12 系列中画幅相机，但这就像当年 Alpa 1 型刚一问世就已位居世界顶级相机行列的情形一样，阿尔帕生产的相机依旧占据着世界顶级相机的高峰，而这已经过去了近 80 年！

阿尔帕是这样宣传自己的[①]：

Alpa 公司——瑞士少有的相机制造商，也是全球市场上高端影像设备的优秀制造商。

我们的产品——Alpa 相机是精密的工具，是我们用激情和精湛的工艺为一小部分“鉴赏者”制作的。就像乐器一样，这些精密的工具需要我们用大师级的专业技术进行加工和调配。

我们的客户——Alpa 的客户包括世界级的摄影艺术家、巨幅照片的专业摄影师、领先的广告、建筑和景观摄影师以及全球的摄影爱好者。他们欣赏 Alpa 的真实性、可靠性、创新性和工艺性，可以为客户提供一个具有无限可能的、多变的——异常灵活、高度模块化的静止或移动图像的摄影平台。Alpa 不仅仅是一种产品，更是一种态度，是一种充满快乐、专业和探索精神的态度。

① 非原版语句，本书作者进行了适当编辑。

Alpa，永远是对您个人艺术创作和摄影精髓的投资。

问题

您如何评价佳能和阿尔帕各自选择的发展战略？

您认为，什么才是一个企业应该选择的正确的发展战略？为什么？

按照您对上述问题的分析结论，请判断您所在企业的发展战略是否是正确的？

第4章 组织架构

4.1 对一个企业组织架构的解析

作为新入职员工培训周的系列活动之一，天山集团（公司）的办公室主任柳彬在阳春三月的一个下午，花了一个多小时为新员工讲解、分析天山集团的组织架构。

天山集团整体的组织架构

从1980年4月1日天山集团的前身——天山总公司成立，到2017年12月28日天山集团改制为一人有限责任公司[①]以前，天山集团一直是一家全民所有制企业。

其主要职责定位是“在优化结构的基础上，推动技术进步，提高质量，增加产品种类，增强在国内外市场的竞争力，加强经营管理，提高经济效益和劳动生产率，实现国有资产的保值增值，使集团公司成为我国信息产业新产品、新技术、新服务的重要基地，带动我国信息产业水平的提高，为把我国建设成

① 一人有限责任公司，见《中华人民共和国公司法》（自2014年3月1日起施行）第二章第三节的有关规定。

为信息产业强国做出突出贡献”[①]。因此，依照这样的企业定位，天山集团整体呈现为一种股权管理架构的组织形式（见图 4.1）。

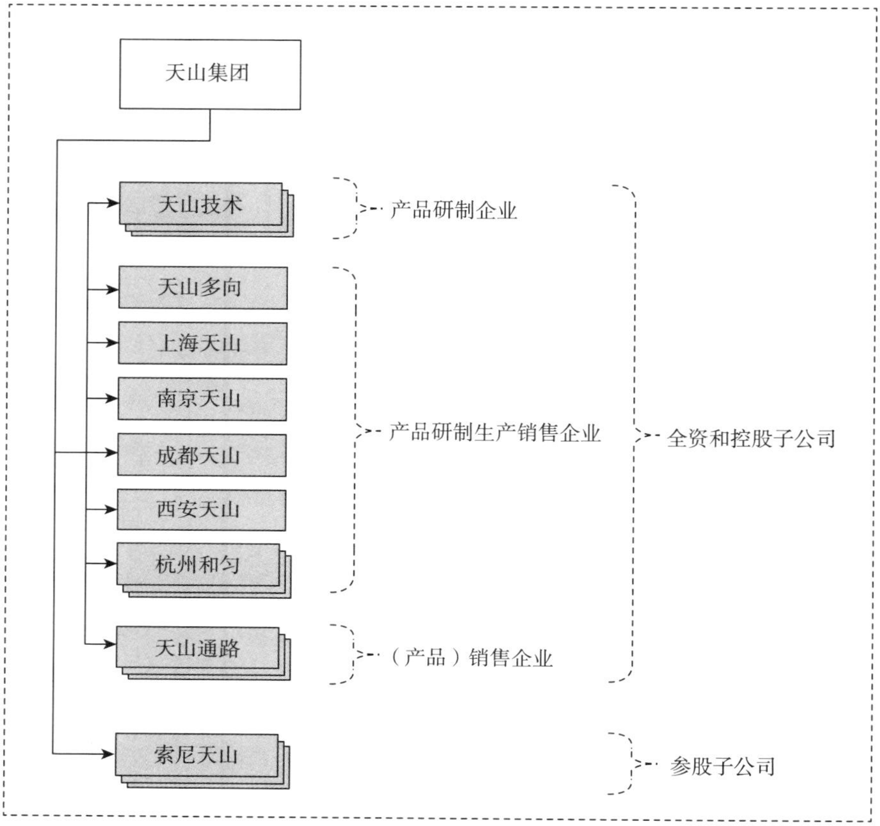

图 4.1 天山集团整体的组织架构

天山集团（母公司）的组织架构

天山集团（母公司）为实施对所属企业的股权管理，采取一种职能部门为主的组织架构（见图 4.2），以落实对所属企业的中长期发展战略、年度预算、收益分配、高管人员管理，以及对外投资、担保、借贷等重要事项的集中管理。

① 摘自天山集团《公司章程》。

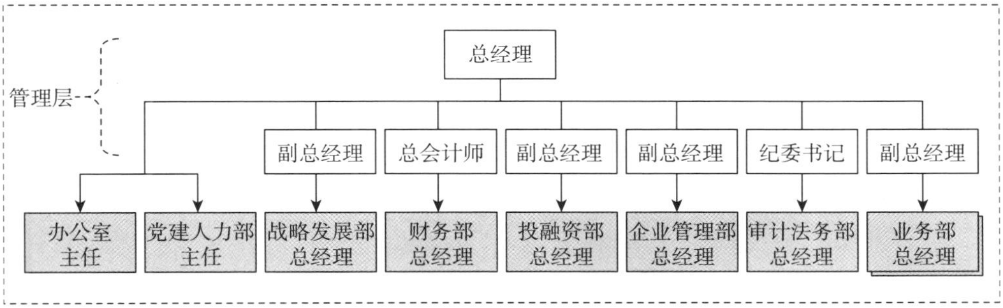

图 4.2　天山集团（母公司）的组织架构

天山集团所属企业的组织架构

天山集团所属企业，依据不同的企业定位，设置不同的组织架构。

天山集团所属产品研制企业的组织架构大多为基础资源线和应用产品线构成的矩阵式架构（见图 4.3）。

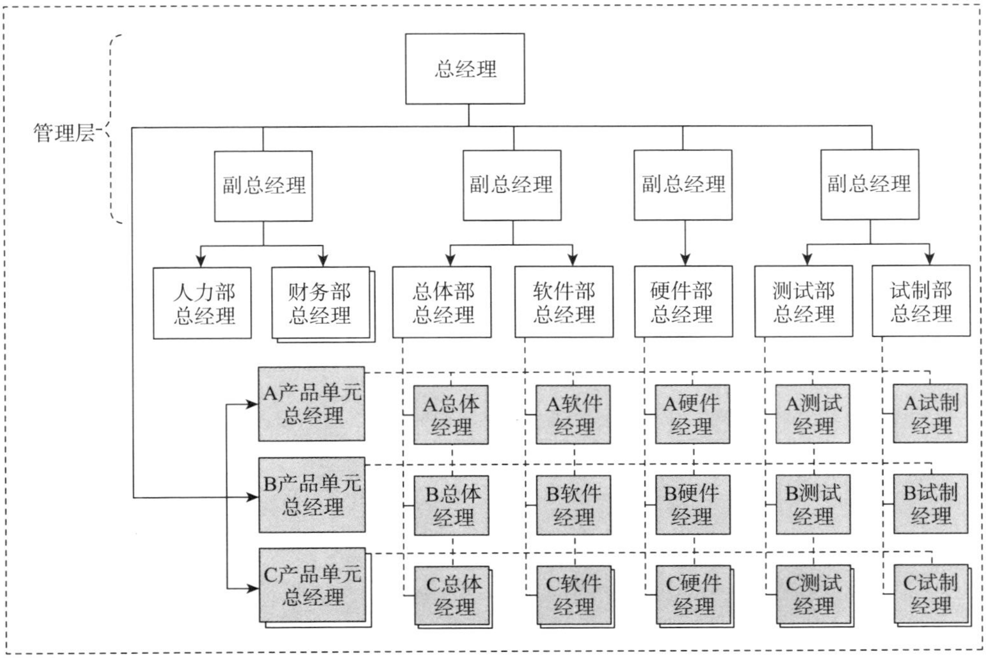

图 4.3　天山集团所属产品研制企业的组织架构

天山集团所属产品研制、生产、销售企业的组织架构大多为由事业部构成的业务单元架构（见图 4.4）。

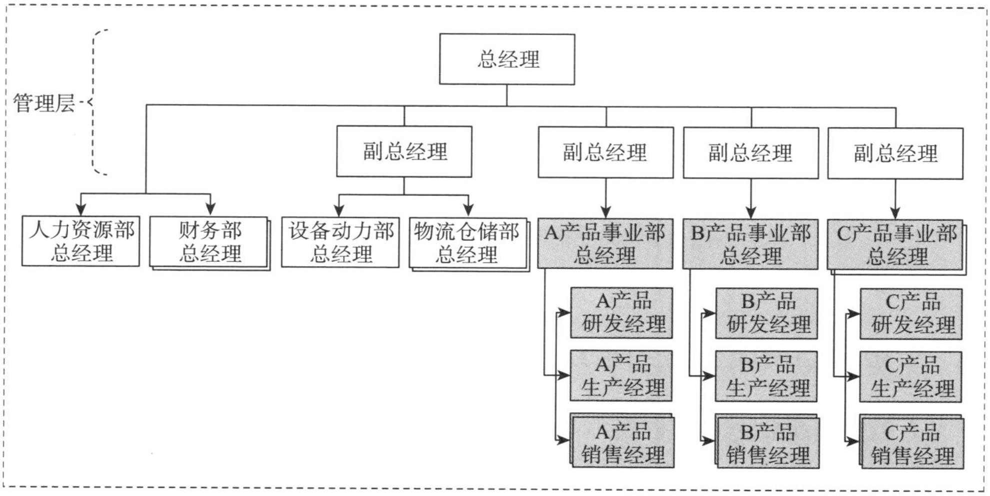

图 4.4　天山集团所属产品研制、生产、销售企业的组织架构

天山集团所属（产品）销售企业的组织架构大多为由客户线和产品线，或由地区线和产品线构成的矩阵式架构（见图 4.5 和图 4.6）。

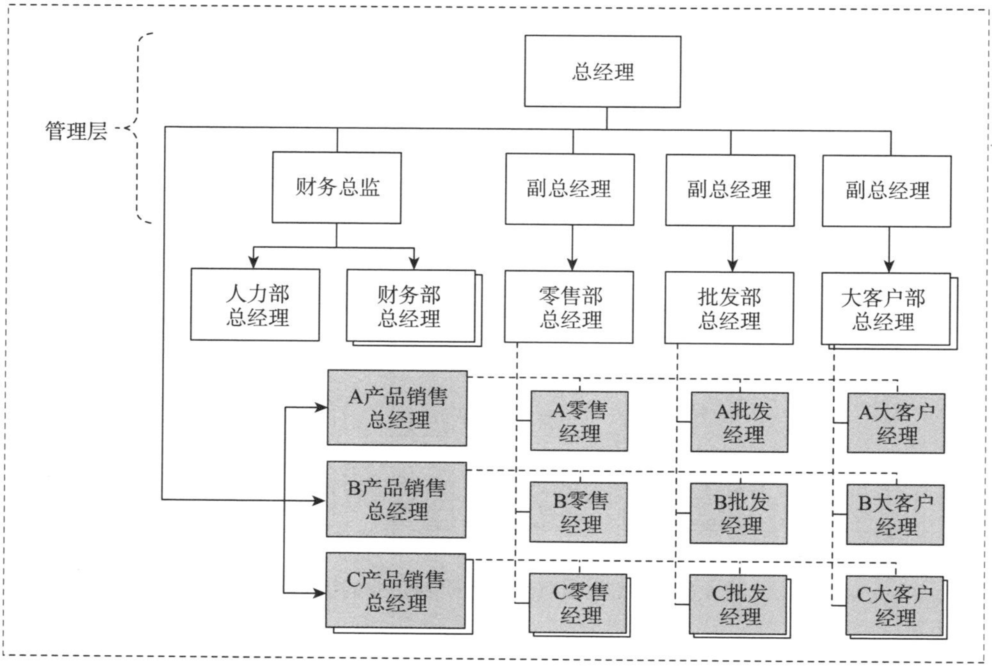

图 4.5　天山集团所属（产品）销售企业的组织架构（客户线和产品线）

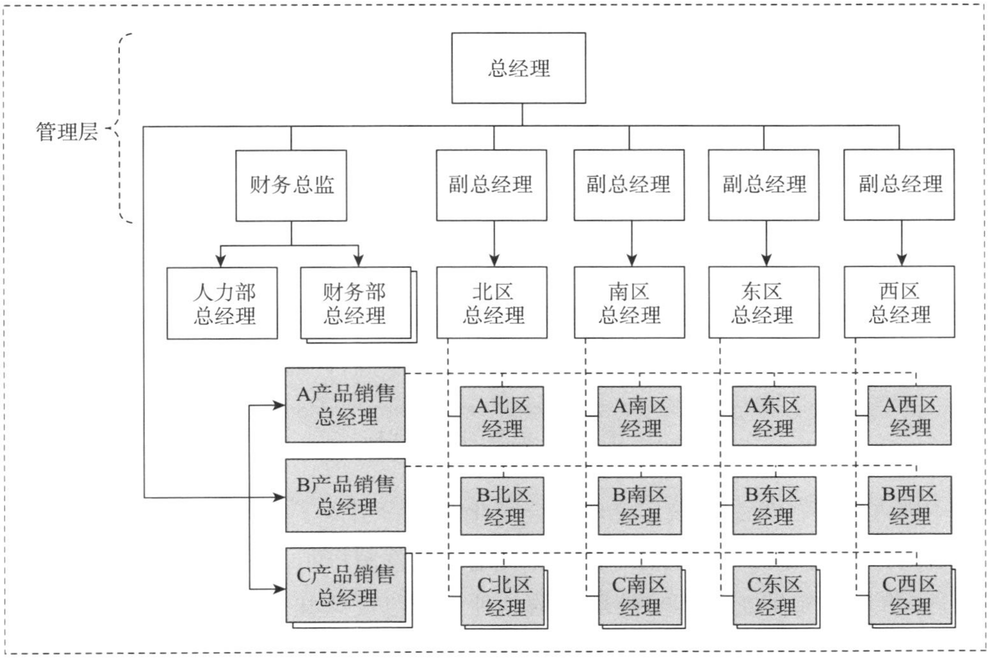

图 4.6 天山集团所属（产品）销售企业的组织架构（地区线和产品线）

柳彬讲完上述内容，抬起头，注视着全场，在座的新员工对他报以一片掌声。

问题

您认为天山集团（母公司）采取职能部门架构的主要依据是什么？其不同类型的所属企业采取不同的组织架构的主要依据又是什么？

如果您认为有必要对天山集团（母公司）或某一类型的所属企业的组织架构进行调整，您会提出怎样的组织架构调整方案？调整理由是什么？

4.2 问题的关键

快乐屋玩具厂曾经是一个市属小型轻工企业，开始只有一个车间，生产洋娃娃、“布老虎”和小兔、小马、小熊等布绒玩具。建厂七八年后，虽增加了一个车间，配置了生产线，可以生产儿童彩色气球、充气动物造型玩具、橡胶弹跳玩具、拼图和（积木）拼插等塑胶玩具，但工厂的组织架构一直没有太大变化，仍以“职能部门架构”为主（见图 4.7）。

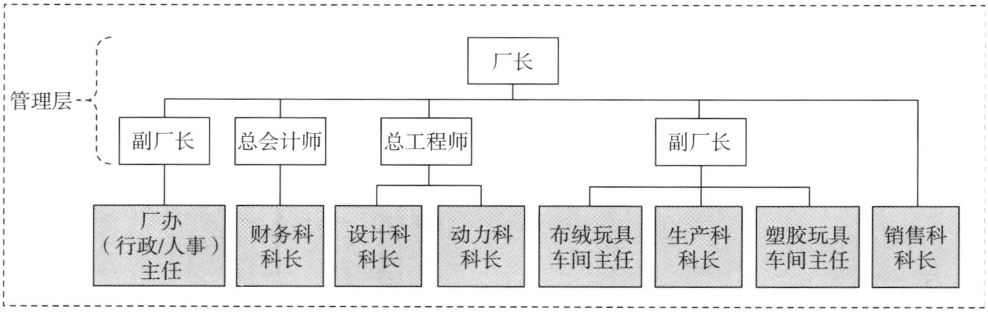

图 4.7　原有的组织架构

进入二十一世纪，该厂完成了公司化改造，引入了其他新股东，变身为快乐屋玩具（公司）。企业首届董事会成立不久就制订了《未来十年战略发展规划》，将增加布绒玩具和塑胶玩具的品种，如芭比娃娃、淘气兔、贵宾熊、憨态熊猫和动漫人物组装模型、战车军机兵舰组装模型、建筑园林组装模型等，并全力进军机械和电动玩具市场，还会根据企业的发展情况逐步开拓电子遥控玩具市场。这显示了一种全方位扩张、发展的态势。

为落实、执行快乐屋玩具《未来十年战略发展规划》，企业管理层——已改由总经理、副总经理、财务总监、技术总监等组成，决定招兵买马，重点增加设计科和销售科的专业人员，而后增设一个生产车间，配置新的生产线……

半年后，新的、更多品种的布绒玩具、塑胶玩具等陆续面世。约一年后，开始向市场提供机械和电动玩具，如机器狗、助力滑行汽车、会翻筋斗的猴子、功夫熊猫、轨道机车等。企业的营业收入比之前翻了一倍，当然，资产性投入发生了很多，每年的成本费用也都增加了不少。

在开始的两三年里，企业运营似乎还比较正常，虽然生产车间偶尔也会发生产品交货不及时的问题，但通过安排适度的生产加班，问题最后总能得到解决。而两三年后，企业运营中出现的内部矛盾就变得突出了。

一是销售科会经常抱怨生产车间不能按时交货；生产车间或设计科不能及时解决用户反映的玩具质量问题；设计科对销售科提出的关于改进玩具的技术性能或功能的建议，及开发玩具新品的“合理化”建议往往“置之不理”，等等。

二是生产车间会时常抱怨生产科下达的生产计划不够准确临时性的生产计划较多，生产车间不得不时常安排某些工序的工人加班，产生额外的加班费用不说，还使这些工序的工人“有时闲着没活儿，有时就忙得要死”。

三是生产科会不时抱怨销售科不考虑公司的生产能力，“乱接订单”——原已列入计划的订单没有签下来，没有列入计划的订单却签了，事前也不和生产科通气，事后还振振有词，“市场就这样”“必须适应市场的变化”“一切都得围着市场转”，等等。

四是设计科会有时抱怨开发的玩具新品好卖不好卖与设计人员关系不大，很难调动设计人员的工作积极性，“反正我们就是拿‘死’工资，最多给点儿年终奖，职能部门也都差不多”“既然好卖了是销售人员拿奖金、有提成，那么不好卖时，‘打板子’、挨批评，也应该由他们接着”，等等。

总之，指责别人的人多，主动担责的人少。

如何才能减少内部矛盾并提高公司的运营效率？管理层就此专门开会进行了研究。

有人认为这些内部矛盾是科室和生产车间的职责不清所致，应该由公司办（即以前的厂办）牵头，梳理现行的科室和生产车间的职责，重新界定，重新明确。有人则认为是管理层的协调工作做得还不到位，还应该加大协调工作的力度，进一步强调科室之间、科室和生产车间之间的协同配合，提高干部员工工作的积极性和主动性。

公司总经理潘明胜最后说：“你们大家说的都有一定道理，但我认为还没有切中问题的关键。照我看，在快乐屋玩具《未来十年战略发展规划》已实施三年的今天，问题的关键是我们该调整公司的组织架构了。否则，公司的组织架构就无法适应外部市场的变化。现在，由于外部市场变得更大、更为复杂后所反压回来的矛盾进一步困扰着我们，已严重束缚了我们的手脚。这不是你们说的，靠‘梳理现行的科室和生产车间的职责，重新界定，重新明确’，或者靠‘加大协调工作的力度，进一步强调科室之间、科室和生产车间之间的协同配合，提高干部员工工作的积极性和主动性’，就可以解决的。一句话，现在已经到了我们必须要调整生产关系，才能进一步解放生产力的时候了。所以，”潘明胜看了看大家，见大家并没有接话，就接着说，“我建议公司内部实行事业部制，把产品研发、生产运营和市场营销等一并放到事业部里去，由事业部直接面对市场，独立核算、自负盈亏，‘是骡子是马，拉出去遛遛’，自己的矛盾自己协调，自己的问题自己解决，该奖该罚，也一清二楚。”

这时，技术总监云孝安问：“产品研发如果划入事业部，那设计科还保留吗？如果不保留……那我这个技术总监做什么去？”他说到后半句话时，略带迟疑，声音也变小了。

潘明胜回答道：“具体组织架构调整方案可由公司办草拟后交我们审议，我们审议后再交董事会审议、批准。这属于较大的组织机构变动，我记得按照《公司章程》的规定，是需要董事会批准的。至于孝安刚才提到的‘我这个技术总监做什么去？’，我认为，即便设计科撤并了，也只是把产品设计和与生产工艺有关的职责并入了事业部，而（质量）体系建设、（研发）项目管理、专利、标准管理等，还是要有一个机构来负责的，所以孝安不可能就此‘失业’了。何况，管理层各位的分工也可以做相应的调整，你们可以去兼某些事业部的总经理，直接深入经营第一线去看看，研产销全管，当当‘诸侯’，做做‘封疆大吏’，平台应该更大了。我已经分管市场营销十来年了，工厂改制前就分管。这次如果销售科撤并了，我就打算去分管一下公司办，管管公司的发展战略、人事劳资之类的。对了，以后我们也应该与现在的公司制企业接轨，不叫人事劳资，改叫‘人力资源管理’了。我们这也是‘与时俱进’嘛！”

他说到这里，大家都笑了。

两周后，公司办经过两三次修改，完成了快乐屋玩具《组织架构调整方案》，并附上以“业务单元架构”为主要特征的新的组织架构图（见图 4.8）和新的组织架构说明书，管理层审议通过后提交董事会，并在一周后通过董事会的批准程序。

又过了三周，依照该《组织架构调整方案》，企业完成了内部组织机构调整的实际操作。

一个季度以后，快乐屋玩具内部的运营状况有了明显好转，生产上基本不再安排加班，研发人员的工作积极性普遍提高，市场反映的问题也可以迅速得到解决了……

当年，快乐屋玩具的营业收入比上一年增加了近七成，而成本费用只比上一年增加了不到两成。显然，企业的运营效率提高了。

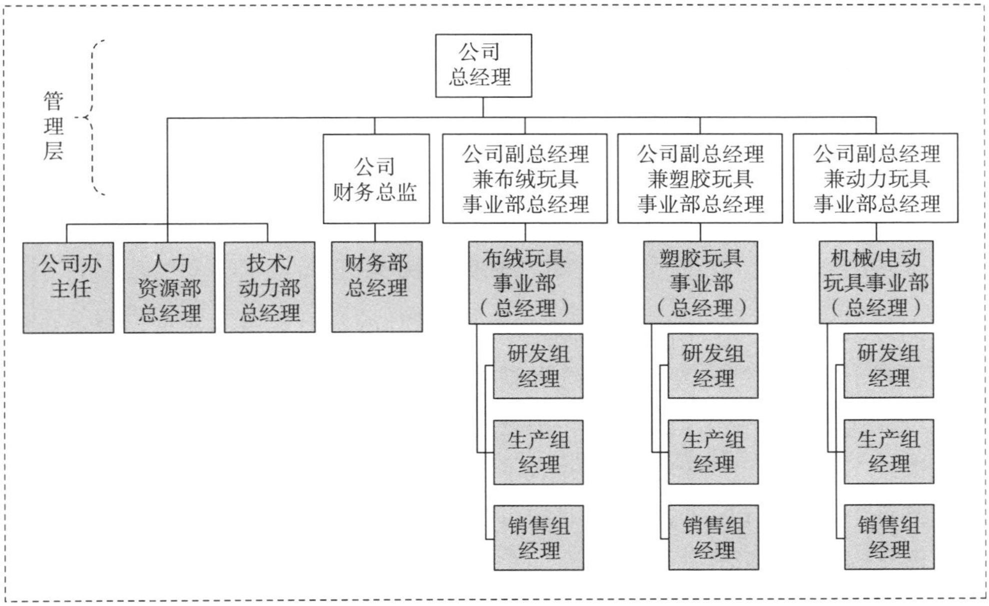

图 4.8　新的组织架构

问题

您认为快乐屋玩具调整其组织架构的做法是否合理？为什么？

有人认为，按不同的产品线组建不同的事业部，将企业在产品研发、生产运营和市场营销等方面的资源进行了拆分，而这肯定不利于企业资源的共享。对此，您怎么看？

4.3　是设一个车间，还是建一个子公司

向导线缆（公司）20 世纪 80—90 年代是一家生产、销售各类通信电缆，包括市话电缆和长途电缆等的工厂。那时企业的组织架构基本上采取的是职能部门架构形式，设有厂办、人（事）劳（资）科、财务科、技术科、生产科、供销科、机动科、一车间（铜线车间）、二车间（市话电缆）、三车间（长途电缆），以及配套的盘具车间、机修车间等（见图 4.9）。

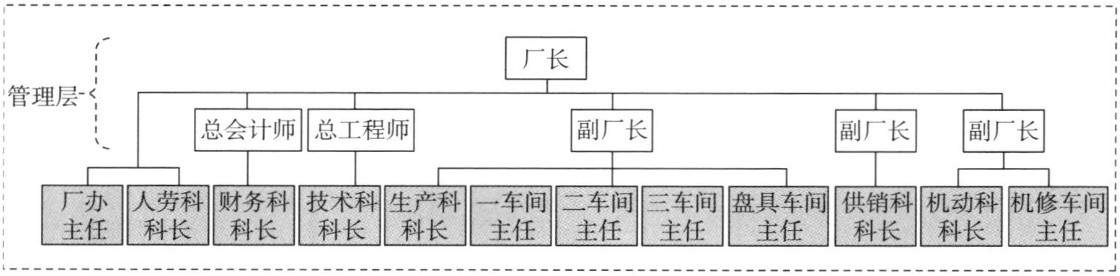

图 4.9　工厂时期的组织架构

向导线缆在 1994 年由工厂改制为上市的股份有限公司，并先后对外投资设立了若干家生产销售光纤、光缆和馈线电缆的合资公司。因为长途电缆被光缆逐步取代的市场变化趋势，公司最终停止了长途电缆产品的生产销售，并将原来铜线车间、生产科和供销科并入了市话电缆车间，将配套的盘具生产和机修业务等予以了外包。此时，企业的组织架构采取的是一种职能部门架构和股权管理架构并存的形式，设有公司办公室、财务部、人力资源部、技术质量部、企业管理部、设备动力中心、市话电缆车间，以及若干个合资公司等。

当时，除若干家合资子公司外，向导线缆的母公司只剩下单一的市话电缆业务，所以公司办公室、财务部、人力资源部、技术质量部、设备动力中心等职能部门，几乎全在为市话电缆业务发挥着基础平台的作用（见图 4.10）。

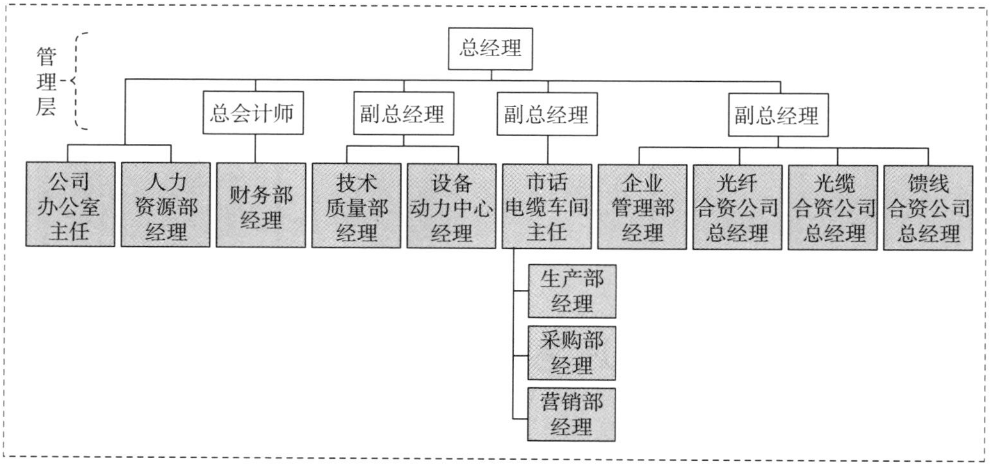

图 4.10　改制后的组织架构

2010 年，由于国内轨道交通建设突飞猛进，向导线缆多年前就投入研发的“机车缆”——一种用于动车、城铁车头和车厢的耐油、耐高温的动力电缆产品，产生了一年约数十亿元的市场机会。

这样一来，问题出现了。需要在原机车缆项目部的基础上组建一个生产单位（可能还要包括相应的产品研发和市场营销等职能），以迅速切入市场吗？如果需要，是再设一个类似市话电缆车间的机车缆车间，还是索性建一个机车缆子公司呢？

当时已是这年春节长假前最后一天的下午，员工几乎都放假走了，厂区格外安静。于是，总经理元同乐召集管理层的几位领导去了“竹林茶苑”。他打算请大家喝一壶清茶，尝点干果，说说话。平常大家都各忙各的，很少能在一起聊聊天。同时，他也想借此机会听听大家对组建一个机车缆生产单位的问题究竟有些什么意见，以便自己进行最后的定夺。

这是一个温暖的日子，午后的阳光透过疏疏密密的竹林，在茶具、桌椅和地面上留下许多好看的影子。

待大家落座、呷上茶、品上干果和简单寒暄以后，元同乐说：“今天把大家召集到这儿来，除了让大家放松一下，话话家常、叙叙乡愁以外，我还想征求一下大家对公司组建一个机车缆生产单位的具体意见。我想知道的是，我们是否需要在原机车缆项目部的基础上组建一个机车缆生产单位？如果需要，是设一个机车缆车间，还是建一个机车缆子公司呢？”元同乐看了一眼大家，略作停顿，又说，“各位可以畅所欲言，想到什么就说什么，没有什么对错。即便是不成熟的想法，也可以谈谈，没准儿大家一讨论，方案就有了。咱们今天就是‘头脑风暴’。”

“那我先来谈谈吧。要声明一下啊，”第一个发言的是分管企业管理部和几个合资公司的副总经理卜磊，“我讲得可不一定对，最多也就算个‘抛砖引玉’吧。我的意见是应该设一个机车缆车间。为什么呢？大家别看我具体分管几个合资公司，就以为我一定会赞成建一个机车缆子公司。那是因为目前这几个合资公司中有外方出资，还有人家外方原创的某些产品技术和生产技术，‘know-how’什么的，所以当初我们才不得不办了这几个合资公司。但这次机车缆就不一样了，完全是我们自己拥有的产品技术和生产技术，市场也才刚刚起步，不用现在就急着找人来分食这块‘蛋糕’。何况建一个子公司，总要配备干部员工吧？要投资，要考虑厂房设备和铺底流动资金吧？要占用水电气资源和社会信息资源吧？”他看了看财务总监孟亚玲，又接着说，“财务我不是太懂。亚玲总，你是财务专家，这方面以你说的为准。我想到的是，如果建一个子公司，母公司与子公司之间一旦有交易，就要开票，缴纳增值税；子公司有利润时，还要单独缴纳所得税，这也不便于向导线缆进行统一的税务筹划。从以上来看，真不如设一个生产车间来得简单和实惠。”

见卜磊提到自己，孟亚玲就接着卜磊的话说道："是设一个机车缆车间，还是建一个机车缆子公司，现在还真不好说，这要看具体情况。如果非要我选择，我可能会倾向于卜磊总的意见，设一个机车缆车间。当然，卜磊总刚才提到的，如果建一个子公司就会'分散我们的人力、财务、环境和信息资源'，这倒不一定。因为即便是设一个车间，资源能够共享的才会共享，无法共享的就不可能共享。有些资源，如资金，尤其是必要的流动资金，还是需要按照预算交由车间来支配的，不能随意违反预算，今天想给就给，明天不想给了就不给。"

孟亚玲把嗑开的瓜子仁儿放进嘴里，接着说："税务筹划方面也是这样。目前，我们母公司的'独生子'——市话电缆业务，虽然市场在萎缩，盈利能力在下降，但由于我们对几个合资公司每年还有一大块厂房出租的收入，加之这些年我们不断地精兵简政，压缩各种费用开支，所以母公司基本上每年还是营利的，倒不会马上涉及建一个子公司就不便于'进行统一的税务筹划'的问题。至于建一个子公司，如果与母公司有交易的话，那肯定要开票，且不能'平进平出'，多少都要缴纳一些增值税。但机车缆，我认为即便是建一个子公司，可能与母公司发生交易的可能性并不大，特别是大宗交易。小的交易可能偶尔会有，那该缴多少增值税就缴好了，反正对整体的盈利水平不会有太大的影响。"

"既然你认为建一个子公司不一定产生分散资源和税收方面的问题，那为何还要倾向于'设一个机车缆车间'呢？"元同乐问。

"设一个车间，产生的营收就会体现在母公司，这可以提高母公司的资信，有利于母公司向银行贷款或发债呀！"

"我们不是不缺钱吗？还有那么多上市募集的资金在那儿闲着？"分管技术质量部和设备动力中心的副总经理平启贤追问。

"钱，对所有企业来说都是一种资源。资源嘛，总是不够的！另外，平总您提到的'上市募集的资金在那儿闲着'，这没错。的确我们还有差不多两个亿的募集资金存在银行里，但那涉及募集资金的投向，是'戴帽'的，不能随意用作其他的目的，尤其是不能挪作流动资金。企业所需流动资金，主要还是通过向银行贷款或发债等方式来解决。"

平启贤喝了一口茶，他看孟亚玲说完了，就接着讲道："我的意见与卜磊和亚玲两人的意见不一样。我倾向于建一个机车缆子公司。因为那样有利于调动干部员工的积极性。新公司、新面孔、新机制，不像现在厂子里，还是老员工、老框框、什么都动不了。说是'上市了''股份了'，其实内部还是'大锅饭'。"

平启贤已在向导线缆工作几十年了，企业改制前他已是副总工程师。直到今天，他还习惯把向导线缆称呼为“工厂”“厂子”。

“这不一定吧？这些年我们年年都推进‘三项制度’改革，去年不也减掉了三四十个富余人吗？”孟亚玲插话道。

“那不叫‘减掉’，叫‘安置’，只是办理了下岗或内退，没有了奖金，但厂里还要承担基本工资的 70%。真正彻底脱离工厂的也就三五个人。”

孟亚玲没再吱声。因为她知道，平启贤说的是事实。她也相信，新公司的责权利肯定会更加明确，新机制下干部员工的积极性一定会更高。

见大家都讲完了，分管市话电缆车间的副总经理黄财裕最后一个说：“我的意见可能与你们几个的意见都不一样。我的意见是没有必要再组建一个新的生产单位，既不用再设一个机车缆车间，也不用再建一个机车缆子公司，就把机车缆项目装入现有的市话电缆车间，对市话电缆车间进行扩产和改名就行。我们可以在市话电缆车间里添置机车缆生产线。场地嘛，车间的空地至少再放两条生产线应该没什么问题。人员可以就在市话电缆车间里调配使用，不够的或能岗不匹配的再对外招聘。这样做的好处是资源可以充分共享，动静最小，效率还高，可以尽快实现机车缆的规模化生产，把产品及早推向市场。毕竟产品能够早一点占领市场才是最重要的，哪怕是提前一天、一小时，甚至是一分钟也好啊！”

元同乐问：“共享资源当然好，但市话电缆和机车缆二者能够共享的资源多吗？”

“刚才卜磊总讲到的那些资源，如人力、资金、资产、水电气资源都可以共享，生产线布局和生产组织形式等也都差不多。”

“可机车缆的产品结构和加工工艺与市话电缆还是有所不同的，二者面对的市场客户群也不一样。市话电缆主要是卖给电信运营商，而机车缆主要是卖给南车、北车[①]和各地的地铁公司。”元同乐接着说。

“元总您说得不错。在这些方面二者所需要的资源的确不完全一样，但事物总是‘一分为二’的，什么方案也不可能十全十美啊！”黄财裕仍坚持自己的意见。

……

大家都嗑起瓜子儿，而元同乐端起了茶杯。

他心里差不多已经形成一个完整的组织架构方案。

日头开始西沉，把金色的阳光撒在了每一个人的身上。

① 南车、北车，分别指中国南方机车车辆工业集团公司和中国北方机车车辆工业集团公司。2015 年 9 月 28 日，由南车和北车合并重组的中国中车集团有限公司正式成立。

问题

您个人较为认同卜磊、孟亚玲、平启贤和黄财裕中谁的意见？为什么？

您认为元同乐最终会拿出一个什么样的组织架构方案？

4.4 因专项工作集结起来的团队

2002 年 2 月 18 日，东海集团（公司）总经理办公会审议并决定实施重组与海外上市项目。

由于该项目预计历时八九个月，甚至一年，且会涉及多个部门和若干所属企业，因此东海集团总经理办公会同时决定成立项目小组，并确定昌国盛（东海集团总经理助理）为组长、兼职，马春平（东海集团资本运营部总经理）为副组长、专职，以及两家所属企业的两位高管为副组长、兼职——便于落实所属企业的相关重组工作。

2002 年 2 月 21 日，经昌国盛与几位副组长商议，由马春平起草、完成的项目小组的《总体工作计划》《人员需求计划》《工作场地及办公设备需求计划》《费用预算》，以及《项目小组运行管理机制（办法）》等文件（见附件），经东海集团财务部、人力资源部、行政部等会签，并经东海集团总经理上官守域审批后生效。

从 2002 年 3 月 1 日项目小组启动工作后，除在项目执行过程中，因工作任务增加对《总体工作计划》和《费用预算》进行适当调整之外，项目小组的运行及管理均依照上述工作文件实施，直至项目小组撤销。

附件：

总体工作计划（见表 4.1）

表 4.1　总体工作计划

开始时间	工作任务	完成时间	备注
2002/3/1	启动项目小组工作	2002/3/1	–
2002/3/1	根据工作进度，分批次选择、确定重组上市项目各类中介机构，包括承销商、财务顾问、境内外律师事务所、会计师事务所和评估事务所等	2002/4/30	–

续表

开始时间	工作任务	完成时间	备注
2002/5/1	完成国内报批文件《重组上市方案》《股份公司章程》等的初稿，直至最终稿，并报送经贸委、财政部、证监会等部委	2002/7/31	–
2002/6/1	完成《招股书》《上市申请书》等的初稿，直至最终稿，并报送香港联交所	2002/8/31	–
2002/8/1	国内报批文件等获得相关部委批准	2002/9/15	具体日期视相关部委批准的时间确定
2002/9/1	《招股书》《上市申请书》等获得香港联交所同意	2002/9/30	具体日期视香港联交所同意的时间确定
2002/9/16	股份公司设立并召开首次股东大会、董事会、监事会	2002/9/16	–
2002/10/1	路演、股票发行和挂牌上市	2002/11/15	具体日期视发行上市的时间窗口确定
2002/11/30	项目小组停止工作并撤销	2002/11/30	具体日期控制在全部工作结束后的15日之内

人员需求计划

根据东海集团重组与海外上市项目的总体工作计划，预计项目小组由 20 人组成。

组长 1 人，兼职；副组长 3 人，其中专职 1 人，兼职 2 人（为 2 家所属企业的高管）。

工作人员 16 人：专职 10 人（从资本运营部抽调 4 人，从总经理办公室抽调 1 人，从企业管理部抽调 1 人，从 3 家所属企业借调 4 人）；兼职 6 人（财务部 2 人、企业管理部 2 人、法务部 2 人）。

在项目小组的人工成本中，专职人员的工资在原部门或所属企业列支，绩效奖金在项目小组列支；兼职人员的工资和绩效奖金仍在原部门或所属企业列支。

工作场地及办公设备需求计划

根据东海集团重组与海外上市工作的需要，项目小组申请配置如下的工作场地和办公设备。

工作场地：2 间 40 平方米左右的房间和 2 间 20 平方米左右的房间，并具备固话和联网条件。

办公设备和家具：11 台笔记本电脑（其中 5 台配外置的光驱和软驱）、2 台彩色打印机、2 台普通打印机、1 台彩色复印机、1 台普通复印机、2 台传真机、2 台便携式投影仪，11 套办公桌椅、4 张大工作（资料）台、8 个铁皮资料柜。

上述办公设备和家具购置将全额编制费用预算（见表 4.2），购置后在项目小组建立实物资产台账，但由行政部从东海集团现有办公设备和家具中调剂使用的除外——该等办公设备和家具由项目小组办理借用手续，不在费用预算中列支，实物资产台账仍留在行政部。

费用预算

表 4.2　费用预算

支出内容	人数	时间或次	数量	费用单价	费用小计	备注
专职人员绩效奖金	11	–	–	25000元/人	275000元	按专职人员计算
从企业借调人员住宿费	4	180天	–	160元/人天	115200元	–
从企业借调人员生活补贴	4	180天	–	60元/人天	43200元	–
从企业借调人员往返旅费	4	9次	–	3000元/人次	108000元	–
节假日加班补贴（含误餐费）	20	54天	–	100元/人天	108000元	按全部人员计算
项目小组人员国内差旅费	20	2次	–	5000元/人次	200000元	按全部人员计算
集团相关人员国际差旅费	10	2次		30000元/人次	600000元	–
购置办公设备	–	–	–	–	394000元	借用办公设备时不发生此费用
其中：笔记本电脑	–	–	11	20000元/台	220000元	–
彩色打印机	–	–	2	10000元/台	20000元	–
普通打印机	–	–	2	4000元/台	8000元	–
彩色复印机	–	–	1	80000元/台	80000元	–
普通复印机	–	–	1	40000元/台	40000元	–
传真机	–	–	2	3000元/台	6000元	–
投影仪		–	2	10000元/台	20000元	–
购置办公家具	–	–	–	–	20800元	借用办公家具时不发生此费用
其中：办公桌椅	–	–	11	800元/套	8800元	–
大工作（资料）台	–	–	4	2000元/个	8000元	–
铁皮资料柜	–	–	8	500元/个	4000元	–
交通费	11	9个月	–	300元/人月	29700元	按专职人员计算
通信费	11	9个月	–	300元/人月	29700元	按专职人员计算
不可预见费	–	–	–	–	100000元	–
合计	–	–	–	–	2023600元	–

注：全部人员暂定20人，其中专职人员11人（含借调人员4人），兼职人员9人。

项目小组运行管理机制（办法）

（1）总则

为提高项目小组的工作效率，规范项目小组的运行管理，特制订本运行管理机制（办法）。

本运行管理机制（办法）所称的项目小组，是为完成东海集团重组与海外上市项目而设立，具有一定复杂性与跨部门、跨企业特征的临时性组织。

项目小组经东海集团批准设立，按项目管理的方式开展工作策划、资源配置、任务实施等运行事宜。

项目小组的任务目标、人员配置、工作场地及办公设备，以及相关费用预算分别由《总体工作计划》《人员需求计划》《工作场地及办公设备需求计划》《费用预算》确定。

（2）项目小组负责人的权力与责任

权力，一是对项目工作中需东海集团决策的事项，如工作计划变更、费用预算调整、项目小组撤销等的建议权；二是在授权范围内，代表东海集团在合作备忘录、保密协议以及在合同、协议等法律文本上的签字权；三是在费用预算范围内，列支日常费用的签批权；四是对项目小组内部运行的计划、组织、指挥、协调、控制权等；五是其他被授予的权力。

责任，一是认真贯彻东海集团总经理办公会对该项目的各项决定，及时汇报项目工作的进展情况；二是切实执行项目小组的总体计划和费用预算，有效组织项目小组工作，确保按计划完成项目任务；三是其他被要求的责任。

（3）项目小组管理

在人员管理上，按照项目小组的《人员需求计划》，专职人员在项目存续期间只承担本项目工作，不再承担原部门或所属企业的工作，由项目小组负责日常考勤，接受项目小组负责人的直接管理；兼职人员在项目存续期间除承担本项目工作以外，还应承担原部门或所属企业的工作，由原部门或所属企业负责日常考勤，接受项目小组负责人和原部门或所属企业负责人的双重管理（兼职人员如遇工作任务冲突，由项目小组负责人和原部门或所属企业负责人协调解决）。

在资金管理上，严格执行项目小组的《费用预算》，属于项目小组日常费用报销和低值易耗品采购的，由项目小组负责人签批列支；属于固定资产采购的，经项目小组负责人签批后，由采购中心负责统一采购，由项目小组建立实物资产台账，负责实物资产管理。

在公文管理上，项目小组对外行文时，应以东海集团的名义；对内行文时，可以资本运营部名义或项目小组（临时）名义。

（4）项目小组及人员的业绩考核

项目小组（含正副组长）的业绩考核，参照《东海集团业绩考核管理办法》执行，业绩考核指标由工作任务完成指标（权重 85%）和费用控制指标（权重

15%）构成，由东海集团业绩考核小组组织实施。

项目小组人员（不含正副组长）的业绩考核指标由分解后的工作任务完成指标（权重95%）和费用控制指标（权重5%）构成，由项目小组负责人组织实施。专职人员的业绩考核结果和绩效奖金分配由项目小组负责人决定；兼职人员的业绩考核结果和绩效奖金分配由项目小组负责人提出建议，由原部门或所属企业负责人决定。

对项目小组及人员的业绩考核，原则上按年度进行。如项目不满一年，则在撤销项目小组前进行业绩考核。

（5）项目小组变更

项目小组变更，由项目小组负责人提出申请，经东海集团批准后执行。

项目小组变更包括项目小组负责人的变动、总体工作计划的重大调整（甚至暂停工作）等。

项目小组变更后，由项目小组负责人或新的负责人提出变更后的项目小组的《总体工作计划》《费用预算》等，经东海集团批准后执行。

（6）项目小组撤销

项目小组撤销的前提：一是项目任务已完成；二是项目任务虽未完成，但完成项目任务的前提条件已不具备，或项目小组经批准暂停工作后三个月内没有再启动工作；三是其他特殊情况。

项目小组撤销的后续工作：一是中止执行尚未执行的费用预算；二是项目小组人员各自返回原部门或所属企业工作（如原部门或所属企业的原岗位发生变动，由人力资源部协调、解决）；三是与行政管理部办理办公设备等的移交手续；四是将全部项目文档、资料组卷归档；五是对未终结的项目工作，向资本运营部或东海集团指定的部门或所属企业办理工作移交手续。

（7）附则

本运行管理机制（办法）经东海集团财务部、人力资源部、行政部等会签，并经东海集团批准后执行。

问题

您认为东海集团是否应该成立重组与海外上市项目小组？其《项目小组运行管理机制（办法）》是否能够保证该项目正常运行？

您认为一家企业在什么情况下应该设立项目小组等类型的临时机构？

第5章 行政管理

5.1 当负面舆情来临……

2016年9月21日下午三四点钟，泰山集团（公司）舆情监控系统上相继弹出的几条消息引起了集团品牌宣传部总经理顾颖的注意。这些消息起自《证券日报》记者所写的《上市公司靠卖两套北京学区房保壳12年狂赚16倍》一文，随即被新浪、腾讯、搜狐、网易、凤凰网、中国经济网、证券之星等网络媒体转载或再报道，于是关心者、传播者、猎奇者、炒作者等纷至沓来，一时竟在网络上掀起了带有几分喧嚣的波澜……

顾颖立即与该舆情涉及的所属上市公司——南京泰山（公司）[①]进行沟通，获知此事件的起因——9月21日上午南京泰山在《证券时报》等3家指定媒体上发布的一则关于出售资产的公告。

公告披露南京泰山董事会9月20日以通讯方式召开了一次临时会议，审议通过《关于转让公司在京两套房产的议案》，同意南京泰山以公开挂牌方式通过产权交易所转让北京小学附近的两套房产，挂牌价格不低于经评估备案的资产评估值——相应的资产评估报告尚未完成向国有资产管理机构的备案，本

① 该上市公司在2014年和2015年连续两年亏损，已被冠以ST（特别处理）。如果2016年仍亏损，则将被冠以*ST（退市风险警示），且下一年在剔除非经常性收益后必须实现盈利，否则将被暂停上市。

次交易不属于重大资产重组且尚需提交股东大会审议，以及本次交易因尚无法确定交易对方，所以暂不构成关联交易等内容。

公告还详细披露了本次出售房产的基本情况，包括房产的地理位置、建筑面积、房屋结构、建成年份、设计用途、购置房产的时间、使用情况等，以及房产的原值 215 万元、账面净值 130 万元及资产评估值 2273 万元，增值额 2143 万元和增值率 1651.68%，等等，并附有完整的资产评估报告。

公告指出，如按照评估值成交，上述房产转让事项预计可产生净收益约 1200 万元（以年审会计师事务所最终确认的结果为准）……既能够及时盘活非经营性房产资源获取一定现金流，用于缓解南京泰山当前生产经营资金的紧张状况，又能够有效释放低效无效存量资产的社会商业价值实现溢价盈利，为南京泰山完成年度预算和改善盈利状况起到积极作用，最终为南京泰山持续健康发展奠定基础。

在了解了公告的主要内容，并与负责所属企业董事会管理的集团企业发展部沟通后，顾颖在下午五点左右向分管集团品牌宣传工作的副总经理郑立新做了汇报。郑立新当即指示，按照泰山集团现行的《舆情工作管理规范》（见附件），对该负面舆情进行处置。

晚 8 点左右，泰山集团总经理纪华与郑立新通话了解情况，并于 9 月 22 日上午 9 点召集郑立新和顾颖等商讨了对该舆情做出进一步处置的方式方法：一是与国资委、网信办等管理机构，以及相关媒体积极沟通，寻求支持；二是要求南京泰山正面发声，重塑形象。

通过泰山集团和南京泰山的积极应对，数日后该舆情日渐式微，十余日后在各路媒体上就难以寻觅其踪迹了。

该舆情过后的 10 月 18 日，顾颖召集并主持了一次由所属几家上市公司相关人员参加的舆情管理工作（视频）会议。会上，集团品牌宣传部介绍了此次对该舆情成功处置的方式方法，集团企业发展部对证监会《上市公司信息披露管理办法》等相关法规做了培训讲解，最后郑立新对今后的舆情管理工作提出了三点要求。一是要对泰山集团现行的《舆情工作管理规范》进行修订，对负面舆情，不能仅仅停留在其发生后的及时控制上，更应该增加在其产生前就进行有效预防的相关规定要求。二是所属各上市公司今后对外发布公告，应与上市公司董事会会议议案等一并提前报集团企业发展部进行内部审核，并报上市公司董事长签字确认。三是在保证信息披露“真实、准确、完整、及时”的前提下，上市公司董事会，包括上市公司经营管理层在决定某项工作何时实施、如何实施等问题上，应对实施该项工作是否会产生负面舆情进行预判——如可能产生负面舆情，应不实施或暂不实施；如可能产生负面舆情，但仍必须实施时应提前做好相关负面舆情的应对预案，一旦产生负面舆情时则按该预案及时处置，避免措手不及，导致负面舆情的大面积扩散。

……

在此后的几年，南京泰山对外出售在京两套房产的事件又数次见诸媒体，但由于泰山集团和南京泰山相应的防控（包括预防与控制）措施得当，均未再出现大范围的负面舆情而影响泰山集团和南京泰山整体的企业形象。

附件：

舆情工作管理规范

（2014 年 12 月 31 日）

为规范泰山集团（以下简称公司）舆情监测、分析和处置等工作机制，及时掌握公司舆情，营造良好的舆论环境，特制订本规范。

第一条　舆情管理工作责任部门

公司舆情管理工作由公司统一领导，公司品牌宣传部和各出资企业综合或宣传部门归口负责本单位的舆情监控、分析和处置等工作。

第二条　舆情管理工作原则

舆情管理工作要坚持及早发现、密切跟踪、统一口径和及时处置等原则。

第三条　舆情管理工作内容

一是制订本单位舆情管理工作制度。

二是对网络媒体的相关舆情进行日常监测、记录。

三是对相关舆情，分析其产生的原因、发展的趋势和造成的影响，及时处置并将处置报告材料等组卷存档。

第四条　舆情分类

舆情分为正面舆情和负面舆情。

正面舆情主要指媒体反映的公司生产经营、改革创新举措等的新闻报道，将使公众、客户、股东、监管者、政府等利益相关方对公司做出正面评价。

负面舆情主要指媒体反映的并向外界传播，引起社会反响，对企业的生产经营和资本市场造成负面影响等的新闻报道，影响到公司的声誉。

第五条　舆情监测

舆情监测的范围包括但不限于平面媒体、广播电视媒体、互联网新媒体（网络新闻报道、在线文章、论坛博客、微博微信等）等。

实行舆情的周期监测制度，每日监测跟踪网上涉及公司信息的新闻报道，掌握舆论热点，密切关注网络信息动态，做好监测记录，及时提示舆情风险，提出防范意见。

第六条　舆情的处置

对正面舆情，舆情管理工作责任部门应关注和提供信息调阅。

对负面舆情，舆情管理工作责任部门应及时沟通，根据舆情类别、影响深度和发展阶段，协调统一口径进行处置。一是持续关注舆情发展情况，提出针对性的处置建议，并向公司主管领导汇报；二是按照公司主管领导的指示、批复意见，拟定和落实专业舆情应对方案，协调相关政府舆情管理部门和相关新闻媒体，主动发声，及时澄清虚假信息、修补不完整信息、消除有害信息影响，控制负面舆情的扩散；三是负面舆情处置后，适时开展公司声誉重建和形象恢复工作，增强外部资本市场和经营市场对公司的信赖和信心，建立大众媒体对公司的认同感。

第七条　舆情报告和存档

对舆情实行“每日监测、定期报告”制度。对正面舆情，应按照舆情周期形成日常报告，并定期以电子邮件等途径及时准确投递给相关人员。对负面舆情，应一事一报、每日一报，并在舆情结束后形成专项报告。

不论是正面舆情的日常报告还是负面舆情的专项报告，均应由舆情管理工作责任部门负责组卷并进行存档。

第八条　其他

公司舆情工作管理流程，见图 5.1。

本规范由公司品牌管理部制订并负责解释。

本规范自发布之日起施行。

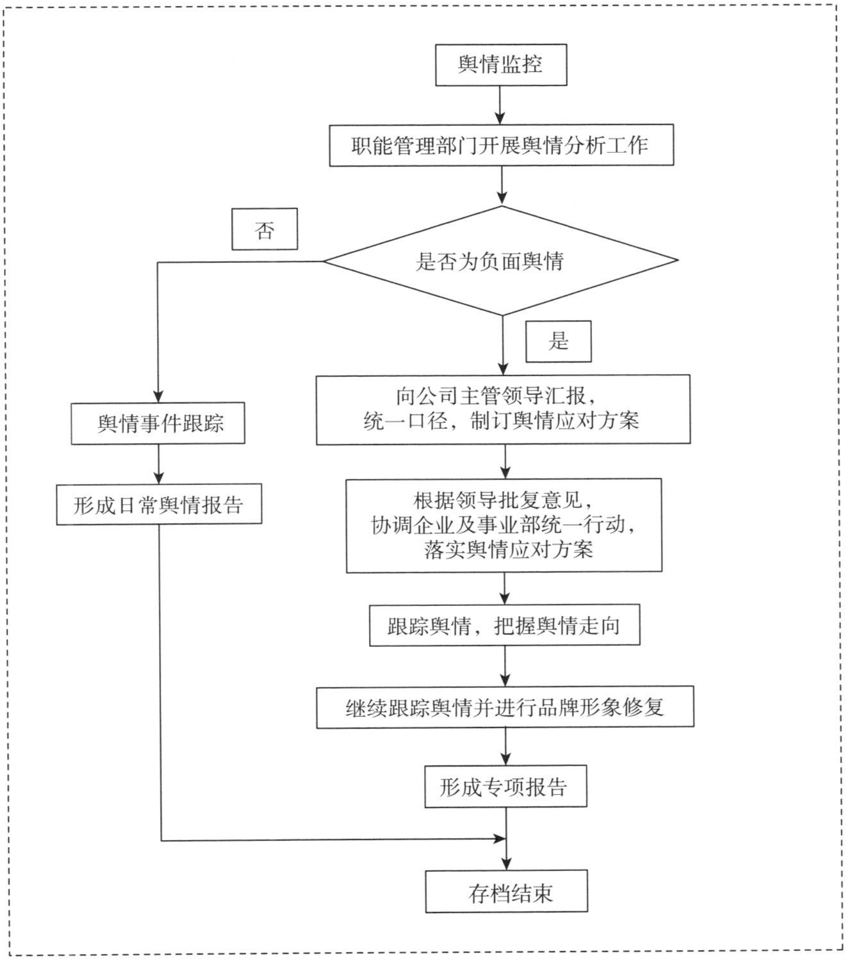

图 5.1　公司舆情工作管理流程

问题

您认为南京泰山转让在京两套房产引发的负面舆情是否可以避免？

您认为泰山集团对该负面舆情的处置程序及处置的方式方法，是否合理、妥当？

如果需要对附件所列的《舆情管理工作规范》进行修订，除了应增加在负面舆情产生前就进行有效预防的相关规定要求外，您认为还有哪些应该增加或删减的内容？

“对舆情，尤其是‘网络舆情’，大可以静观其变不去管它。因为过不了多久，三天？五天？它就会自生自灭、烟消云散了”。对这种说法，您认可吗？

5.2 礼品管理的学问

出于工作需要，企业中如总经理办公室之类的行政管理部门，通常负责礼品管理的具体事务，凯旋集团（公司）也不例外。

和平担任凯旋集团总经理办公室主任已四年零七个月。总体来说，无论是他本人，还是他的顶头上司——凯旋集团总经理萧坤，对他的工作还是满意的，唯独在礼品管理的事情上除外。在这件看似简单的事情上，和平始终不得要领。为了这事儿，他不知道挨了萧坤多少次批评。后来，萧坤索性认为，在这个问题上，“和他说也是白说，与其和他费口舌，还不如自己来安排”。

终于，和平与凯旋集团下属某二级企业的总经理进行岗位互换，到该二级企业做总经理去了。

该二级企业的总经理穆腾飞担任了凯旋集团总经理办公室主任。

穆腾飞与和平同岁，大学毕业后就进了该二级企业，先后负责过生产工艺和元器件采购，又到市场营销部门做过副经理、经理，成天和客户打交道，最终进入了该二级企业的管理层，并在六年前担任了总经理。

在穆腾飞与和平交接工作的时候，和平对穆腾飞谈起他在礼品管理问题上的困惑，并提醒穆腾飞，“你一定要小心！萧总对礼品管理的要求是很严格的，尤其在礼品选购上。反正我没有摸到门道。现在你来了，看看你会怎么样吧？”

穆腾飞上任后找了一个下午与总经理办公室的公关经理尹秀琴沟通，了解了凯旋集团的公关工作，包括集团的客户对象范围、礼品管理的主要内容和流程等，并和尹秀琴一起打开礼品库看了看。

“怎么只有这类礼品呢？”穆腾飞指着礼品库里的领带、皮带、衬衣、羊毛衫等礼品问尹秀琴。

“原来也选购过电子阅读器、数码手表、iPod，甚至 iPad、iPhone 等，但萧总认为，礼品并不一定要很贵，关键是要适合客户的特点。因为萧总对我们选购的礼品一直就不怎么满意，所以我们已经很长时间不再购置新的礼品了。

你现在看见的这些礼品，基本上都是前几年留下来的存货，也剩得不多了。”尹秀琴回答道。

“哦。”穆腾飞没有再问什么。

在接下来的几天里，穆腾飞找时间完成了一份《关于凯旋集团礼品管理的方案》，并上报了萧坤。

在该方案中，穆腾飞根据自己多年来在市场营销上积累的经验，按照集团不同客户的特点，将礼品分为了三大类，分别是日常消费类、耐用消费类和特殊消费类。

日常消费类是大众化的礼品，包括食品、洗漱卫生用品、服装鞋帽，包括凯旋集团礼品库尚存的领带、皮带、衬衣、羊毛衫等。

耐用消费类是介于大众化和小众化之间的礼品，包括小家电，如吹风机、剃须刀、电动牙刷、数码手表，以及某些国产品牌的手机等。

特殊消费类是小众化的礼品，并不一定很贵，如赠送外宾的中国折扇、刺绣、泥塑、面人等。

该方案还对各类礼品的预算、购置和领用审批的权限等，做出了明确规定：各类礼品的购置均需纳入总经理办公室编制的年度预算，并由总经理办公室统一负责购置；为控制管理费用，该年度预算以“零基预算法”进行编制，且原则上不得突破上一年预算金额。为避免库存积压，该年度预算应分解到月，并附具体的领用计划；在礼品的领用上，日常消费类礼品由各部门总经理负责审批，耐用消费类礼品由公司副总经理或公司总经理负责审批，而特殊消费类礼品则由公司总经理负责审批。

……

萧坤看到方案后，在上面签批：很好！可照此执行。

问题

您如何评价穆腾飞上报萧坤的《关于凯旋集团礼品管理的方案》？

您认为穆腾飞将礼品分为三大类的做法，是让萧坤感到满意的主要原因吗？您认为在礼品管理上，除了预算、购置和领用审批的权限之外，还有哪些事项应该引起企业的注意？

5.3 梁向清的无奈

梁向清2006年出任南海集团（公司）副总经理，在其后十几年的时间中，在他出席过的涉及投资项目决策的总经理办公会中，他记得只有一次自己投了反对票，并郑重地要求会议秘书将自己的意见记录在案。

事情的原委是这样的：

2012年6月19日，例行的南海集团总经理办公会审议了十余项议案，其中之一是由南海集团所属的南海新能源（公司）提交的，拟与两家外部企业共同“投资设立南海新能源车辆（公司）”的议案，并附上了该项目的《可行性研究报告》。

据《可行性研究报告》所述，拟投资设立的南海新能源车辆的注册地为北京，注册资本为1.1亿元，其中，南海新能源出资8800万元，占股80%；上海某高校汽车研究院出资1100万元，占股10%；北京某高校教育基金会出资1100万元，占股10%。其注册资本1.1亿元将分为两期出资到位，具体一二期的出资方式、出资额、持股比例等的安排如表5.1所示。

表5.1 一二期的出资方式和出资额等的安排

股东名称	一期出资				二期出资			
	出资方式	出资额/万元	持股比例	出资时间	出资方式	出资额/万元	持股比例	出资时间
南海新能源	现金	3520	80%	2012年6月30日前	现金	5280	80%	2014年6月30日前
上海某高校汽车研究院	现金	440	10%		现金	660	10%	
北京某高校教育基金会	现金	440	10%		现金	660	10%	
合计		4400	100%			6600	100%	

投资设立南海新能源车辆的目的，被描述为要建立一条从电动汽车动力电池电芯制造，到电池成组封装，再到充电设备生产和电动汽车充电运营服务，以及电动汽车设计、生产、销售的全产业链，以完善和加强南海新能源的电动汽车充电运营的服务业务。

因此，南海新能源车辆的经营范围为“电动汽车、充电设施的技术检测，电动汽车动力系统优化方案设计，新一代电动汽车底盘及电动邮政物流车产品设计，电动汽车充电设备的设计，销售汽车（不含 9 座以下乘用车）及电动汽车充电换电设备（未取得行政许可的项目除外）”。

未来三四年中，南海新能源车辆将以南海新能源的电动汽车充电运营的服务业务为导向，通过与高校、车企、电池企业以及充电基础设施配套企业的深度合作，不断提升技术能力和管理水平，深入开展纯电动汽车、动力电池系统、面向车网融合的车辆控制单元及充电基础设施的技术开发，制订相关技术规范和标准，打造新能源汽车的技术开发与产业化平台，成为国内新能源汽车及相关配套领域技术研发及产业化的重要企业，力争在 2016 年实现营业收入 3 亿元和利润 2970 万元的目标。

在对该项目的基本情况进行阐述后，会议主持人、南海集团总经理章韵，让与会者逐一对该项目展开质询并发表意见。

梁向清在与会 9 人中第 4 位发言。他说：“这个项目是要投资设立一个新能源汽车的技术开发与产业化平台，但我不太清楚，搞汽车，或者说是搞新能源汽车什么时候变成南海集团的主业了？的确，我们在 2010 年投资设立了南海新能源，成为新能源汽车的充电运营的服务商，但那只是做新能源汽车的充电运营业务，而不是要研发、生产新能源汽车。这就像中石化、中石油一样，在全国各地建有星罗棋布的加油站，为各式汽、柴油车提供加油运营服务，但我们从没有见过，也没有听说过中石化、中石油去造车了。”

南海集团副总经理，同时兼任南海新能源总经理的窦延春回答：“南海新能源已正式运营两年多了，先后在国内几个城市建立了上百座充电站，但除了早期在深圳建的几十座新能源公交充电站的运营业务可以实现盈亏大体持平以外，在其他城市建的充电站，都受新能源汽车实际保有量偏低、充电运营业务市场还处于起步阶段等的不利影响，普遍处于亏损状态。所以，现在有一种趋势，就是做新能源汽车充电运营的服务商纷纷通过投资建厂或与其他车企开展合作等方式，涉足新能源汽车的生产、销售领域，以求‘东边不亮西边亮’，既可以弥补新能源汽车充电运营业务的亏损，又可以凭借为自己生产、销售的新能源汽车提供充电服务的便利，拉动自己的新能源汽车充电运营业务的发展，从而实现‘双赢’。”他停顿了一下，又接着说：“这就是我们也想投资设立南海新能源车辆，尝试做一下新能源汽车的原因。”

“那你的意思是，这次投资设立南海新能源车辆本身只是权宜之计，并不代表南海新能源要把搞新能源汽车作为自己的主业了？”

“是的。”

“那好，但即便是权宜之计，也要看此‘计’是否合理和可行？照我看，别说南海新能源，就是整个南海集团都不具备研发、生产新能源汽车的基本条件。包括技术储备、专业人才、生产线装备、厂房土地、供应链资源、市场销售渠道，还有造车的行业资质等，这些我们都有吗？”

“我们的济南南海设备厂就一直在生产、销售邮政等专用运输车。”

“这根本就是两回事。济南南海设备厂的确一直在生产、销售邮政等专用运输车，但那只是在客户采购的汽车底盘或在按照客户意愿由工厂采购的汽车底盘上加装或改装货车车厢而已，完全不涉及汽车的动力系统、传动系统、变速系统、制动系统、转向系统、电控系统等的研制和生产，也从来没有取得过汽车整车的生产资质。这与我们今天审议的要投资设立南海新能源车辆，‘打造新能源汽车的技术开发与产业化平台，成为国内新能源汽车及相关配套领域技术研发及产业化的重要企业’的项目来说，相去甚远。”

“这只是该《可行性研究报告》在南海新能源车辆经营范围上，按照工商部门要求的格式写得比较全面而已，实际可能并不会介入太多的生产环节。其生产环节可以依托济南南海设备厂或通过外包来解决，这个公司主要还是做一些研发、设计方面的工作。”窦延春进一步补充道，“刚开始运营时，还是以研发、设计三轮或四轮但载重量不大于 1.5 吨的小型电动物流车为主”。

“我们审议股权投资项目、基建技改项目、产品研发项目等，依据的就是项目的可行性研究报告。如果说这份《可行性研究报告》有‘水分’，那就应该对这份《可行性研究报告》修改、完善后再另行安排审议。至于刚才延春提到的‘（南海新能源车辆）刚开始运营时，还是以研发、设计三轮或四轮但载重量不大于 1.5 吨的小型电动物流车为主’，我认为，‘麻雀虽小五脏俱全’，即便是造小车，也需要有动力系统、传动系统、变速系统、制动系统，等等，企业需要的基本条件和资质要求与造大车区别不大。电动汽车也一样，只不过是动力系统由汽油或柴油发动机换成了电动机而已。况且，把生产环节外包给其他正规车企可以，如果是安排给济南南海设备厂做，它现在的改装车的资质肯定不行。要取得整车生产资质，先不说技术储备、专业人才、生产线装备等，光是厂房土地就不符合要求，现在济南南海设备厂的厂房狭小，占地只有一百多亩（1 亩≈ 666.67 平方米），与整车厂占地普遍都在千亩以上的情况相比，可谓‘大相径庭’。所以，”梁向清仍坚持自己的观点，“我对‘投资设立南海新能源车辆’这一项目持否定意见。要解决南海新能源的主业发展问题，应该寻找其他办法，而不是采取这样的所谓‘权宜之计’。”

……

但最后，该股权投资项目还是通过了南海集团总经理办公室的决策审批程序。

六月的阳光已有些耀眼了，它穿过会议室帷幔间的空隙，斜刺刺地照在梁向清的脸上，使他那一脸的无奈看起来是那样的明显。

附：后续有关事件追踪

2012 年 8 月，南海新能源车辆完成工商登记注册。至 2016 年年底，该公司提出过多项电动物流车、动力电池和充电基础设施的技术标准，并研发、设计了两款纯电动物流车，但企业一直入不敷出，持续亏损，已陷入了改组重整或歇业清算的困难境地。

2015 年 2 月，济南南海设备厂向南海新能源借款 1355 万元（后转为南海新能源对其的增资），专项用于该厂的新能源物流车生产线技改项目。同年 6 月，该厂通过现场审查，获得新能源物流车的生产资质。同年 12 月，该厂生产的首批 100 辆纯电动物流车下线，但截至次年 12 月，这 100 辆纯电动物流车的销售并不理想——大多都成了该厂的库存。

2018 年 11 月，工信部发布公告，并附《特别公示新能源汽车生产企业（第 1 批）》，对停产 12 个月及以上的 27 家新能源汽车企业予以“特别公示”，而济南南海设备厂位列其中。按照此公告，对于被特别公示的企业，将暂停受理其新能源汽车新产品申报；对申请移出特别公示的企业，需要重新通过工信部 39 号令《准入审查要求》的考核。据《经济导报》报道，在该报记者实地探访济南南海设备厂时，并未在厂里发现哪怕一辆疑似的新能源汽车，而该厂有关人士则表示，“（企业）已主动暂停了新能源汽车生产，正谋求转型”。

问题

您如何评价南海集团“投资设立南海新能源车辆”的决策行为？其决策程序是否有明显不足？

5.4 要像战士执行命令一样

为有计划地完成国有企业改制工作，合理配置资源，进一步促进自身机电产业的发展，2014 年 6 月，先锋集团（公司）总经理办公会审议批准了由集团投融资部提交的“将所属济南先锋设备厂改制为一人有限责任公司并择机并入先锋机电（公司）”的议案，2014 年 6—11 月，集团投融资部先后组织、完成了如下工作。

一是发文批准济南先锋设备厂的改制方案，该厂现有的资产、债务、人员和经营业务由改制后的新公司承继，新公司设执行董事（法人代表）、监事、总经理、财务总监各一名和副总经理若干名，并出具相关人员的聘任文件。

二是由先锋集团聘请具有资质的中介机构对济南先锋设备厂进行专项审计和资产评估，根据评估后的净资产确定改制后新公司的注册资本。其中，该厂现有的国拨工业用地约 188 亩，经当地土地管理部门确认，仍以划拨方式归改制后的新公司继续使用。

三是完成改制后新公司的工商变更登记，考虑新公司未来将择机并入先锋机电，新公司的名称经核准为山东先锋机电（公司），为先锋集团持股 100% 的一人有限责任公司。

2015 年 5 月，先锋集团总经理办公会对山东先锋机电并入先锋机电的方式——是转让方式还是增资方式——做出决策。2015 年 6—10 月，集团投融资部又先后组织、完成了如下工作。

一是向先锋机电发出拟将山东先锋机电以增资方式注入先锋机电的股东函，先锋机电随即就此事项向其另一股东发出征询意见函。

二是在征得先锋机电另一股东的同意后，由先锋集团聘请具有资质的中介机构对山东先锋机电进行专项审计和资产评估，根据评估后的净资产确定增资注入先锋机电的资本金，同时调整先锋集团在先锋机电中的持股比例。

按照集团投融资部的工作计划，本来应该在 2015 年 10 月底前通过先锋机电和山东先锋机电新的《公司章程》，并完成相应的工商变更登记工作，但在当年 10 月初，先锋集团副总经理，同时兼任先锋机电总经理的花国强却向分管总体经营预算工作的先锋集团常务副总经理俞江提出，因山东先锋机电预计当年会出现较大亏损，如果此时将山东先锋机电增资注入先锋机电，会导致先锋机电无法完成当年的年度预算任务，并会对先锋机电正在开展的拟设立“机电产业发展基金”的项目产生不利影响。因此，他建议将山东先锋机电增资注入先锋机电的后续工作推迟到 2016 年年初进行。

于是，俞江找来分管财务工作的先锋集团总会计师方炳达和分管投融资工作的先锋集团副总经理任宇军，三人简短商讨后同意了花国强的提议，并要求集团投融资部暂缓通过先锋机电和山东先锋机电新的《公司章程》，并暂缓完成相应的工商变更登记工作。

一个多月后，先锋集团总经理风云得知了此事。

风云将俞江、方炳达和任宇军叫到了自己的办公室。在听完了俞江对此事的汇报后，风云非常严肃地对大家说：“这一企业改制、重组项目曾两次通过集团总经理办公会的审议，也颁布了办公会的相关决议。你们都是办公会成员，怎么可以带头不执行办公会决议呢？！”

俞江、方炳达和任宇军面面相觑……

俞江回答道：“这是我们做得不对！”他迟疑了一下，接着说，“当时我们几个商量了一下，觉得花国强的意见有一定道理。这样做并不是说要终止这个项目，只是暂时放一放，2016 年元旦后就可以立即开始后续操作。”

风云仍很严肃地说：“任何项目，既有项目目标，也有项目计划进度。离开了计划进度，即便项目最后完成了，有时也会因‘时过境迁’而完全失去项目意义。

“你们觉得花国强有一定道理，只考虑了先锋机电可以完成 2015 年的预算任务，却没有考虑山东先锋机电明年的预算计划现在由谁来组织编制？是仍由先锋集团负责，还是由先锋机电负责？如果仍由你俞江负责，他花国强明年‘认’这个预算吗？如果由花国强负责，山东先锋机电目前还不是先锋机电的子公司，还不归他管，他还没有权力来指挥调度这家企业。其实，山东先锋机电今年出现的亏损局面，就和这家企业的归属和管理权限不清有直接关系。至于花国强所说的拟设立‘机电产业发展基金’一事，目前论证都没有通过，‘八字还没有一撇’，就更不是一个理由了。

“再说，即便有一万个理由，你们也无权改变办公会的决议。对办公会决议的事项，必须坚决执行。公开反对不行，阳奉阴违也不行。这是一条组织纪律，任何人都不得违反！”

看见俞江几人都低了头，凤云的语气和缓了一些，她继续说："在执行组织决定时，有时的确可能发生未曾预料到的变化，也可能遇到各种各样难以克服的困难。此时，作为执行者可以向做出决定的组织提出工作建议，但只要组织没有做出新的决定，执行者就必须按原决定百分之百、不折不扣地执行。这来不得半点含糊，任何阻挠、推诿或拖延都可能导致严重后果，甚至会付出非死即伤的代价。商场如战场，我们执行企业的决议也要像战士执行命令一样！"

俞江几人的头垂得更低了……

当天下午，先锋集团马上重启了先锋机电和山东先锋机电通过新的《公司章程》，并完成相应的工商变更登记工作，同时责成先锋机电立即接手对山东先锋机电的经营管理责任，包括续聘该公司的执行董事（法人代表）、监事、总经理、财务总监和副总经理，并组织编制该公司2016年的预算计划等。10个工作日之后，先锋机电和山东先锋机电就分别完成了相应的工商变更登记。

在2016年元旦后第一次先锋集团总经理办公会会议结束之前，凤云向每位办公会成员赠送了一本书《没有任何借口》——这本书所讲述的理念和价值观被众多著名企业奉为圭臬。

问题

对凤云所说的"商场如战场，我们执行企业的决议要像战士执行命令一样！"您如何评价？

第6章

人力资源管理

6.1 人力资源管理的基石

华山集团（公司）是一家地地道道的国有企业，以前一直实行岗位等级制度。其中，对工人先划分为不同的工种，如电加工中的电路板制作、（元器件）手工插装、表面贴装、（波峰）焊接、组装、检测、（软件）灌装、调试等，或机加工中的车工、铣工、刨工、磨工、钻工、钳工、焊工等，再按工人的知识和技能水平等确定等级；对专业技术人员先划分为不同的专业技术系列，如工程技术系列、经（济）统（计）会（计）系列、政工系列等，再按专业技术人员的学识和专业能力水平等确定（职称）等级；对各级领导干部套用行政级别，分为正副局级（如华山集团公司领导）、正副处级（如华山集团二级部门领导或二级企业领导）、正副科级（如华山集团三级部门领导或二级企业二级部门领导）等，还对不退出现职的领导干部分别冠以正副局级巡视员、正副处级调研员等头衔。

2003 年 7 月，华山股份（公司）成立，华山集团陆续将其所属企业的权益资产作为出资注入华山股份，相应的业务和人员也并入华山股份。

华山股份没有沿用华山集团原有的岗位等级制度，而是围绕职位价值评估结果，建立了新的职位管理制度。

该职位管理制度引入美世咨询公司（Mercer）的国际职位评估（International Position Evaluation, IPE）工具，对华山股份（包括华山股份母公司和所属二三级企业）的全部职位进行职位评估，得出每一职位的IPE分值，再将IPE 51～75分、76～100分……601～625分、626～650分、651～675分、676～700分对应的职位等级（Position Classes，PC）确定为PC 41、42……63、64、65、66，共26个PC，并以PC值为区间，把全部职位划分为5类标称职位，以此构成华山股份的职位体系（见表6.1）。

表6.1 华山股份的职位体系构成

职位类别	标称职位	职位等级（PC）区间
1	资深职位	63、64、65、66
2	高级职位	57、58、59、60、61、62
3	中级职位	51、52、53、54、55、56
4	初级职位	45、46、47、48、49、50
5	支持职位	41、42、43、44

在该职位体系中，承担领导职责的具体职位包括公司总经理、副总经理、财务总监、总经理助理，部门总经理、副总经理、总经理助理，职能或业务经理、副经理，大组长或大班长，组长或班长等。承担职能/业务职责的具体职位包括资深主管、高级主管、主管、专员，资深工程师、高级工程师、工程师、助理工程师，资深会计师、高级会计师、会计师、助理会计师、出纳，高级经济师、经济师，高级审计师、审计师，高级律师、律师，高级技师、技师，高级技工、技工、初级技工等。

开展职位评估，首先依照“上级评估下级，同级之间不评估”的原则组成相应的职位评估小组，然后由该评估小组对照某一职位的《职位说明书》（见表6.2），应用美世咨询公司的IPE工具，依据该职位在公司中所处位置的相对重要程度——已抽象为对组织或对工作的影响大小、贡献高低、所在组织的规模和性质，对内对外沟通的层次和难易性，创新的层次和复杂性，以及所需知识层次、文化覆盖范围及带领团队的多寡等4个维度、共10个因素进行评估，得出该职位的IPE分值。当对某一职位的IPE分值有不同意见时，评估小组成员间要通过互相说服，取得一致意见，既不能“以大欺小”，也不采取投票表决的方式。

表 6.2　职位说明书

<table>
<tr><td>职位名称</td><td colspan="2"></td><td>所在职能部门 / 业务单元</td><td colspan="2"></td><td>编制人数</td><td></td></tr>
<tr><td>直接上级职位</td><td colspan="2"></td><td>直接下级职位</td><td colspan="2"></td><td>职位级别</td><td></td></tr>
<tr><td>总体工作目标</td><td colspan="7"></td></tr>
<tr><td rowspan="5">工作职责</td><td colspan="7">1</td></tr>
<tr><td colspan="7">2</td></tr>
<tr><td colspan="7">3</td></tr>
<tr><td colspan="7">4</td></tr>
<tr><td colspan="7">…</td></tr>
<tr><td rowspan="2">协作关系</td><td colspan="7">内部：</td></tr>
<tr><td colspan="7">外部：</td></tr>
<tr><td rowspan="14">任职资格</td><td rowspan="2">道德品行</td><td colspan="6">必备：</td></tr>
<tr><td colspan="6">理想：</td></tr>
<tr><td rowspan="2">学历/专业</td><td colspan="6">必备：</td></tr>
<tr><td colspan="6">理想：</td></tr>
<tr><td rowspan="2">工作经验</td><td colspan="6">必备：</td></tr>
<tr><td colspan="6">理想：</td></tr>
<tr><td rowspan="2">通用技能</td><td colspan="6">必备：</td></tr>
<tr><td colspan="6">理想：</td></tr>
<tr><td rowspan="2">专业技能</td><td colspan="6">必备：</td></tr>
<tr><td colspan="6">理想：</td></tr>
<tr><td rowspan="2">个性特征</td><td colspan="6">必备：</td></tr>
<tr><td colspan="6">理想：</td></tr>
<tr><td rowspan="2">其他</td><td colspan="6">必备：</td></tr>
<tr><td colspan="6">理想：</td></tr>
<tr><td>职位管理人员</td><td colspan="2"></td><td colspan="2">所在职能部门 / 业务单元领导</td><td colspan="3"></td></tr>
<tr><td>人力资源部领导</td><td colspan="2"></td><td colspan="2">生效时间</td><td colspan="3"></td></tr>
</table>

对资深职位，由分管人力资源部的公司领导、公司董事长或总经理组成评估小组；对高级职位，由相关公司领导、分管人力资源部的公司领导组成评估小组；对中级职位，由相关部门领导、人力资源部领导组成评估小组；对初级职位，由相关职能或业务经理、副经理、相关部门领导组成评估小组；对支持职位，由大组长 / 大班长、组长 / 班长、相关职能或业务经理组成评估小组。

各职位评估小组的成员，在参与职位评估前，均应接受应用美世 IPE 工具的专业培训。

人力资源部中负责职位管理的专业人员，为各职位评估小组提供职位评估全程的工作安排和服务支持，并在某一职位的评估工作完成后，由其编制《职位评估结果确认单》（见表 6.3），由评估小组成员签字确认。

表 6.3　职位评估结果确认单

<table>
<tr><td>职位设置部门</td><td></td><td>评估日期</td><td></td><td>评估地点</td><td></td></tr>
<tr><td>评估小组成员</td><td colspan="5"></td></tr>
<tr><td colspan="6">评估职位及评估PC值结果</td></tr>
<tr><td>序号</td><td colspan="3">职位名称</td><td>PC值</td><td>标称职位</td></tr>
<tr><td>1</td><td colspan="3"></td><td></td><td></td></tr>
<tr><td>2</td><td colspan="3"></td><td></td><td></td></tr>
<tr><td>3</td><td colspan="3"></td><td></td><td></td></tr>
<tr><td>…</td><td colspan="3"></td><td></td><td></td></tr>
<tr><td>评估小组成员
签字</td><td colspan="5"></td></tr>
<tr><td>职位管理人员</td><td></td><td>人力资源部领导</td><td></td><td>生效时间</td><td></td></tr>
</table>

在年度预算编制范围内，设置新职位或对现有职位合并、分拆、撤销、编制增减、仅名称变更而非实质性变动等情况，均应遵从以下职位设置与变动的审批程序。

一是各部门总经理、副总经理、总经理助理及以上职位的设置与变动，需根据公司相关决定或各部门业务发展需要，由人力资源部提出职位设置申请，经公司总经理办公会审议批准后，填写《职位设置与变动审批表》（见表 6.4），由分管人力资源部的公司领导签字确认。

二是其他职位的设置与变动，由各部门提出职位设置申请，填写《职位设置与变动审批表》，经人力资源部审核，分管申请部门的公司领导和分管人力资源部的公司领导审批。

表 6.4　职位设置与变动审批表

<table>
<tr><td>申请部门</td><td></td><td>申请部门经办人</td><td></td></tr>
<tr><td rowspan="3">设置新职位</td><td>新职位名称</td><td colspan="2"></td></tr>
<tr><td>新职位PC值</td><td colspan="2"></td></tr>
<tr><td>设置新职位原因</td><td colspan="2">□公司决定　□部门经营管理需要
□其他（请注明）</td></tr>
<tr><td rowspan="3">职位变动</td><td>职位变动类型</td><td colspan="2">□职位合并　□职位分拆　□职位撤销
□职位仅名称变更而非实质性变动</td></tr>
<tr><td>变动后职位PC值</td><td colspan="2"></td></tr>
<tr><td>职位变动原因</td><td colspan="2">□公司决定　□部门经营管理需要
□其他（请注明）</td></tr>
<tr><td colspan="2">申请部门领导</td><td colspan="2"></td></tr>
<tr><td colspan="2">人力资源部领导审核</td><td colspan="2"></td></tr>
<tr><td colspan="2">分管申请部门的公司领导审批</td><td colspan="2"></td></tr>
<tr><td colspan="2">分管人力资源部的公司领导确认或审批</td><td colspan="2"></td></tr>
</table>

各部门在申请设置新职位或变动职位前，均需编制或重新审视、修订《职位说明书》，并由人力资源部确认。

……

该职位管理制度建立后，华山股份又以此为基础，陆续建立了包括人力资源规划、招聘、劳动合同关系、薪酬福利、业绩考核、培训和职业发展计划等制度在内的、充分市场化且又符合华山股份实际需要的人力资源管理体系。

譬如，以前实行岗位等级制度时，只要提职为“局级”“处级”“科级”干部，就以相应的“局级”“处级”“科级”干部的岗位工资定薪（最多考虑一下工资的“地区差”）。对各系列的专业技术人员和各工种的工人定薪时，公司也采取同样的方法。而现在实行职位管理制度后，同样都被称为“部门总经理”“工程师”“技工”的职位，由于评估时 IPE 分值不一定一样，所以 PC 值就不一定一样，对应的职位工资也就不一定一样，但都与该 PC 值对应的人才市场的工资水平衔接，体现了更多的市场竞争力。显然，这种基于职位管理制度的薪酬制度，较之以前的基于岗位等级制度的工资等级制度要更为公平、合理和科学。

问题

您认为华山股份建立的职位管理制度与华山集团以前实行的岗位等级制度相比，有哪些主要的改进之处？

6.2 “知天命”很重要

姚成禹是做市场营销的一把好手。

他性格外向，好交际，认识的人很多。在陌生场合，他能轻松做到“自来熟”，不管三教九流，除非他不想打交道，否则很快就能称兄道弟，十分热络。

也许正是因为这样的个性，他做起市场营销来总是风生水起，业绩不断攀升。

他二十多岁时，从工科院校毕业进了江山机械厂，担任过技术员、生产调度和车间副主任等职务。

他三十多岁时，仍在江山机械厂，担任过厂办主任、厂长助理和分管市场营销工作的副厂长等职务。

他四十多岁时，从江山机械厂去了株洲江山（公司），担任总经理，并因在该公司销售业绩突出，披红挂彩，荣获了江山集团（公司）销售标兵的称号。六年后，他从株洲江山去了厦门江山（公司），仍担任总经理，并带领一众人马，从无到有，一举将小灵通[①]手机的产销量做进全国三强之列。这一次，他不再是江山集团的销售标兵，而成了江山集团赫赫有名的销售状元。

也正因为如此，2005年春天，他升任了江山集团副总经理。那时，他刚五十岁出头。

五十岁，是孔夫子说过的“知天命”的年龄，应已了解并顺应了自然规律，即所谓“天命”。但在这本该知道自己哪些能干，哪些不能干的时候，姚成禹却偏偏不信这个“邪”。

---

① 小灵通，一种个人无线市话系统（Personal Handy-phone System，PHS），采用微蜂窝通信技术，通过PHS基站将PHS手机以无线方式接入固定电话网，使传统意义上的固定电话不用“固定”在某个位置上，可在PHS网络的覆盖范围内自由移动，随时随地接听、拨打本市或国内、国际电话。小灵通已在2011年前后从国内通信市场上陆续退出。

于是，在江山集团总经理湛清就姚成禹自己的工作分工征求其意见的时候，他并没有选择分管他本来十分熟悉且擅长的市场营销部，而是选择分管了他并不大熟悉且是否擅长也全然未知的企业发展部。

江山集团的企业发展部是一个负责全部所属二级企业的经营预算计划、安全生产、基建和技改项目投资、重组改制等工作的综合性的职能管理部门，人多事杂，需要具备一定的财务管理、投资管理、破产清算，甚至人力资源管理，如“三项制度改革”[①]等方面的学识经验和工作能力，而这些恰恰是姚成禹的“短板”。

他为什么要选择这样做？是他想挑战自己，看看自己的能耐究竟有多大？还是他心气儿太高，觉得自己还有更大的发展进步的空间？这谁也不知道。

姚成禹分管企业发展部后，每年会带队去一些预算执行出现问题的二级企业监督检查。在质询企业预算执行问题时，这些企业往往向他强调这样或那样的客观原因，对如何克服困难却办法不多、措施不力，而他也提不出太多的能够切中问题要害，带有指导性的工作要求和工作建议来。有的二级企业，是否针对姚成禹不大懂财务管理的不足，就采取一些漏报、错报、瞒报的手段，发生一些在生产经营上蒙混过关的事情，也未可知。

姚成禹分管企业发展部后，还亲自负责了几家或者先天不足，或者后天经营不善的二级企业的清退工作。然而，要么是某些企业负责人胡搅蛮缠，甚至威胁恐吓，让他“打了退堂鼓”“高挂了免战牌”，要么是他提出的清退方案不仅会让江山集团以前的资产统统损失掉，还要额外掏出一笔大额的员工赔付款，而大多都不被江山集团管理层所认可。结果，最后这几家企业的清退工作，差不多都没有在姚成禹手里得以完成。

几年后，姚成禹不得不离开江山集团，去了另一家全国性的大型销售企业。换到这家企业，作为副总经理的姚成禹同时分管两个销售总部，又干上了自己熟悉和擅长的市场营销工作，这使他再一次焕发了生机和活力，重新成了在市场营销天地中“战苍龙、斗恶水”的“大禹王”。

---

① 三项制度，指劳动用工制度、干部人事制度、收入分配制度。三项制度改革，专指国有企业围绕三项制度实施的市场化改革举措。实施“三项制度改革”要达到的最终结果，通常被描述为“员工能进能出、干部能上能下、薪酬能增能减。”

问题

您认为，姚成禹一向业绩突出，却在江山集团副总经理的岗位上不太顺利的主要原因是什么？假如这是“能岗不匹配”问题造成的，那您认为，除了姚成禹本人对自己能力的认知出现了偏差，江山集团在选人用人的观念和方式上是否也存在失误？

您如何评价“五十而知天命”？“知天命”只在五十吗？还是三十、四十也需要“知天命”？

6.3　企业最看重的员工品质

袁春林曾在一家轮胎厂做了3年招聘专员、2年培训专员和3年绩效考核专员，后来他又去一家汽车配件厂做了7年的人力部经理，3年前他来到现在这家新能源整车制造企业——驰骋乘用车（公司），担任公司人力资源总监。在近二十年的时间里，他一直都在从事人力资源管理工作，可以说是企业人力资源管理战线上的“老战士”了。

除了员工应拥有相应的学识经验、工作能力等之外，袁春林认为，企业最看重的员工品质是执行、协作和创新。

执行，是具有坚定的信心、顽强的斗志和百折不挠的毅力，去保质保量地完成任何一项工作任务的思想和行动。具有“执行”这一品质的人，从不找任何借口，也不向他人推卸责任，绝不会给自己的怯懦和私心留下所谓的退路。在你面前，有的只是胜利。设想一下，如果你是这样一位即便历经千辛万苦，也总能想方设法完成任务的人，那你一定是企业信赖和倚重的好员工，也一定会成为自己人生的真正赢家。

协作，是与搭档、团队，或者相关的部门、单位，相互知会、相互交流、相互理解，彼此慰藉、彼此帮助、彼此支持，齐心协力达成目标，最终实现双赢多赢美妙结局的过程。因为你面前的任务，是一个组织要达成的目标，你在什么时候都不是孤军奋战，在你最薄弱的地方——如人的后背和两肋，一定有你的战友和伙伴正同你并肩战斗。

创新，是既不能跟在别人后面亦步亦趋、拾人牙慧，也不能墨守成规、循规蹈矩，哪怕是自己既往的辉煌也只能代表过去，一味地沉湎于其中，你就不可能再拥有现在和未来。只有不断地创新，包括产品技术创新、服务理念创新、思想创新、模式创新、原理创新、方法创新、流程创新……你才能活力四射，企业才能永立潮头。

正因为如此，袁春林从进入驰骋乘用车的那一天起，就向公司人力资源部的所有人员，尤其是负责员工招聘和员工培训的人员不断强化这一观点，要求大家在具体工作中贯彻落实。

在招聘方面，首先让应聘者填写调查问卷；其次利用笔试与面试让应聘者回答问题；再次让应聘者参加某些情境测试——模拟的经营活动测试，通过这些间接的、带有隐蔽性问题的招聘活动，筛选出有大概率可能具有执行、协作和创新品质的应聘者；最后通过试用期实际的工作考核，使那些真正具备执行、协作和创新品质的应聘者，最终成为企业的一员。

譬如，袁春林就指导人力资源部负责员工招聘的人员设计了一套调查问卷（见附件），从招聘的第一步起就开始了解应聘者是否具备了一些基本的执行、协作和创新的品质。

在培训培养方面，首先组织员工参加有针对性的学习、培训；其次通过在具体工作中建立“传帮带”关系，开展互助互学；最后安排员工在带有种种困难和挑战的工作中经受磨炼，通过这些培训培养、提高、强化员工执行、协作和创新的品质。

譬如，制订工作计划时，袁春林总是指导员工要把工作计划尽可能地分解，可以分解到日的，决不只分解到周；可以分解到周的，决不只分解到月……这样，员工在执行工作计划时就更为精准，不但不再拖延，还会经常提前完成工作任务。他还经常强调，如果要成为优秀员工，应该有意识地做到“面对艰巨任务要主动请缨”“把合作伙伴的事视同自己的事”“创新从身边的工作入手且要坚持不懈”，等等。

附件：

应聘者调查问卷（节选）

应聘者调查问卷　　　　No:　年　月　日　　号

欢迎您填写这份调查问卷！

您填写的这份调查问卷将有助于公司对您有更进一步的了解。您的回答没有对错之分，只需按照您的实际情况作答即可。

这份调查问卷涉及的内容只与您的工作有关，与您的个人隐私无关，但即便如此，公司仍在此郑重承诺：将对本调查问卷的有关信息严格保密，除本次招聘工作以外不移做他用。

基本信息

姓名		应聘部门及职位				性别	
出生年月		学历		学位		政治面貌	
婚姻状况		手机			电子信箱		

问题	回答（三选一）		
……	……	……	……
在工余时间，您会注重学习工作知识和积累工作经验吗？	○是	○有时是	○不是
您会主动安排加班吗？	○会	○有时会	○不会
您会主动要求承担更加艰巨的工作任务吗？	○会	○有时会	○不会
接受工作任务时，您会和上级讲条件吗？	○会	○有时会	○不会
对工作任务没有理解时，您会（　）。	○立即询问	○等待指示	○自己思考
即便您不认可上级安排的工作任务，您也会坚决执行吗？	○会	○有时会	○不会
接受工作任务后，您会考虑具体的工作方案、步骤和措施吗？	○会	○有时会	○不会
在完成工作任务的时间上，您往往会（　）。	○提前	○按时	○延后
您会保质保量地完成工作任务吗？	○会	○有时会	○不会
您会中途暂停或放弃执行工作任务计划吗？	○会	○有时会	○不会
您完成工作任务需要来自上级的压力（提醒、督促、批评等）吗？	○需要	○有时需要	○不需要
您会在遵循法律、法规的前提下完成工作任务吗？	○是	○有时是	○不是
您会在遵循规章、制度的前提下完成工作任务吗？	○是	○有时是	○不是
如在完成工作任务过程有突发情况，您会拿出应对措施吗？	○会	○有时会	○不会
在有好的工作建议时，您会主动报告上级吗？	○会	○有时会	○不会
在完成工作任务时，您（　）重结果，（　）重过程。	○只　不	○既　又	○不　只
在工作任务完成后，您会向上级口头或书面汇报吗？	○会	○有时会	○不会
……	……	……	……
在可以选择单干或与他人合作时，您通常会选择单干吗？	○会	○有时会	○不会

续表

问题	回答（三选一）		
您认为在企业中与他人合作很重要吗？	○是	○有时是	○不是
如果有的同事不喜欢开展团队协作，您怎么看？	○这不应该	○这应该	○这无所谓
在您与他人合作时，您会感到愉快和满足吗？	○会	○有时会	○不会
在与他人合作时，您可以做到分工明确，但分工不分家吗？	○可以	○有时可以	○不可以
在与他人合作时，您通常希望自己在其中承担多少工作？	○越多越好	○适当	○越少越好
您会对合作方做到信息通畅吗？	○会	○有时会	○不会
您（　）与合作方保持沟通。	○经常	○有时	○几乎不
您会向合作方主动分享自己好的想法和建议吗？	○会	○有时会	○不会
当合作方提出好的想法和建议时，您会积极响应，并付诸行动吗？	○会	○有时会	○不会
当合作方提出的意见与您不一致时，您通常会怎么办？	○坚持己见	○妥协折中	○依从对方
您会无条件地支持合作方完成其工作任务吗？	○会	○有时会	○不会
……	……	……	……
如果只让您从事程序性的常规工作，您会厌烦吗？	○会	○有时会	○不会
您会主动要求承担带有创新性的工作任务吗？	○会	○有时会	○不会
您会主动要求承担带有挑战性的工作任务吗？	○会	○有时会	○不会
您（　）承担创新带来的风险责任。	○愿意	○有时愿意	○不愿意
您认为创新只存在于技术研究和产品开发之中吗？	○是	○不全是	○不是
您认为在自己的日常工作中也可以进行创新吗？	○是	○不全是	○不是
您对自己已完成的工作会进行总结和改进吗？	○会	○有时会	○不会
您对他人已完成的工作会进行审视和提出改进意见吗？	○会	○有时会	○不会
您是一个（　）会产生工作创新思路的人。	○经常	○有时	○几乎不
您主要的创新，通常集中在（　）创新上。	○原理	○方法	○流程
对自己的创新计划，您（　）会制订具体的实施方案。	○经常	○有时	○几乎不
……	……	……	……
感谢您的参与！			

问题

您认为企业最看重的员工品质应该是“执行”“协作”“创新”吗？如果这些不是或不全是，那么您认为哪些概念可构成企业最看重的员工品质？为什么？

6.4 碰上了“不本分”的员工

馈元国贸（公司）地处古都西安，主要从事外贸业务，每年既要从国外采购数亿元的电子元器件，也要向国外销售数亿元的通信系统设备和终端。

2009 年 9 月的一天，馈元国贸综合管理部的房间里先是传出一阵激烈的争吵声，随后又是几下沉重的撞击声……据目击者事后说，当时因司机毛全有不服从综合管理部经理禹健飞的工作安排，两人发生了争吵，情急之下毛全有动手打了禹健飞两拳，禹健飞踉跄了几下，碰倒了身后桌子上的一些物品，未伤及皮肉，也未还手。

事后，馈元国贸以毛全有严重违反公司《劳动合同管理办法》（见附件一）为由，提出与其解除无固定期限劳动合同，毛全有不服，向所在地方劳动仲裁机构提出了仲裁申请，在未获得地方劳动仲裁机构支持的情况下，毛全有向所在地方法院提起了民事诉讼，状告公司“侵犯劳动者权益”。

毛全有状告馈元国贸如下事项侵犯了他的权益。

一是毛全有 2001 年与公司签订劳动合同，工作岗位为司机，但在 2002 年至 2004 年，毛全有曾被公司派往中美洲办事处工作了 28 个月，因该办事处工作人员不多，其除了做司机的工作以外，还承担给大家做中式家常饭菜的厨师工作。当时公司并未对其劳动合同上标明“司机”的工作岗位进行修改，也没有签订某一临时性的补充协议——对其派出期间的工作岗位为“司机兼厨师”和对应的薪酬等予以约定，于是毛全有就以在该时间段内只获得了“司机”岗位的薪酬，而未获得“厨师”岗位的薪酬为由，要求公司补发该时间段内“厨师”岗位的薪酬，共计约 30 万元。

二是在上述时间段内，毛全有承担了司机兼厨师的工作，本来这类岗位的员工应实行不定时考勤制度，但公司在《考勤休假管理办法》（见附件二）中只提及了“实行不定时考勤制度的员工，其《考勤休假管理办法》另行制订”——实际直到 2018 年 12 月也未制订该办法。因此，毛全有只能遵守定时考勤制度，即每天工作 8 小时，从上午 8 点 30 分至下午 5 点 30 分（含午餐休息时间 1 小时）。尽管他未向公司履行加班报批手续，但一旦可以证明他超出此时间仍在工作的话，就构成了他的确在加班的证据。结果毛全有真的拿出了证据：一些在 2003 年春天他系着围裙包饺子的照片，屋里灯火通明，而窗外一片漆黑，墙上的挂钟正指向晚上 9 点 45 分……照片里的毛全有一脸笑容，干得正欢……谁也没有想到，当年他偶然让同事拍下来，本是寄回国内让家人放心并为他骄傲和自豪的这些照片，几年后竟成了他与公司对簿公堂的所谓"铁证"，于是毛全有就以"每天加班三四个小时"为由，要求公司补发其在该时间段内的加班工资，共计约 15 万元。

三是毛全有认为，公司的上述问题违反而且是先违反了《劳动法》《劳动合同法》和公司《劳动合同管理办法》《考勤休假管理办法》等，要求公司恢复其在公司工作的权利，即不得与其解除劳动合同。

对该民事诉讼案，地方法院进行了多次庭审，时间长达半年有余。经法院调解，馈元国贸和毛全有达成了庭外和解。

按照当时双方签订的庭外和解协议，毛全有与公司解除了劳动合同，公司除了向毛全有支付解除劳动合同的经济补偿金之外，还向毛全有补发了 23 万余元的工资性报酬。

附件一：

劳动合同管理办法

（2007 年 12 月修订）

为规范馈元国贸有限公司（以下简称公司）劳动合同管理工作，构建和谐稳定的劳动关系，根据《中华人民共和国劳动合同法》(以下简称《劳动合同法》)等政策法规文件，并结合公司的实际情况，制订本办法。

第一条　总则

一、本办法适用于与公司签订劳动合同的员工。

二、公司依法与员工在合法、公平、平等自愿、协商一致、诚实信用的基础上确立劳动关系，订立劳动合同，明确双方权利和义务，并依法进行劳动合同的变更、续订、终止和解除。

第二条　劳动合同的组成和内容

一、公司劳动合同由《劳动合同书》及附件组成，劳动合同附件与《劳动合同书》具有同等法律效力。

二、劳动合同附件包括员工在公司服务期间所签订的专项协议和公司的有关规章制度。其中，专项协议包括培训协议及双方签订的其他协议。

三、除应包含《劳动合同法》所规定的必备条款外，劳动合同可根据公司的实际需要增加试用期、劳动合同变更、续订、终止、解除、其他福利待遇等条款。

第三条　劳动合同期限及试用期

公司与员工签订的劳动合同主要为固定期限劳动合同和无固定期限劳动合同。因管理或业务发展需要，公司可以与员工签订以完成一定工作任务为期限的劳动合同。

一、首次订立劳动合同的期限。公司与新入职员工签订的劳动合同为固定期限劳动合同。原则上，部门（包括办事处、分公司或子公司，以下同）及以上级别领导首次订立期限为4年，员工首次订立期限为3年。特殊情况下，双方协商确定劳动合同期限。

二、续订劳动合同的期限为3～5年。由用人部门提出续订期限的建议，人力资源部审核后确认续订劳动合同的期限。续订时符合签订无固定期限劳动合同条件的员工，公司应与其签订无固定期限劳动合同。

三、试用期。签订3年及以上劳动合同期限的员工的试用期为3个月，并可根据实际情况适当延长试用期，但最长不超过6个月。

第四条　劳动合同的订立

一、员工入职当天应按照《新员工录用通知》要求携带个人身份证件、证书、照片、离职证明等资料到公司报到。

二、人力资源部对报到员工的入职资料进行审核，审核通过者当天即应与公司订立书面劳动合同；审核未通过者不予办理入职手续，不签订劳动合同。

三、劳动合同一式两份，公司和员工签字盖章后，各执一份。

第五条　劳动合同的变更

一、公司与员工协商一致，可以变更劳动合同约定的内容。变更劳动合同，应采用书面形式。

二、变更后的劳动合同由公司和员工各执一份。

第六条　劳动合同的续订或终止

一、人力资源部在员工劳动合同到期前45日，征求用人部门意见，并填写《劳动合同到期续订（终止）意向通知审批单》，确定该员工的劳动合同是终止或续订的，由用人部门及人力资源部履行相关审批程序。

二、人力资源部在员工劳动合同到期前 30 日，填写《续订（终止）劳动合同意向通知书》，将合同终止或续订意见书面送达员工。

三、员工应在人力资源部规定时间内以书面形式反馈本人意见，未按时反馈的，视同接受公司提出的《续订（终止）劳动合同意向通知书》的意见。

四、对续订劳动合同的员工，在员工劳动合同到期前，人力资源部通知员工履行续订手续。

五、员工或公司一方表示不再续订劳动合同的，原劳动合同即可终止。人力资源部通知员工办理离职手续，并应在劳动合同到期前办理完毕。离职当月工资按照员工考勤情况发放。由公司提出终止劳动合同的，经济补偿金的计算及发放按照劳动合同管理的有关法规执行。

第七条　劳动合同的解除

一、对试用期考核未通过或被证明不符合录用条件的员工，公司应以书面形式通知该员工不予转正，员工应在试用期满的最后工作日前办理完交接手续。

二、对双方协商一致解除劳动合同的，双方应签订《协商解除劳动合同协议书》，并由人力资源部通知员工办理离职手续；员工按照协议书约定的时间办理离职交接手续后，公司按照协议书约定内容支付经济补偿金。

三、公司提出解除劳动合同。

（一）员工有以下行为之一的，视为严重违反公司规章制度，公司可以解除劳动合同。

（1）《劳动合同法》规定的甲方可以解除劳动合同的情形；

（2）员工向公司提供的材料（包括但不限于个人身份证明、离职证明、学历证明、工作履历、体检证明等）有任何虚假；

（3）员工连续旷工 3 个工作日或一个自然年度内累计旷工 5 个工作日；

（4）违反国家计划生育政策；

（5）依法被劳动教养、治安拘留等情形；

（6）在公司内采取任何暴力、胁迫、伤害、赌博、盗窃等不法行为及违反社会公德行为；

（7）以欺骗、行贿、受贿等手段，获取不正当利益；

（8）未经公司许可，在其他单位兼职或自己从事管理咨询、市场营销或研发等经营活动；

（9）泄露公司商业秘密。

（二）员工因失职、营私舞弊，给公司造成经济损失在10000元以上的，视为对公司造成重大损害，公司可以解除劳动合同。

（三）公司提出与员工解除劳动合同时，应事先将解除劳动合同的理由通知工会。

（四）人力资源部填写《解除劳动合同审批单》，履行劳动合同解除审批流程。

（五）根据已批准的《解除劳动合同审批单》，人力资源部通知员工办理离职手续；并于离职手续办理完毕后，公司按照劳动合同管理的有关法规支付经济补偿金。

四、员工提出解除劳动合同。

（一）员工主动辞职时，应提前30天通知用人部门并同时填写《员工辞职申请表》（试用期的员工应提前3天通知用人部门），交人力资源部。

（二）用人部门及人力资源部应与辞职员工面谈，掌握离职人员的相关信息。

（三）人力资源部填写《解除劳动合同审批单》，附《员工辞职申请表》，履行劳动合同解除审批流程。

（四）审批完毕后，人力资源部通知员工办理离职手续。

（五）员工与公司另行签订《培训协议》等专项协议的，应按照相关协议约定另行支付赔偿金。

（六）离职员工应在公司批准的离职日期前与相关部门办理完交接手续。

五、离职员工的离职手续办理完毕，人力资源部应出具《终止（解除）劳动合同证明书》，并办理人事档案、社会保险及住房公积金转移等相关手续。

六、离职审批流程。

部门领导及以上级别员工的离职，需经过用人部门的分管公司领导和公司总经理审批，其他人员的离职需经用人部门及人力资源部审批。

第八条　法律责任

公司与员工均须严格遵守劳动合同，任何一方违反劳动合同，都应承担相应的法律责任。给对方造成经济损失的，还应根据其后果和责任予以赔偿。

第九条　附则

一、本办法未尽事宜以及本办法与《劳动合同法》等政策法规发生抵触时，以《劳动合同法》等政策法规为准。

二、本办法由人力资源部负责解释，自发布之日起实施。

附件二

考勤休假管理办法

（2005年10月）

为维护馈元国贸有限公司（以下简称公司）正常的工作秩序，严明工作纪律，加强对员工的日常管理，根据《中华人民共和国劳动法》（以下简称《劳动法》）等有关法规，并结合公司的实际情况制订本办法。

第一条　适用范围

本办法适用于与公司签订劳动合同且实行定时考勤制度的员工。实行不定时考勤制度的员工，其《考勤休假管理办法》另行制订。

第二条　考勤

一、当员工来到公司开始工作，或结束工作离开公司时，应分别进行考勤登记。

二、员工的工作时间为：上午8∶30～12∶00；下午1∶00～5∶30。中午12∶00～下午1∶00休息。遇特殊情况，以综合管理部的临时通知为准。

三、根据工作地点的不同，公司采用工作卡刷卡、指纹识别或其他方式对员工进行考勤。员工在工作时间内没有考勤记录的，应在每月考勤汇总时进行说明，并出具相关证明材料。

第三条　考勤管理

一、每月21日，员工应与部门（包括办事处、分公司或子公司，以下同）考勤员如实核对考勤记录情况，考勤员将上月21日至当月20日的《部门员工考勤情况统计表》经部门领导签字及《员工公出及假期申请单》，于21日下班前交至人力资源部（遇节假日，上报日期提前至21日前最后一个工作日）。

二、对于在工作时间因公外出或享受各类假期（含公假、事假、病假或其他假期等。具体见本办法第四条至第十一条）的员工，应及时填写《员工因公外出公出及假期申请单》，履行审批程序后交部门考勤员处留存，考勤汇总时应与考勤员核对情况或进行补充说明。

三、员工应如实填写考勤结果。对故意谎报、隐瞒缺勤行为的员工，一经发现将给予本人、部门考勤员和部门审批领导通报批评，并扣本人每次10%的月岗位工资，同时扣部门考勤员和部门审批领导每次5%的月岗位工资；凡出现故意漏考勤（包括迟到或早退时不考勤等情况）或代人（请人）考勤等违规情况，一经发现，将扣双方当事人每次10%的月岗位工资，情节严重的将解除劳动合同。

四、员工因公外出或享受各类假期的审批权限。

（一）因公外出：3天以内（含3天）由部门领导批准，3天以上由部门分管公司领导批准。

（二）A类假期（指公假、事假、病假、年休假）：5天以内（含5天）由部门领导批准，5天以上由部门分管公司领导批准。

（三）B类假期（指婚假、产假、丧假、工伤假）：由部门领导批准。

在申请A类假期或B类假期前，员工应到人力资源部进行复核确认是否符合休假条件。未经人力资源部复核且事后被确认为不符合休假条件的假期，均按事假处理。

第四条　公假假期与待遇

一、员工有如下情形之一的行为，可作为公假处理。

（一）依法参加社会活动。

（二）经批准，参加国家、地方，或公司组织的疗养、休养。

（三）凭学校书面通知参加学生家长会的。

（四）国家或地方法规等要求的其他公假。

二、公假期间所有待遇保持不变。

第五条　事假假期与待遇

一、员工因家庭、个人或其他原因无法正常上班时，可以申请事假。员工在一个自然年度内累计事假不应超过20个工作日，且单次申请不应超过10个工作日。特殊情况下，需要超时限休假，须经公司专项审批。

二、员工休事假期间，不计发岗位工资。若事假时间不足1天的，按事假小时（不足1小时的按1小时计算）计算。

三、员工事假期间若当月的薪资标准低于员工所在地在岗职工最低工资标准的，按该在岗职工最低工资标准执行。

第六条　病假假期与待遇

一、根据《劳动法》规定，员工因病或非因工负伤，执行原劳动部《企业员工患病或非因工负伤医疗期规定》，在停工医疗期（以下简称医疗期，指员工因病或非因工负伤停止工作治病休息的时间）的休假，均称病假。

二、员工申请病假应以基本医疗保险手册中所选医院（含专科医院、中医医院及A类定点医院）开具的诊断书为有效证明。

三、根据下列不同情况，员工的医疗期不同。

（一）员工实际工作年限 10 年以下，在公司工作年限 5 年以下的，医疗期为 3 个月；在公司工作 5 年以上的，医疗期为 6 个月。

（二）员工实际工作年限 10 年以上，在公司工作年限 5 年以下的，医疗期为 6 个月；在公司工作年限 5 年以上 10 年以下的，医疗期为 9 个月；在公司工作年限 10 年以上 15 年以下的，医疗期为 12 个月；在公司工作年限 15 年以上 20 年以下的，医疗期为 18 个月；在公司工作年限 20 年以上的，医疗期为 24 个月。

四、医疗期自员工病休之日开始计算，在规定的时间内累计病休时间达到规定医疗期时限的视为医疗期满。连续病休的，其节假日按病休日计算。具体计算方法为：医疗期为 3 个月的按照 6 个月内累计病休时间计算；医疗期为 6 个月的按照 12 个月内累计病休时间计算；医疗期为 9 个月的按照 15 个月内累计病休时间计算；医疗期为 12 个月的按照 18 个月内累计病休时间计算；医疗期为 18 个月的按照 24 个月内累计病休时间计算；医疗期为 24 个月的按照 30 个月内累计病休时间计算。

五、医疗期满，员工不能从事原岗位工作，也不能从事公司安排的适当工作，公司可以与其解除劳动合同。具体按照《劳动法》以及公司的《劳动合同管理办法》的规定执行。

六、员工当月病假少于 15 天（含 15 天）的，每个工作日扣月岗位工资的 1.5%；病假大于 15 天且小于 30 天（含 30 天）的，每个工作日扣月岗位工资的 2%。若病假时间不足半天的，以 0.5 个工作日计算。

七、员工在连续 2 个月内累计病假天数超过 45 天的，则自第 3 个月起至医疗期满或累计病假少于 5 天（含 5 天）的月度时止，每个病假工作日扣月岗位工资的 3%。

八、在医疗期内，若员工当月的薪资标准低于员工所在地在岗职工最低工资标准的，按该在岗职工最低工资标准执行。

第七条　年休假假期与待遇

一、正式员工（指与公司签订劳动合同，且试用期或见习期已满的员工。以下同）在公司工作满一年后可享受带薪年休假。公司鼓励员工在合理安排工作情况下休年休假。

二、年休假的假期时间，由起始天数和工作增加天数共同构成。

（一）年休假起始天数根据员工累计参加工作的时间不同而有所区别，具体标准为：累计参加工作时间不足 5 年的，起始天数为 5 天；累计参加工作时间满5年不足10年的，起始天数为7天；累计参加工作时间满10年的，起始天数为10天。

（二）员工工作满一年后，每年（指自然年度）在起始年休假基础上增加1天年休假，最高增至15天止。

三、年休假的假期经履行请假批准手续后，可一次或多次休完。年休假的最小计算单位为1天。

四、员工有以下情形之一的，将会影响当年的年休假。

（一）一年内累计全脱产学习满3个月的，当年不再享受年休假。

（二）事假、病假和工伤假累计超过20个工作日，当年不再享受年休假。

（三）员工因个人原因已向公司提出离职申请并已得到公司批准，在工作交接期内不再享受年休假。

（四）其他经公司认定不能享受年休假的情形。

五、员工年休假期间的所有待遇保持不变。

第八条　婚假假期与待遇

一、员工结婚按照国家有关规定，享受婚假3天；实行晚婚（男方年满25周岁，女方年满23周岁）且为初次结婚的，再增加晚婚奖励假7天。

二、员工应在登记结婚之日起一年内一次性休完婚假，在办理请假手续时需提供结婚证原件，并将复印件附在《员工因公外出公出及假期申请单》后；因各种原因未休或未能休满的，均不能补休；员工在进入公司工作之前已登记结婚的，不能申请休婚假。

三、婚假按公假待遇处理。若员工婚假超过规定天数的，其超出假期按事假处理。

第九条　产假假期与待遇

一、按照国家规定，女员工生育可享受产假90天，属于晚育（女方年满24周岁，且初次生育）的，再增加晚育奖励假30天。女员工生育实行剖宫产手术的增加15天产假；为多胞胎生育的，每增加1胎即增加15天产假。

二、在配偶生育时，男员工可享受陪产假，但在办理请假手续时须出具其配偶未休假的证明。

三、女员工在怀孕期间可根据医嘱进行围产保健检查，每次时间不超过0.5天。

四、员工产假（或陪产假）期间的待遇，按照所在地方企业职工生育保险的有关规定，以生育津贴形式由社会保险机构发放。若生育津贴低于按“每个休假工作日扣 2% 的月岗位工资”后核算的月收入数额，差额部分由公司补足。

第十条　丧假假期与待遇

一、员工的直系亲属（父母、配偶和子女）或配偶的父母死亡需料理后事，可以申请享受丧假 3 天（另外，视路程远近可适当给予路程假，最长不超过 2 天，假期连续计算）。

二、丧假按公假待遇处理。若员工丧假超过规定天数的，其超出假期按照事假处理。

第十一条　工伤假假期与待遇

员工因工负伤或患职业病，且经劳动部门认定的，相关假期及待遇按国家《工伤保险条例》及所在地方“实施《工伤保险条例》办法”的有关规定执行。

第十二条　加班与待遇

一、本办法中的加班是经过公司批准，在超出正常工作时间后员工从事公司安排的与本岗位职责相关工作，且有加班考勤记录的行为。

二、员工加班时间不得超过国家及所在地方的有关规定时限。

三、员工的下列情形，不认定为加班。

（一）员工本人负责的正常工作任务未在正常工作时间内完成，而自行延长工作时间的行为。

（二）未履行报批程序，而自行安排员工延长工作时间的行为。

（三）员工在加班期间未做出与加班工作内容有关的行为。

四、加班超过 2 个小时，且临近就餐时间（晚上 7∶00），可以按照每人每餐不高于 15 元标准予以报销费用；工作日加班时间超过晚上 9∶00 的允许乘坐出租车，非工作日加班的，可报销往返于加班工作地点与居住地间的出租车费。

五、员工加班后可申请补休，填写《员工因公外出公出及假期申请单》，履行审批程序，不能补休的可申请发放加班工资。

第十三条　迟到及其处理

一、员工因个人原因未按时上班，但在半小时之内到岗的，视为迟到。

二、员工因故迟到，且每月迟到两次以内（含两次）的，不扣工资。

员工每月迟到超过两次的，则自第三次起每迟到一次扣 50 元；每月迟到次数超过五次的，则自第六次起每迟到一次扣 200 元。

第十四条　早退及其处理

员工因个人原因，未履行正常的请假手续擅自提前离岗的，视为早退。员工每早退一次扣50元，每月早退超过三次的，则自第四次起，每次早退扣200元。

第十五条　旷工及其处理

一、员工有如下情形之一的，则视为旷工。

（一）不经请假或请假未获批准即擅自不上班的。

（二）员工晚到岗时间超过半小时，且未及时请假的。

（三）各类假期已休满，未续假或续假未获批准而逾期不归的。

（四）伪造请假理由，开具虚假证明，骗取假期的。

（五）向公司提出解除劳动合同请求后，在劳动关系处理期间擅自不上班的。

二、员工在旷工期间，停发所有待遇。若连续旷工9个工作日或一个自然年度内累计旷工15个工作日的，将按照公司《劳动合同管理办法》的规定解除劳动合同。

第十六条　其他条款

一、员工年度内累计事假、病假、产假超过20个工作日的，则根据实际情况相应降低其绩效奖金基数。具体办法见公司相关绩效管理制度。

二、公司借调与劳务输入人员的考勤休假等事项参照本办法，以及公司相关管理制度或有关协议执行。

三、本办法由人力资源部负责解释。

四、本办法自公布之日起执行。

问题

您如何评价馈元国贸的员工管理工作？

您认为企业应该怎样做，才能规避类似毛全有与馈元国贸之间发生的矛盾？

6.5　考核激励中的那些事儿

米永强7年前出任巢湖股份（公司）人力资源总监。在他第一次面见公司总经理狄锦时，狄锦就对他说："业绩与激励从来都是一对'孪生子'，这就像大家爱讲的'论功行赏''按劳分配'一样。巢湖股份虽然是一个年轻的公司，成立还不到一年，却是一个'法治'而非'人治'的企业。所以，谁的贡献大，哪个部门或分、子公司的业绩突出，不能由我个人凭感觉、凭印象说了算，而要由人力资源部门通过业绩考核，对每个人和每个部门或分、子公司做出业绩评价来确定。在这方面，"狄锦看了看米永强，"巢湖股份要做的工作还很多，要走的路还很长。比如，应该采取哪一种业绩考核体系，如何确定不同岗位和不同部门或分、子公司业绩考核指标，经济指标是选取收入、利润还是市值，设不设加分封顶线，物质激励要不要与精神激励相结合，除短期激励外还搞不搞长期激励，等等。"

听狄锦讲出这么多在行的话，米永强还是挺佩服的。

于是，米永强先对巢湖股份的考核激励工作进行了一番内部调研，也学习了在这方面做得不错的几家外部企业的经验。随后，他提出关于建立巢湖股份业绩考核体系的整体思路——采取关键业绩指标（Key Performance Indicator，KPI）考核，并将 KPI 考核结果与员工和部门或分、子公司的短期激励，即与绩效奖金等进行挂钩。

为什么要采取 KPI 考核，而不是采取如素质能力评分、典型工作评分、业绩排序、业绩对比，或平衡计分卡（Balanced Score Card，BSC）等其他的考核方法呢？米永强给出的解释是，虽然素质能力评分、典型工作评分、业绩排序和业绩对比法等简便易行，但其信度①和效度②均不高，不容易让被考核者心服口服；采取 BSC 考核，在理解和掌握方面要比采取 KPI 考核更难一些，完全可以在公司成立并运营较长的一段时间以后，待公司的发展战略更为清晰，更加深入人心，与财务、客户、内部运营、员工学习间的互动关系也更为紧密的时候再予以考虑。

为什么只将 KPI 考核结果与员工和部门或分、子公司的短期激励，即与绩效奖金挂钩，而不是同时也与员工和部门或分、子公司的中长期激励，即与收益分成或期权、期股等挂钩？米永强给出的解释是，短期激励与业绩大小具有

① 信度，指某一方法用于不同对象时结果的一致性和稳定性，结果是可重复的，而不是偶然的，即使用该方法的确是可靠的。

② 效度，指某一方法用于不同对象时结果的有效性，是有果而不是无果的，即使用该方法对结果的出现的确是发挥了作用的。

强相关性，最容易被考核者看得见、摸得着，也最能体现公司成立之初，在高速扩张时期要求干部员工“5+2”“白加黑”“猛冲猛打”“多干快上”的需要，而中长期激励需要一定的考核周期，至少要三五年时间，也有一定的业绩“门槛”条件，还要巢湖股份的股东们都同意才能搞——实际是要分享一部分股东收益，所以现阶段还不宜提上日程。

至于狄锦提到的除了物质激励，还要不要精神激励的问题，米永强认为二者完全可以共生共存，共同发力，在进行物质激励的同时，也进行精神激励，譬如开展“创先”“争优”，评比优秀员工和业绩突出团队，表扬、上榜，还可以安排一些培训、疗养、参观教育等表彰奖励活动，不断激发干部员工的昂扬斗志。

在 KPI 考核指标的设计上，米永强认为业务岗位员工和业务部门或分、子公司的 KPI 应在履行该岗位和该部门或分、子公司基本职责的基础上，以完成或超额完成财经类指标为主，如营业收入同比增长 8%、利润同比增长 10%、净资产收益率提高 2%、成本费用利润率下降 3%、市场占有率提高 1% 等，完成得分，超额完成加分，未完成则减分；职能岗位员工和职能管理部门的 KPI 应在履行该岗位和该部门基本职责的基础上，以完成当年的重要工作为主，如编制中长期产业发展规划、组建企业资金结算中心、发行公司债、完成某一企业的收购兼并等，完成得分，未完成则不得分。

显然，在业务岗位员工和业务部门或分、子公司财经类 KPI 指标的设计上，米永强已考虑了狄锦提到的收入、利润指标，但没有选取市值。这是因为以市值来衡量企业的价值往往见诸资本市场，但是巢湖股份并没有上市，对其市值进行估算存在一定的难度，即使能够估算出巢湖股份的市值，但该市值并不是针对资本市场的股权收购或出让，而是针对干部员工的工作业绩，这时要以巢湖股份的市值来考核评价干部员工的工作业绩就未免有些牵强和笼统了。

按照这一建立巢湖股份业绩考核体系的整体思路，米永强安排公司人力资源部门出台了巢湖股份《总部业绩考核办法》（见附件一）、《分、子公司高管人员业绩考核办法》（见附件二），并经公司总经理办公会审议批准后予以贯彻实施。

实施后，巢湖股份曾对该考核激励体系做过三次调整。

第一次调整是由于最初未对业务岗位员工和业务部门或分、子公司的财经类 KPI 指标设置加分封顶线，只希望放大正、反向激励的作用，做到“上不封顶、下不保底”，结果在第一年业绩考核时就有个别干部员工拿到了超过绩效奖金基数[①]三四倍的绩效奖金，因此，从第二年起增加了“加分封顶”的限制。

第二次调整针对的是每年确定业务岗位员工和业务部门或分、子公司的财经类 KPI 指标时出现的“讨价还价”“上下博弈”问题——下级往往希望确定较低的指标值，这样完成起来压力小，可以较为容易地获得加分，拿到超额奖金，所以从第三年起增加了“除所在行业不景气，处于下降周期的客观情况之外，不能以低于前三年实际完成值的平均值来设定该类指标的指标值，否则将在完成指标值得分或超额完成指标值加分时受限，即按该类指标的指标值低于前三年实际完成值的平均值的比例，予以双倍扣减后计算得分或加分”的要求。

第三次调整是为了满足经营情况的实际需要，要提高业绩激励的及时性和更好地发挥业绩激励的能动作用，从第四年起增加了“各部门（分、子公司）可以在考核周期尚未结束前，经审核批准后提前预支部分绩效奖金以用于及时激励”的内容。

……

六七年下来，巢湖股份的考核激励工作取得了很好的成效。

一是干部员工的绩效奖金年均增长 8.43%。

二是企业先后发行 3 笔、共计 17 亿元的公司债，年均节约资金成本 2100 万元；完成 6 家分、子公司的资产重组，形成两个统一的产业板块，消除了原有不合理的内部竞争；产品研发投入年均增长 1.04 个百分点，达到产品销售收入的 5.53%；公司的营业收入年均增长 10.51%，利润年均增长 12.78%，等等。

附件一：

总部业绩考核办法

（2016 年修订）

为尊重业绩贡献，激励总部各部门的工作热情和创新精神，使个人的成长与巢湖股份（以下简称公司）的进步得以同步协调发展，特制订本办法。

第一条　总则

一、适用范围

本办法适用于总部各部门和与公司总部签订《劳动合同》的员工。

① 绩效奖金基数与岗位工资之间存在一定的比例关系。

二、基本原则

（一）坚持公平、公正、实事求是的原则。

（二）坚持考核过程和考核结果并重的原则。

三、业绩考核方法

采用关键业绩指标（KPI）考核方法。

四、业绩考核周期

每年1月1日至12月31日。

第二条　业绩考核组织体系

一、业绩考核小组

（一）业绩考核小组为公司业绩考核专门机构，由分管人力资源工作的公司领导、人力资源部、财务部和战略发展部等部门领导组成。

（二）业绩考核小组的职责一是审核各部门的KPI指标、指标权重和指标值，报总经理办公会审批；二是对各部门业绩考核的自评结果和绩效奖金分配比例系数的建议进行评审，报总经理办公会审批。

二、人力资源部的相应职责

负责制订业绩考核制度，组织实施业绩考核工作。

三、财务部和战略发展部的相应职责

（一）提供财经类和重要工作类KPI指标及指标值解释，提出各部门财经类和重要工作类KPI指标、指标权重和指标值的建议范围。

（二）在业绩考核周期结束时，提供各部门完成的财经类和重要工作类KPI指标值的实际情况。

四、各部门的相应职责

（一）负责提出本部门财经类和重要工作类KPI指标、指标权重和指标值的建议。

（二）经业绩考核小组审核并经总经理办公会审议批准后，与公司签订相应的《业绩考核责任书》。

（三）对《业绩考核责任书》中的KPI指标、指标权重和指标值进行分解、下达，组织实施本部门的业绩考核。

（四）在业绩考核周期结束时，提交本部门业绩考核的自评结果和个人绩效奖金分配比例系数的建议。

（五）经业绩考核小组审核并总经理办公会审议批准后，发放本部门绩效奖金，并开展绩效辅导工作（其中，各部门领导的绩效辅导工作由业绩考核小组负责）。

第三条　KPI 指标体系

一、指标体系

由财经类和重要工作类 KPI 的指标名称、指标解释、指标权重和指标值等构成，满分为 100 分。另设置否决类 KPI 指标，以在发生重大失职行为、重大违规违纪事件、重大环境和人身安全事故时扣减业绩考核得分。

二、财经类 KPI

以财务预算指标为基础，反映业务部门的财务经营状况。主要包括当年的营业收入、营业利润、利润总额、净利润、资金收益率、资金周转率、成本费用营收比率等。除所在行业不景气，处于下降周期的客观情况之外，不能以低于前三年[①]实际完成值的平均值来设定该类指标的指标值。否则将在完成指标值得分或超额完成指标值加分时受限——按该类指标的指标值低于前三年实际完成值的平均值的比例，予以双倍扣减后计算得分或加分。

三、重要工作类 KPI

根据公司的战略导向，以公司对职能部门的工作要求等予以确定。主要包括当年的重点工作和难点工作等。

第四条　业绩考核结果评定

一、各部门的业绩考核结果

（一）依据各部门业绩考核得分进行评审，分为杰出（100 ～ 130 分）、优秀（90 ～ 100 分）、B 良好（70 ～ 90 分）、C 合格（50 ～ 70 分）、D 不合格（等于或小于 50 分）共 5 级，由业绩考核小组提出评审建议，报总经理办公会审批。

（二）原则上，评为杰出的部门最多不超过部门总数的 10%，评为优秀的部门最多不超过部门总数的 20%。

二、个人的业绩考核结果

（一）依据个人业绩考核得分（部门正职领导的业绩考核得分与本部门的业绩考核得分相同）进行评审，分为杰出（100 ～ 130 分）、优秀（90 ～ 100 分）、B 良好（70 ～ 90 分）、C 合格（50 ～ 70 分）、D 不合格（等于或小于 50 分）共 5 级，其中，各部门领导由业绩考核小组提出评审建议，报总经理办公

① 部门设立时间不足三年的取前两年，不足两年的取前一年，不足一年的则直接以当年的预算指标值为准。

会审批；其他员工由各部门领导提出评审建议，由分管各部门的公司领导审批。

（二）原则上，评为杰出的员工最多不超过员工总数的10%，评为优秀的员工最多不超过员工总数的20%。

第五条　业绩考核结果的应用

一、发放绩效奖金

依据业绩考核结果，在薪酬总额年度预算范围内核定和发放绩效奖金。其中，杰出部门和杰出员工的绩效奖金额度最高可为绩效奖金基数①的150%；优秀部门和优秀员工的绩效奖金额度可为绩效奖金基数的100%～120%；良好与合格部门和员工的绩效奖金额度为绩效奖金基数的50%～90%，依据其业绩考核得分进行线性计算；不合格部门和员工的绩效奖金额度为0。

二、个别调整薪酬

依据业绩考核结果，杰出员工的工资可提高一二档岗位工资②，不合格员工的工资可降低一二档岗位工资。

三、予以表彰等精神激励

依据业绩考核结果，对杰出和优秀的部门和员工，予以表扬、上榜，并优先安排其参加公司组织的培训、疗养、参观教育等表彰奖励活动。

第六条　特殊情况的业绩考核

一、新设立部门或撤并原有部门

新设立部门或撤并原有部门的，依照该部门在当年的存续时间，取整月后确定其业绩考核周期，进行业绩考核。

二、新入职员工或员工换岗、正常离职

新入职员工或员工换岗、正常离职（指非违规违纪等原因而终止或解除劳动合同的情形，见公司《劳动合同管理办法》），依照该员工在当年的履职时间或劳动合同的存续时间，取整月确定其业绩考核周期，进行业绩考核。

三、部门预支绩效奖金

经申请并经审批，各部门可以分3次最多共预支本部门业绩奖金基数的30%，用于关键业务或重要项目的及时激励。

---

① 部门绩效奖金基数等于部门员工绩效奖金基数之和。员工绩效奖金基数与员工岗位工资存在一定的比例关系。按照员工岗位级别从大到小排序，该比例关系依次为7：3、6：4、5：5、4：6、3：7、8：2、9：1。

② 巢湖股份共设有26级岗位工资，每级岗位工资又分为11档。

第七条　附则

（一）当宏观产业政策出现重大变化或发生严重自然灾害等不可抗力因素时，将酌情变更《业绩考核责任书》的相关内容，或在进行业绩考核时通盘考虑相关因素造成的不利影响。

（二）本办法由人力资源部负责解释，自批准发布之日起执行。

附件二：

分、子公司高管人员业绩考核办法

（2016 年修订）

为建立巢湖股份各分、子公司高管人员有效的激励和约束机制，积极引导和鼓励分、子公司做强做优，特制订本办法。

第一条　总则

一、适用范围

本办法适用于各分、子公司高管人员，包括担任分、子公司总经理（以下简称企业正职）、副总经理和财务总监（以下简称企业副职）等职务的人员。

二、基本原则

（一）按照权、责、利相统一的要求，建立分、子公司高管人员经营业绩同激励约束机制相结合的业绩考核体系，业绩上则薪酬上，业绩下则薪酬下，并将经营业绩作为分、子公司高管人员职务任免的重要依据。

（二）对不同产业类型和处于不同发展阶段的分、子公司设置不同的业绩考核指标，“一企一策”，实行分类考核。

（三）推动分、子公司建立健全全员业绩考核体系，保证目标层层分解，责任层层落实。

三、业绩考核方法

采用关键业绩指标（KPI）考核方法。

四、业绩考核周期

每年 1 月 1 日至 12 月 31 日。

第二条　业绩考核组织体系

一、业绩考核小组

（一）业绩考核小组为业绩考核专门机构，由分管人力资源工作的公司领导、人力资源部、财务部和战略发展部等部门领导组成。

（二）业绩考核小组的职责一是审核各分、子公司的KPI指标、指标权重和指标值，报巢湖股份总经理办公会审批；二是对各分、子公司业绩考核的自评结果和绩效奖金分配比例系数的建议进行评审，报巢湖股份总经理办公会审批。

二、人力资源部的相应职责

负责制订业绩考核制度，组织实施业绩考核工作。

三、财务部和战略发展部的相应职责

（一）提供财经类和重要工作类KPI指标及指标值解释，提出各分、子公司财经类和重要工作类KPI指标、指标权重和指标值的建议范围。

（二）在业绩考核周期结束时，提供各分、子公司完成的财经类和重要工作类KPI指标值的实际情况。

四、各分、子公司的相应职责

（一）负责提出本分、子公司财经类和重要工作类KPI指标、指标权重和指标值的建议。

（二）经业绩考核小组审核并经巢湖股份总经理办公会审议批准后，与各分、子公司签订相应的《业绩考核责任书》。

（三）对《业绩考核责任书》中的KPI指标、指标权重和指标值进行分解、下达，组织实施本分、子公司的业绩考核。包括企业正职对企业副职分解、下达相应的KPI指标、指标权重和指标值，并将《企业副职KPI指标确认表》在每年1月31日前报人力资源部备案。

（四）在业绩考核周期结束时，提交本分、子公司业绩考核的自评结果和企业正职对企业副职绩效奖金分配比例系数的建议。

（五）经业绩考核小组审核并巢湖股份总经理办公会审议批准后，发放本分、子公司高管人员绩效奖金，并开展绩效辅导工作（其中，企业正职的绩效辅导工作由业绩考核小组负责）。

第三条　KPI指标体系

一、指标体系

由财经类和重要工作类KPI的指标名称、指标解释、指标权重和指标值等构成，满分为100分。另设置否决类KPI指标，以在发生重大失职行为、重大违规违纪事件、重大环境和人身安全事故时扣减业绩考核得分。

二、财经类KPI

以财务预算指标为基础，反映分、子公司的财务经营状况。主要包括当年的营业收入、营业利润、利润总额、净利润、净资产收益率、流动资产周转率、存货周转率、应收账款周转率、经营活动现金净流量、成本费用营收比率、成本费用利润率、技术投入比率等。除所在行业不景气，处于下降周期的客观情况之外，不能以低于前三年[①]实际完成值的平均值来设定该类指标的指标值。否则将在完成指标值得分或超额完成指标值加分时受限——按该类指标的指标值低于前三年实际完成值的平均值的比例，予以双倍扣减后计算得分或加分。

三、重要工作类 KPI

根据公司的战略导向，以公司对分、子公司的工作要求等予以确定。主要包括当年的重点工作和难点工作等。

第四条　业绩考核结果评定

一、各分、子公司的业绩考核结果

（一）依据各分、子公司业绩考核得分进行评审，分为杰出（100 ～ 130 分）、优秀（90 ～ 100 分）、B 良好（70 ～ 90 分）、C 合格（50 ～ 70 分）、D 不合格（等于或小于 50 分）共 5 级，由业绩考核小组提出评审建议，报巢湖股份总经理办公会审批。

（二）原则上，评为杰出的分、子公司的数量最多不超过分、子公司总数的 10%，评为优秀的分、子公司最多不超过分、子公司总数的 20%。

二、高管人员个人的业绩考核结果

（一）由业绩考核小组依据高管人员个人业绩考核得分（企业正职的业绩考核得分与本分、子公司的业绩考核得分相同）进行评审，分为杰出（100 ～ 130 分）、优秀（90 ～ 100 分）、B 良好（70 ～ 90 分）、C 合格（50 ～ 70 分）、D 不合格（等于或小于 50 分）共 5 级，并将评审建议报总经理办公会审批。

（二）原则上，评为杰出的高管人员最多不超过高管人员总数的 10%，评为优秀的高管人员最多不超过高管人员总数的 20%。

第五条　业绩考核结果的应用

一、发放绩效奖金

（一）依据业绩考核结果，在分、子公司薪酬总额年度预算范围内核定和

① 分、子公司设立时间不足三年的取前两年，不足两年的取前一年，不足一年的则直接以当年的预算指标值为准。

发放绩效奖金。其中，杰出高管人员的绩效奖金额度最高可为绩效奖金基数[①]的180%；优秀高管人员的绩效奖金额度可为绩效奖金基数的100%～120%；良好高管人员的绩效奖金额度为绩效奖金基数的50%～90%，依据其业绩考核得分进行线性计算；不合格高管人员的绩效奖金额度为0。

（二）企业正职绩效奖金的60%及企业副职绩效奖金的80%在本年度业绩考核结束后兑现，其余部分延期到下一年度的业绩考核结束后，依据下一年度的业绩考核得分情况予以兑现。即，当下一年业绩考核得分大于100分时全额兑现，当下一年业绩考核得分介于100分和50分之间时按比例兑现，当下一年业绩考核得分小于50分时不予兑现。

二、予以表彰等精神激励

依据业绩考核结果，对杰出和优秀的分、子公司和高管人员，予以表扬、上榜，并优先安排其参加公司组织的培训、疗养、参观教育等表彰奖励活动。

第六条　特殊情况的业绩考核

一、新设立分、子公司或原有分、子公司撤并

新设立分、子公司或原有分、子公司撤并，依照该分、子公司在当年的存续时间，取整月后确定其业绩考核周期，进行业绩考核。

二、新入职高管人员或高管人员降职、免职、正常离职

新入职高管人员或高管人员降职、免职、正常离职（指非违规违纪等原因而终止或解除劳动合同的情形，见公司《劳动合同管理办法》），依照该高管人员在当年的履职时间或劳动合同的存续时间，取整月确定其业绩考核周期，进行业绩考核。

第七条　附则

（一）当宏观产业政策出现重大变化或发生严重自然灾害等不可抗力因素时，巢湖股份可酌情变更《业绩考核责任书》的相关内容，或在进行业绩考核时通盘考虑相关因素造成的不利影响。

（二）本办法由人力资源部负责解释，自批准发布之日起执行。

---

① 分、子公司高管人员绩效奖金基数与其岗位工资存在一定的比例关系。按照岗位级别和与经营业绩的密切程度从大到小排序，该比例关系依次为7:3、6:4、5:5、4:6、3:7。

问题

您认为米永强对为什么要采取 KPI 考核，而不是采取如素质能力评分、典型工作评分、业绩排序、业绩对比，或 BSC 考核等其他考核方法的解释是否恰当？

您认为米永强关于不宜以巢湖股份的市值作为干部员工业绩考核指标的说法是否合理？

您认为巢湖股份现行的考核激励体系还存在哪些明显缺陷？您有更好的解决办法吗？

6.6 “我不走了”

“砰、砰、砰”，听到敲门声，公司分管人力资源的副总经理屈怀山回应道：“请进。”

门开了，走进来的是公司信息化办公室的高级主管赵元博——一位三十来岁的“理工男”。

屈怀山热情地和赵元博打招呼：“哦，是小赵啊。你好，你好！”随即问道，“找我有什么事吗？”

“屈总，您好！”赵元博与屈怀山打了招呼，“我打算辞职。”并双手递上辞职报告。

“哦，那你的直接领导知道吗？”

“知道，李总已在报告上签了字。”

屈怀山看了一眼报告。报告上的确有赵元博提到的信息化办公室的上一级机构——综合管理部的总经理李见春写下的“同意”二字和他的签名。而报告本身只有短短的一行字：因个人方面的原因，本人拟辞去目前担任的信息化高级主管的职务并调离公司。报告下方是赵元博本人的签名。

“哦，既然是这样，小赵，那你先坐下，我和你简单聊聊。”屈怀山一边说着，一边将赵元博让到沙发上，并走到饮水台旁为赵元博倒了一杯热茶。

“为什么要辞职呢？是因为薪酬吗？”屈怀山问。

“不是薪酬方面的原因。虽然现在薪酬也不高，但屈总您知道的，我不是一个很看重薪酬的人，一般够用就可以了。”赵元博答。

“那是因为职业发展方面的问题？”屈怀山接着问道。

“是的。”赵元博接着答道，“的确是出于职业发展方面的考虑。我是学管理信息系统的，研究生毕业后就进了公司，一晃已经6年了。虽然前年就做了信息化高级主管，但基本上还是在从事桌面的运维服务，很少涉足信息化系统的规划、建设或应用软件的开发工作，时间一长，觉得自己每天忙忙碌碌的，但都是些鸡毛蒜皮的小case，一年下来一点儿成就感都没有。所以，最近就萌发了换个工作单位的想法。”

“那你找到新的工作单位了吗？”

“已经联系了几家，但还没有最终确定。”

“主要都是些什么职位呢？”

“有软件开发高级工程师、系统设计工程师，也有计算机网管高级经理等。”

“哦，那我大概了解了。”

屈怀山略加思考后对赵元博说：“小赵，因为我不分管公司的信息化工作，所以你进公司的时候，我并没有参与过你的招聘，但这些年还是多少听到过大家对你的一些评价，都认为你工作认真仔细，动手能力强，与各部门同事沟通顺畅，还能够经常提出解决问题的合理化建议。总体来看，大家对你的评价还是蛮高的。你进公司6年就由专员到主管，再由主管到高级主管，这个过程本身就表明了公司对你的认可。这次你提出辞职，反映了公司还有工作做得不到位，比如公司新批准的‘信息化系统建设五年规划’未及时发布和人力资源部实施员工职业发展计划的普及面还有待扩展。对前一个问题，我会与公司信息化总监沟通，建议尽快发布新的‘信息化系统建设五年规划’，并做好推进实施工作。对后一个问题，我会要求人力资源部在总结这两年实施员工职业发展计划成绩与不足的基础上，进一步扩大这项工作的普及面，逐步把所有员工、包括刚进入公司的新员工都纳入职业发展计划中来，真正做到早计划、早培养、早成才。”

说到这里，屈怀山停顿了一下，又接着说：“所以，从这一点来讲，我还要感谢你今天来找我，使我进一步认识到公司在信息化建设和员工培养方面存在的问题。”

“屈总，您别这么说，今天是我的事给您添麻烦了。”赵元博有点踌躇，又有点不好意思地说。

“小赵，你别不好意思，我是真的觉得应该感谢你！”屈怀山笑了笑，“也正因为如此，作为一种回馈，我想对你打算辞职并另谋他就这件事提点个人建议，可以吗？”

“当然可以。您是这方面的专家，也是前辈，见多识广，肯定比我们年轻人看得更长远些。”

屈怀山示意赵元博喝点儿茶，赵元博抿了一口。

“那好，小赵，你刚才提到希望未来从事与信息化系统的规划、建设或应用软件开发的相关工作，但照我看，这是两种不同的职业发展方向。前一种如果从大类来分，属于职能管理岗位，如果要细分，最多在‘管理’前加一个限定词，叫‘技术管理’或‘信息管理’岗位；后一种属于专业技术岗位，主要是从事你所说的应用软件研发或硬件研发等工作。所以，在职业发展方向上，你要认真考虑清楚，未来是走职能管理路线，还是走专业技术路线，哪一种岗位更适合你，同时你也更喜欢，愿意并且能够在这样的岗位上展现出你的聪明才智，做出成绩，最终实现职业发展目标和自己的人生价值。”

“好的，我再仔细想想。”

屈怀山站起身，给两人的茶杯里续了些热水，然后说：“如果你最终选择走专业技术路线，去从事应用软件研发工作的话，我认为你的确应该辞职，因为公司的主业定位是水源发掘、自来水供应和废水处理，不是高技术产品的研发、生产和销售，基本上无法为你提供像软件研发这样的岗位。只是你在公司干了 6 年才做这样的选择，感觉有点晚了，付出的时间成本有点大。更好的是在进入公司一两年里，对公司的业务了解后就做出决定，甚至是在入职前就应该放弃进入公司。另外，小赵，你应该已过了 30 岁了吧？我所了解的‘程序猿’普遍都 20 多岁，精力充沛，能熬夜、能吃苦，而且大多数都是计算机、计算机通信、计算数学等专业的，经过 6 年的磨炼基本上都成为‘大虾’‘牛人’，个别甚至已经是‘大牛’，因此，以你现在的年龄、所学的专业和这 6 年来积累的工作经验去做软件研发工作，和这些人比，其实已没什么优势可言了。”

赵元博点了点头：“是的。”

“如果你最终选择走职能管理路线，从事你所说的信息化系统的规划、建设工作，这其实就是你现在职业发展方向的延续，你并不一定要辞职。包括你刚才提及拟竞聘的‘计算机网管高级经理’一职，与你现在担任的‘信息化高级主管’实质区别并不大，最多是将在从事的具体工作上偏重于系统、机房，而你现在偏重于终端、桌面而已。况且，公司新的‘信息化系统建设五年规划’

已批准并即将实施，这中间的工作很多，有你施展才华的地方，你完全可以在其中发挥重要的作用……”屈怀山停顿了一下，又说，“半年前，你们信息化办公室的主任周超辞职后，这个职位现在还空着，会在最近通过内、外部招聘予以补充，届时欢迎你来积极应聘。这对你的职业发展来说，也是一个机会，毕竟你已经在公司工作了6年，企业文化、组织体系、业务状况、人际关系和外部资源等你都比较熟悉，是有很大优势的。一句话，你如果最终选择继续走职能管理路线，完全没有必要辞职，公司不希望变成你的‘老东家’，而是希望你能够留下！”

“好的，我听明白了。”赵元博最后说，“我会认真考虑您的建议的。”

……

两天后，在外地出差的屈怀山接到赵元博的电话。在电话那头，赵元博用肯定的语气说：“屈总，我不走了。”

问题

您对屈怀山与赵元博的这次谈话做何评价？屈怀山说服赵元博的关键点在哪里？假设您是屈怀山，您认为还可以从哪些角度说服赵元博留下？

第7章 财务管理

7.1 搁浅的海外上市计划

恒山集团（公司）投融资部总经理王松涛一直保持着记日志的习惯，据说已坚持20多年了。

下面这些日志记录了王松涛参与恒山集团后来搁浅的海外上市计划实施时的那些日日夜夜。

……

启动

2002年2月15日（周五，大年初四） 雪

今晚七时，在青川里涮品店，与恒山集团分管财务和投融资的褚林峰副总经理促膝交谈。

我对褚总说：“从去年年底集团酝酿是否实施重组与海外上市项目后，我带着投融资部的几个人先后走访了国家计委、经贸委、财政部和证监会等，从了解的情况看，国家相关部委对像我们这样的大企业进行重组与海外上市，尤其是赴香港上市是支持的。对比若干家已完成海外上市的企业来说，尽管我们在主营业务和内部组织架构等方面与它们不太一样，但应该说，海外上市的一些基本条件我们已经具备了。因此，建议集团能够尽快启动该项目的实施。”

褚总对我说："小王，"尽管我早已过了四十岁，但因为他比我大十四五岁，两人又谙熟，所以他一直这样称呼我，"既然如此，那你是否能在这两天的节假日里，抓紧弄一份请示，把你们咨询了解的情况做个汇报，同时把你刚才的建议写上，我争取在初七，也就是下周一上班后的第一次总经理办公会上提请进行审议。"

"没问题。"我答应了，说："我一定会在下周一上午 8 点 30 分之前，把这份请示放在您的办公桌上。"

……

2002 年 2 月 18 日（周一） 雪后初晴

上午，经恒山集团总经理办公会审议，决定启动重组与海外上市项目，并成立项目小组，组长由恒山集团总经理助理吴舜天兼任，我担任副组长，另外两位副组长分别由恒山集团所属的北京恒山设备厂的副厂长冯树国和杭州恒山集团（公司）的副总经理钱玉山兼任，以便下一步推进工作时能够得到所属企业的支持和配合。

下午，褚总召集舜天和我开了一个小会，要求我们尽快在我提交的那份请示的基础上，充实相关内容，完成项目小组的总体工作计划、费用预算等，上报批准。

……

2002 年 2 月 20 日（周三） 多云转阴

至今天上午，我起草完成了项目小组的《总体工作计划》《人员需求计划》《工作场地及办公设备需求计划》《费用预算》《项目小组运行管理办法》等文件，经征求舜天，以及财务部、人力资源部、行政部等的意见，略做修改，报褚总签批后转报了恒山集团总经理司马昌浩。

下午，司马总审批同意了上述文件。

……

2002 年 2 月 26 日（周二） 阴

经过几天的沟通、协调，已落实了项目小组的人员调配、工作场地及办公设备配置和费用预算。

专职人员有投融资部的朱亚东、韩力强、卫春、陈建业，总经理办公室的范书海，企业管理部的许清江，以及恒山集团所属上海恒山（公司）的孙为犁、南京恒山（公司）的杨伟民、成都恒山（公司）的严富国和于兴。

工作场地在集团大楼十三层的1302～1306室，已安装6部电话和2部传真，并已开通网络；办公桌椅、文件资料柜，以及笔记本电脑、复印机、打印机等已委托采购中心进行采购，将在下周陆续到货。

费用预算 XXX 万元（不含聘请中介机构的费用），已纳入恒山集团 2002年年度预算计划。

一切已就绪！

……

2002 年 3 月 1 日（周五） 阴，小雪

上午，召开了项目小组首次会议，标志着项目小组的工作正式启动。项目小组所有的专、兼职人员都参加了会议。

褚总到会讲了话，明确了项目小组总体工作目标，对项目小组提出了期望和要求。

舜天宣布了项目小组的人员分工以及项目小组的内部运行管理机制。专职人员主要集中在方案法律组和综合协调组，兼职人员主要集中在审计评估组和投资项目组。

我主持会议，布置了项目小组近期的主要工作：方案法律组负责准备给中介机构——承销商、律师行、会计师所、评估师所及财务顾问公司等的邀请要约、对提交的项目建议书的要求，以及恒山集团的基本情况等文件；综合协调组负责收集、汇总集团的资产、业务、组织架构等基本资料，备用；审计评估组和投资项目组着手开展与审计评估和投资项目相关的工作。

下午，项目小组开始在集团大楼十三层工作。于是，那些已空置了好些年的房间里重新洒满了春光，到处是忙碌的身影。

……

“选秀”

2002 年 3 月 11 日（周一） 阴转晴

今天，向不少于 6 家境内外著名的投资银行发出邀请要约和对提交的项目建议书的要求，并提供了恒山集团的基本情况资料。

我留存了《邀请要约》《对提交的项目建议书的要求》文本以备查。

邀请要约

XXXX 公司：

首先感谢贵公司对恒山集团长期以来的关注与支持！

恒山集团拟在近期实施重组与海外上市项目。如果成功，这将成为恒山集团发展进程中极为重要的标志性事件。

为此，恒山集团将以邀标的方式选择（主副）承销商等中介机构，以顺利实施该重组与海外上市计划。

由于贵公司在企业重组与海外上市方面具有丰富经验并享有盛誉，因此，如贵公司有意参与我公司的重组与海外上市项目，请根据本邀请要约所附的《对提交的项目建议书的要求》，于 3 月 22 日 17 时前向我公司提交项目建议书。

在接到贵公司的项目建议书后，我公司将在 4 月 1 日前为需要陈述的中介机构安排陈述机会。

再次感谢贵公司的支持与厚爱！

恒山集团

2002 年 3 月 11 日

对提交的项目建议书的要求

（1）关于意见（建议）

对恒山集团重组与海外上市的股份公司定位、架构、实施方案、战略、募集资金用途和未来发展前景等方面的分析意见。

对恒山集团重组与海外上市的监管和法律方面的分析意见。

对恒山集团重组与海外上市的优势、劣势、同类公司比较、上市地的选择、市场参考的基准、股票发行定价的方法及定价区间的分析意见。

对全球和亚太地区资本市场发展趋势及恒山集团股票发行情况的预测意见。

对恒山集团股票发行中推销和配售、机构投资者和零售的前瞻性分析意见，以及对存在问题风险的应对策略。

对恒山集团股票发行后二级市场走势情况的预测意见。

（2）关于业绩和经验

帮助中国企业重组与海外上市方面的业绩和经验（重点介绍红筹股、H 股的发行上市及二级市场的再融资）。

在全球对高科技企业，尤其是通信信息企业的重组与海外上市方面的业绩和经验。

拟承担恒山集团重组与海外上市工作的团队（包括项目负责人、工作人员等）介绍——既往资历、经验、研究分析能力、使用的语言、工作习惯和拟投入的时间安排。

（3）关于承诺

对恒山集团重组与海外上市所能提供的服务和价值增值。

对恒山集团重组与海外上市的工作计划安排、发行的最佳时机选择和确保成功上市的预计时限。

在恒山集团重组与海外上市过程中及上市后的持续责任或可能给予的支持。

其他承诺（如有的话）。

（4）关于费用

所能提供的最优惠的收费标准、收费方法及对应的服务质量。

（5）关于其他事项

请提供其他相关中介机构（包括律师行、会计师所、评估师所等）的推荐名单，并说明推荐理由。

提交的项目建议书不少于 10 份，篇幅限制在 60 页之内。其他更为详细的材料，可列入附件资料。

……

2002 年 3 月 22 日（周五） 多云

截至今天下午 5 点，共收到 12 家投行（中金公司、摩根士丹利、美林集团、JP 摩根、雷曼兄弟、花旗所罗门、荷兰银行等）提交的项目建议书。有的厚达 60 页（已到篇幅限制），印刷精美，足以彰显其认真、积极的态度。

2002 年 3 月 23—24 日（周六、周日）

在公司加班。项目小组各位分头审阅和集中讨论各家投行报送的项目建议书。

周日下午，与舜天商定拟安排陈述的投行名单，共 7 家（中金公司、摩根士丹利、美林集团、JP 摩根、雷曼兄弟、花旗所罗门、荷兰银行），并准备周一报褚总和司马总批准同意后，通知这些投行准备陈述。

2002 年 3 月 25 日（周一） 阴冷，小雨

向参加陈述的 7 家投行发出通知，并针对其项目建议书提及的关键内容附上了要求其予以陈述的重点问题。陈述时间为 3 月 28 日（周四），从上午 9 时至晚上 7 时，每一家投行的自述时间和答辩时间为半小时，不同投行陈述的时间间隔为半小时。

同时，还向各不少于 6 家的境内外律师行、会计师所、评估师所和土地评估师所发出了《邀请要约》和《对提交的项目建议书的要求》，并提供了恒山集团的基本情况资料。要求其如参与我公司的重组与海外上市项目，则应于 3 月 29 日下午 5 时前向我公司提交项目建议书。

……

2002 年 3 月 28 日（周四） 晴

从早到晚，安排了 7 家投行的陈述。7 家投行的陈述团队的人都衣冠楚楚、行为规范，普遍队伍“强大”——我方七人参加，而对方大都来了十人以上，而且均由某一投行亚太区或中国区董事总经理领衔并率一众副总裁、高级经理、经理和分析员等，可谓“浩浩荡荡”。但还是能从他们的陈述中分出伯仲。譬如，有的既往业绩极为突出，属于全球首屈一指的投资银行，而有的虽不是华尔街上的“老大”，但在辅导和承销高科技企业上市方面却成绩斐然；还有的有深厚的商业银行背景，可以为客户提供尽可能的信贷支持，而有的则在重组方面经验丰富，甚至可以直接担任财务顾问；另有的已提供了重组后股份公司的组织架构、业务架构、发展战略以及未来在资本市场上的定位，而有的却在这方面“交了白卷”；对募集资金规模，7 家投行中有的预计为 4 亿～ 6 亿美元，而有的则预计了 6 亿～ 10 亿美元。

此外，7 家投行均提出如股份公司成功上市，将收取占上市募集资金 3%（在香港上市）或 5%（在欧美上市）左右的承销费用，都算是中规中矩的报价吧。

2002 年 3 月 29 日（周五） 晴

上午，召开项目小组会议，对参加陈述的 7 家投行评价打分，建议安排得分靠前的 4 家外资投行做由褚总和司马总参加的第二轮陈述。这 4 家外资投行是美林集团、JP 摩根、雷曼兄弟、花旗所罗门。对中金公司，尽管其陈述得分未能进入前四，但考虑其具有的国内超强的人脉资源，以及近些年来在承销国

内企业重组与海外上市方面取得的优秀业绩，建议可与上述 4 家外资投行中选出的某一家投行一道组成联合承销体。

截至今天下午 5 点，共收到境内外 11 家律师行（金杜、年利达、竞天公诚、苏利文、麦坚时、海问、史密夫等）、9 家会计师所（岳华、安永、毕马威、普华永道、德勤等）、9 家评估师所（威格斯、中瑞华、中企华、中资等）和 6 家土地评估师所（中地、国地、国衡等）提交的项目建议书。

2002 年 3 月 30—31 日（周六、周日）

在公司加班。项目小组各位分头审阅和集中讨论律师行、会计师所、评估师所和土地评估师所报送的项目建议书。

周日下午，舜天与我商定律师行、会计师所、评估师所和土地评估师所进行陈述的名单，律师行 7 家（金杜、年利达、竞天公诚、苏利文、麦坚时、海问、史密夫）、会计师所 5 家（岳华、安永、毕马威、普华永道、德勤）、评估师所 4 家（威格斯、中瑞华、中企华、中资）和土地评估师所 3 家（中地、国地、国衡），并准备周一报褚总和司马总批准同意后，通知这些律师行、会计师所、评估师所和土地评估师所准备陈述。

2002 年 4 月 1 日（周一） 大风

向参加第二轮陈述的 4 家外资投行发出通知，并针对其在上一次陈述中遗漏的或需要进一步澄清的关键内容附上了要求其进一步陈述的重点问题。陈述时间为 4 月 4 日（周四），从上午 9 时至中午 12 时 40 分，每一家投行的自述时间和答辩时间共为 40 分钟，不同投行陈述的时间间隔为 20 分钟。

同时，向参加陈述的 7 家律师行、5 家会计师所、4 家评估师所和 3 家土地评估所发出通知，并针对其项目建议书提及的关键内容附上了要求其予以陈述的重点问题。陈述的时间为 4 月 4 日（周四）下午 1 时至晚上 8 时 40 分和 4 月 5 日（周五）上午 9 时至晚上 7 时 40 分，每一家中介机构的自述时间和答辩时间为 40 分钟，不同中介机构陈述的时间间隔为 20 分钟。

……

2002 年 4 月 4—5 日（周四、周五）

连续两天参加了 4 家外资投行的第二轮陈述和其他中介机构，包括 7 家律师行、5 家会计师所、4 家评估师所和 3 家土地评估所的陈述。

累！感觉身心都疲惫了……

……

2002 年 4 月 8—9 日（周一、周二）

周一上午，舜天召开项目小组会议，对参加第二轮陈述的 4 家外资投行评价打分，建议从得分靠前的两家外资投行雷曼兄弟和美林集团中选择一家与中金公司组成承销联合体（联席主承销商，并兼重组财务顾问），具体为哪一家，由集团领导定夺。

周一下午和周二上午，项目小组继续开会，对参加陈述的 7 家律师行、5 家会计师所、4 家评估师所和 3 家土地评估师所评价打分，最终建议由评价得分靠前的竞天公诚律师行和麦坚时律师行分别为公司的境内律师和境外律师（中国香港），普华永道会计师所为审计师，中资评估公司和威格斯公司分别为境内资产评估师和境外资产评估师（中国香港），国地评估中心为土地评估师。同时，向承销商推荐海问、苏利文、史密夫分别为承销商的境内律师、境外律师（美国）和境外律师（中国香港）。

……

2002 年 4 月 15 日（周一） 晴间多云

褚总和舜天上周向司马总汇报并小范围商议后，今天，集团总经理办公会最终确定雷曼兄弟与中金公司为承销联合体（联席主承销商，并兼重组财务顾问），对其他的中介机构同意项目小组最终的建议意见。

2002 年 4 月 16 日（周二） 多云

向中标的中介机构发出《确认函》，向没有中标的中介机构发出《致谢函》。

至此，恒山集团重组与海外上市项目选择中介机构的工作基本结束。

预计两家主承销商将在本周召开首次中介机构联席会议，正式开始进场工作。

……

快乐并痛苦着……

2002 年 4 月 19 日（周五） 阴

上午，在集团大会议室召开公司与中介机构的首次联席会议。司马总、褚总，以及中金公司投行部董事总经理、雷曼兄弟亚洲公司董事长兼 CEO 等出席会议，其他中介机构的主要工作人员也悉数到场。

首先是司马总、中金公司投行部董事总经理、雷曼兄弟亚洲公司董事长兼 CEO 等分别致辞，共同祝愿恒山集团重组与海外上市计划取得圆满成功。随后是中金公司投行部执行总经理和雷曼兄弟（中国）投行部董事总经理分别通报了近期的重组工作计划和海外上市工作计划。最后是竞天公诚律师行和麦坚时律师行的两位合伙人律师就即将全面铺开的尽职调查做了说明。

下午，与各中介机构签署保密协议。同时，竞天公诚和麦坚时律师行将其编制的应由恒山集团、所属企业、供应商、客户、合资合作伙伴、分销商、相关政府机关填报的不同的尽职调查问卷交予项目小组，由项目小组通过不同的方式分发。

……

2002 年 4 月 22—27 日（周一至周六）

与承销商等中介机构一同调研所属企业，包括在北京、陕西、浙江等地的生产企业和研发企业，研讨重组后的公司战略、股权及资产架构、业务架构、募集资金用途、未来盈利分析等。

周六晚 7 时由杭州返回北京。

2002 年 4 月 28—30 日（周日至周二）

陪同承销商等中介机构对集团总部各部门进行调研，包括听取集团高层对重组后的公司战略、股权及资产架构、业务架构、募集资金用途、未来盈利分析等的意见和建议。

……

2002 年 5 月 6—10 日（周一至周五）

与承销商等中介机构一同走访境内申请报批的相关部委，包括国家计委、经贸委、财政部、证监会、外管局、工商管理总局等，听取其对恒山集团重组与海外上市的意见和建议。

2002 年 5 月 11—12 日（周六、周日）

加班。

归集各类尽职调查问卷结果，统一向公司律师和承销商律师反馈，供其起草境内申请和报批文件，以及恒山股份（公司）的上市招股书。

这两天都是晴天，但漫天杨絮，幸亏我不怎么过敏。

2002 年 5 月 13 日（周一） 天气晴好

普华永道会计师所进场，开始财务审计。

由于恒山集团重组方案尚未确定，因此先安排恒山集团和几乎覆盖全部所属企业的单户的财务审计，届时再根据重组后的公司股权及资产架构，进行相应的合并户的财务审计。考虑审计结论的时效性——香港联交所（SEHK）要求的时效为 3 个月，美国证券管理委员会（SEC）要求的时效为 9 个月，本次审计的基准日确定为 2002 年 3 月 31 日。

2002 年 5 月 14—15 日（周二、周三）

与承销商（财务顾问）、律师等中介机构讨论重组方案。

基本确定如下内容：

在剥离与主营业务无关的资产和权益后，将所持北京恒山设备厂 100% 的权益和杭州恒山集团 99.1% 的权益，以及将所持宁波信息（公司）56.7% 的权益、北京恒山销售（公司）100% 的权益、北京恒山设计院 100% 的权益和合资企业——北京爱立信 49% 的权益，投入恒山股份，作为设立恒山股份的出资。

将北京恒山设备厂与主营业务无关的资产和权益，划转进入北京恒山设备厂现有的某一全资企业，再将其划转至恒山集团名下，并更名为北京恒山发展(公司)。

同此操作，将杭州恒山集团与主营业务无关的资产和权益，划转进入杭州恒山集团现有的某一全资企业，再将其划转至恒山集团名下，并更名为杭州恒山发展（公司）。

北京恒山设备厂和杭州恒山集团的在职人员，按照“人随资产和业务走”的原则，或继续留在北京恒山设备厂和杭州恒山集团，即进入恒山段份，或分别进入北京恒山发展和杭州恒山发展。北京恒山设备厂和杭州恒山集团的离退休人员，分别由北京恒山发展和杭州恒山发展负责管理。

……

2002 年 5 月 17 （周五） 多云转雷阵雨

竞天公诚律师行完成境内申请报批的文件初稿，包括《重组与海外上市申请书》《重组与海外上市方案》《公司章程（短）》《股权管理报告》《名称预核准申请》《重组与海外上市法律意见书》等。

2002 年 5 月 18—19 日（周六、周日） 多云

连续两日加班。

与承销商（财务顾问）、律师等中介机构讨论境内申请报批的文件初稿，包括澄清问题、更正错误和弥补漏失，准备下周一将修改后的全套文件初稿提交集团总经理办公会审议。

……

2002 年 5 月 21 日（周二） 阵雨

按照周一集团总经理办公会的审议意见，在对境内申请报批的文件初稿做个别调整后，分别报送了国家计委、经贸委、证监会、财政部、外管局、工商管理总局等相关政府部门。

在《重组与海外上市申请书》中，报告了恒山股份和其独家发起人——恒山集团的基本情况，恒山股份发行境外上市外资股的必要性与可行性，恒山集团重组与海外上市的基本原则；重组的主要内容，包括重组的方式、重组的业务、重组采用的法律形式——以 2002 年 3 月 31 日为评估基准日，恒山集团将纳入重组范围的资产经评估后报请财政部核准，以一定折股比例，投入恒山股份，认购恒山股份的全部股份，并制订国有股权管理方案，报请财政部批准；在发行境外上市外资股后，将根据国务院的有关规定，减持部分国有法人股以补充国家社保基金；拟发行股份的方式——将在中国香港向公众投资者公开发售中国境外上市外资股（H 股），同时在全球范围内向机构投资者配售，其中按 144A 规则向美国的机构投资者配售，并在香港联交所主板市场上市；募股资金的运用范围——增加在 3G 移动通信终端、基站和交换设备，数据网络通信和网管系统等产品的研发、生产和销售平台方面的投资，以及优化公司资本结构，提高资本金率，降低财务费用等。

在该《重组与海外上市申请书》中，还列出如下重组与海外上市工作计划。

4 月 X 日，召开公司与中介机构首次联席会议。此后，原则上每周召开一次联席会议。

5 月 X 日，分别向国家计委、经贸委、财政部、证监会等报送重组与海外上市申请报批文件。

6 月 X 日，向财政部报送资产评估报告。

6 月 X 日，向财政部报送国有股权管理方案。

7 月 X 日，向香港联交所递交 A1 表。

7 月 X 日，经贸委批准恒山股份设立，召开恒山股份首次股东大会、董事会、监事会，以及恒山股份创立大会。

7月X日，经贸委批准恒山股份转为境外募集的股份公司。

7月X日，中国证监会批准恒山股份的上市申请。

8月X日，香港联交所安排聆讯。

8月X日，开始海外路演。

9月X日，定价发行。

9月X日，公司股票在香港联交所上市交易。

……

2002年5月23日（周四） 多云

按照恒山股份的股权及资产架构，普华永道会计师所完成相应的单户和合并户的财务审计报告。

2002年5月24日（周五） 多云

在上述财务审计报告的基础上，中资评估公司和威格斯公司，以及国地评估中心进场，分别开始进行资产评估和土地价值评估。

……

2002年5月27—6月5日

与承销商（财务顾问）、律师等中介机构详细讨论对策方案，并逐户解决在重组中北京恒山设备厂和杭州恒山集团剥离的、与主营业务无关的资产和权益的处置问题。

2002年6月6日（周四） 多云

证监会出具对恒山集团《重组与海外上市申请书》等文件的受理函。

2002年6月7日（周五） 多云，午后时有阵雨

今天，麦坚时律师行完成恒山股份上市《招股书（第一稿）》。

2002年6月8日（周六） 小雨

在公司加班。

与承销商（财务顾问）、律师等中介机构讨论《招股书（第一稿）》，包括澄清问题、更正错误和弥补漏失。

……

2002年6月10日（周一） 晴

集团总经理办公会向项目小组通报了已纳入重组与海外上市计划的，由恒山集团直接投资的合资企业——北京爱立信和通过北京恒山设备厂间接投资的合资企业——北京诺基亚的外方股东，拟对其在华企业进行重组的情况，要求项目小组与承销商（财务顾问）、律师等中介机构沟通，商讨具体对策。

2002 年 6 月 11 日（周二） 晴

向承销商（财务顾问）、律师等中介机构通报已纳入重组与海外上市计划的两家合资企业的外方股东，拟对其在华企业进行重组的情况。

中介机构认为，这两家合资企业重组后，如果恒山集团即未来的恒山股份直接或间接所持的股权小于了外方所持的股权，则表明恒山集团即未来的恒山股份对这两家合资企业已失去了产业控制力。这显然与恒山集团重组与海外上市计划中的业务与资产结构大相径庭，即不得不对原有的向国际资本市场讲述的“投资故事”做出调整。

为此，中介机构建议，恒山集团应该尽快与这两家合资企业的外方沟通、商谈，告知恒山集团已经启动的重组与海外上市计划，希望得到外方的理解和支持，暂缓操作这两家合资企业的重组。

会后，舜天与我向褚总和司马总做了汇报。

经商议，集团同意中介机构的建议，由公司国际合作部或项目小组牵头，中介机构参与，立即与这两家合资企业的外方会谈，争取有利于我方的最好结果。在会谈未果之前，恒山集团重组与海外上市计划仍将继续推进。

……

2002 年 6 月 14 日（周五） 多云

参加由国际合作部牵头，与北京爱立信的外方会谈，争取外方能够暂缓操作该合资企业的重组。

从会谈中获知，爱立信在华企业重组的基本思路是，调整北京爱立信和南京爱立信的业务与资产结构。调整后，北京爱立信和南京爱立信将分别生产移动终端和基站系统，外方股东的持股比例在两个合资企业中保持不变，而两个中方股东则由原来分别只在一个合资企业中持股，变为同时在两家合资企业中持股，但持股比例均会降低（根据测算结果，每一个中方股东从两个合资企业中分得的利润之和会高于目前只从一个合资企业中分得的利润）。对其在华企业的重组时间，爱立信估计将在 2002 年第四季度左右进行。

爱立信同时表示，将支持恒山集团的重组与海外上市计划。

……

2002年6月17日（周一） 阴，有小雨

国地评估中心完成土地价值评估报告。

中资评估公司和威格斯公司完成含土地价值评估数据的《资产评估报告（草稿）》。

项目小组向承销商、律师等中介机构通报上周五与北京爱立信外方的会谈情况。公司与中介机构分析后得出的结论是，爱立信在华企业重组会对恒山集团重组与海外上市的“投资故事”和时间窗口等有影响，但这些影响还在可以接受的范围内。

……

2002年6月18—20日（周二至周四）

项目小组会同恒山集团财务部审核，并由中资评估公司和威格斯公司做出适当调整后，经褚总审批同意，中资评估公司和威格斯公司出具含土地价值评估数据的《资产评估报告》。

周四下午，该《资产评估报告》由恒山集团上报财政部，请其予以核准。

……

2002年6月24日（周一） 晴转多云

舜天、我和冯树国一行，与北京诺基亚的外方会谈，争取外方能够暂缓操作该合资公司的重组。

从会谈中获知，诺基亚在华企业重组的基本思路是将苏州诺基亚和东莞诺基亚等企业合并进入北京诺基亚。外方股东的持股比例会在合并后的合资企业中有所提高，而中方股东则由原来分别只在一个合资企业中持股，变为都在合并后的合资企业中持股，但持股比例均会降低。由于目前此重组项目尚处于分析、测算阶段，所以具体细节诺基亚方面还无法告知。

对是否支持恒山集团重组与海外上市一事，诺基亚表示还需要分析研究后才能予以答复。

双方约定，十天后将再次举行会谈。

2002年6月25日（周二） 阴转中雨

与承销商（财务顾问）、律师等中介机构讨论由麦坚时律师行完成的恒山股份上市《招股书（第二稿）》。与第一稿相比，第二稿主要增加了关于“同业竞争”“关联交易”等章节。

2002年6月26日（周三） 晴

一整天，包括晚上都在公司准备拟向证监会提供的恒山集团重组与海外上市项目的汇报材料（PPT）。因集团大楼的中央空调在下午下班后停机，大楼里很热，让人汗流浃背，快天亮时我才急急忙忙赶回家冲了个澡，换下满是汗渍的衣服，又迎着已跃出地平线的那一轮火红的太阳出门，再赴公司……

2002年6月27日（周四） 晴，骄阳似火

举行由证监会主持，国家计委、经贸委、财政部等部委参加的恒山集团重组与海外上市项目协调会。会议听取了恒山集团关于重组与海外上市项目的情况汇报，对项目涉及的审批事项进行了分工，对项目上报文件中存在的问题向公司进行了反馈，要求尽快向相关部委上报补充材料。

2002年6月28—30日（周五至周日）

项目小组与中介机构一同完成拟向相关部委上报的补充材料，包括国家计委关注的募集资金投入的具体项目、经贸委关注的全部以权益出资设立股份公司①和在名称中使用“中国”字头②，以及证监会关注的内部同业竞争、关联交易等问题的说明材料，准备下周一报出。

2002年7月1日（周一） 晴

如期向相关部委上报恒山集团重组与海外上市项目的补充材料。

2002年7月2日（周二） 晴，薄云

收到财政部出具的对恒山集团重组与海外上市项目资产评估报告的核准通知。

恒山集团投入恒山股份的总资产为78亿元，负债为45亿元，净资产为33亿元，扣除少数股东权益后的权益为29亿元。

2002年7月3日（周三） 傍晚有雷暴，北部山区还下了很大的冰雹

我和冯树国，以及承销商、律师等中介机构一道与北京诺基亚的外方再次举行了会谈。

这次会谈的焦点主要集中在两个方面，一是诺基亚在华企业重组的时间问题——我方希望该重组放在恒山集团重组与海外上市计划实施之后，而外方则

① 《中华人民共和国公司法》（1999年版）第二十四条规定，“股东可以用货币出资，也可以用实物、工业产权、非专利技术、土地使用权作价出资……”，而未提及可以用企业权益出资，因此，该事项需获得国务院批件。

② 企业名称中使用“中国”字头须获得国务院批件。

坚持该重组要放在恒山集团重组与海外上市计划实施之前；二是诺基亚在华企业重组后，北京恒山设备厂在北京诺基亚中的持股比例、董事会构成、对重大事项的表决权、每年利润分配的比例等问题——实质是如何保证小股东的利益问题（因为在该重组前，北京恒山设备厂在北京诺基亚的持股比例与外方相同，各占 50%，在合资企业的生产经营上属于中外双方共同控制，但在重组后则可能变为 22%，沦为小股东，对合资企业的生产经营已失去了话语权）。

尤其使人愤怒的是，外方个别人员在会谈中表现出来的那种不可一世的傲慢态度……直到我在忍无可忍的情况下给予了“反击”，他才有所收敛。

P.S.

让我万万没有想到的是，后来这样的会谈竟断断续续地拖了 8 个月之久，致使恒山集团的重组与海外上市计划被迫在 2002 年 9 月按下了“暂停键”。直到 2003 年 6 月，才由国资委批准恒山集团发起设立恒山股份，并由工商管理总局在 2003 年 7 月核发了恒山股份的营业执照，标志着恒山集团的重组计划终于落下了帷幕。但恒山集团的海外上市计划却因失去了原定的发行上市的时间窗口，加之其自主产业的经营业绩在 2003 年和 2004 年出现大幅下滑，就此搁浅，也在我心里留下了某种虽若隐若现，却永远无法去除的伤痛。

王松涛 2007 年 1 月 16 日（周二）补记

问题

您如何评价恒山集团的重组与海外上市计划？在重组与海外上市时机、资产和业务架构，以及恒山股份的定位和投资概念上，该重组与海外上市计划的设计是否合理？

您认为导致恒山集团海外上市计划搁浅的主要问题是什么？是否还有其他的上市融资方案能够规避或破解这些主要问题？

7.2 投，还是不投

2013 年 7 月 22 日晚 8 点 18 分，鄱阳集团主管投融资业务的副总经理贺天健接到总经理齐辉的电话，要求他尽快带队去一趟江苏无锡，与无锡世达（公司）破产清算组会谈，对是否收购该公司提出工作建议。

7月24日上午9点30分，贺天健率投资部一行3人抵达无锡，与无锡世达清算组组长彭江东等进行了会谈。

彭江东介绍了该公司2013年3月20日进入破产重整程序后，清算组所做的一系列工作：盘点和清理资产，接受债权人申报，提出破产重整设想，以及同步对主要业务关联企业、海内外出资企业等，通过债转股等方式进行重整。接下来，将通过报名、资格审查、尽职调查、提交投标文件、进行专业评议等招募程序，筛选战略投资者。目前，清算组的工作时间只剩下两个多月，比较紧迫。

彭江东强调，非常希望像鄱阳集团这样的中央企业，能够单独或以组团的方式成为该公司破产重整的战略投资者。

贺天健简单介绍了鄱阳集团的企业定位、产业布局和业务经营情况，对清算组邀请鄱阳集团参与该公司的破产重整表示感谢，指出鄱阳集团对外投资通常以产业投资为主，而且为了主导出资企业的产业运营，一般需要对其控股。是否成为该公司的战略投资者，首先要看该公司的产业与鄱阳集团现有产业是否契合，其次要看鄱阳集团一旦入主该公司后，经过重整和改善管理，该公司是否能够实现盈利。因此，鄱阳集团需要对该公司的基本情况做进一步的了解。

作为回应，彭江东介绍了无锡世达的基本情况：具备年产2.1GW（吉瓦）晶硅电池和2.4GW电池组件的生产能力。2012年实现销售收入约92.4亿元，发生销售成本约82.4亿元，当期亏损约1.4亿元。现有员工约3050人，其中生产人员约2400人，最高峰时有员工15000人。总资产约35亿元，含部分现金和应收账款等约10亿元，其余占大头的是土地厂房和生产线设备；负债约105亿元，包括职工债权、税务债权、有抵押担保债权等，约10亿元，以及普通债权——金融机构贷款和应付账款等约95亿元；净资产约-70亿元，这些都是账面值。目前，该公司的生产运营仍由原管理团队负责维持。

彭江东还谈了清算组对该公司破产重整的设想：对约95亿元的普通债权进行大幅度打折，拟筹备召开债权人会议，表决通过偿债方案；原股东持有的100%股权将全部无偿让渡；预计接盘的企业或企业群要出资30多亿元的现金用于偿债，可能还要考虑一笔接盘后维系该公司正常运营的流动资金；重整后，该公司的资产应该是干净的，原有的债务会基本清零。

贺天健就此表态，鄱阳集团将对是否收购该公司进行分析研究，尽快答复。

当日下午6点15分，贺天健一行回到北京。在无锡硕放机场候机时，贺天健安排投资部对此行了解的情况和此前已掌握的资料进行分析，并在两日内提交项目分析报告。由于鄱阳集团与该公司在产业契合度上有一定的相关性，因此分析可从导致该公司破产的主要原因入手，判断鄱阳集团如果收购该公司，是否能够解决导致该公司破产的问题？所付出的代价有多大？回报有多大？在听取同行其他人意见后，贺天健初步判断，鄱阳集团收购该公司的可行性应该不大。

当日晚8点12分，贺天健通过电话向齐辉汇报了此行的简要情况。

7月25日下午4点，经贺天健审核，投资部向齐辉提交《关于收购无锡世达的项目分析报告》（见附件）。该项目分析报告的结论是："……鄱阳集团不宜出资收购该公司"。

7月26日下午1点，该项目分析报告经齐辉审批同意，由投资部向无锡世达清算组去函：经研究，鄱阳集团无意作为战略投资者参与该公司的破产重整。

附件：

关于收购无锡世达的项目分析报告

（1）项目基本情况

无锡世达（即标的公司）成立于2001年1月，营业期限为50年，为世达电力（公司）（其实际控制人，在开曼群岛注册，2005年12月14日在美国上市）的全资孙公司（见图7.1），企业性质为外资的有限责任公司，注册资本2.992亿美元，实收资本2.992亿美元，经营范围为从事研究、开发、生产、加工太阳能电池及发电产品系统……是其实际控制人旗下规模最大的生产基地，占地约274.5亩，厂房等建筑物约20万平方米，具有年产2.1GW晶硅电池和2.4GW电池组件的生产能力。目前[①]，新建产能各100MW（兆瓦）晶硅电池和电池组件项目，总投资约为1.5亿元（不含土地购置，含基建和环保投资）。

标的公司的主业与鄱阳集团目前主业中的建筑节能改造、合同能源管理和电动汽车充电业务有一定的相关性，但除非未来鄱阳集团要涉足光伏发电业务，且最好还是较大型或大型的光伏发电站业务，否则，这种相关性不会很大。

① 指本报告完成之日。

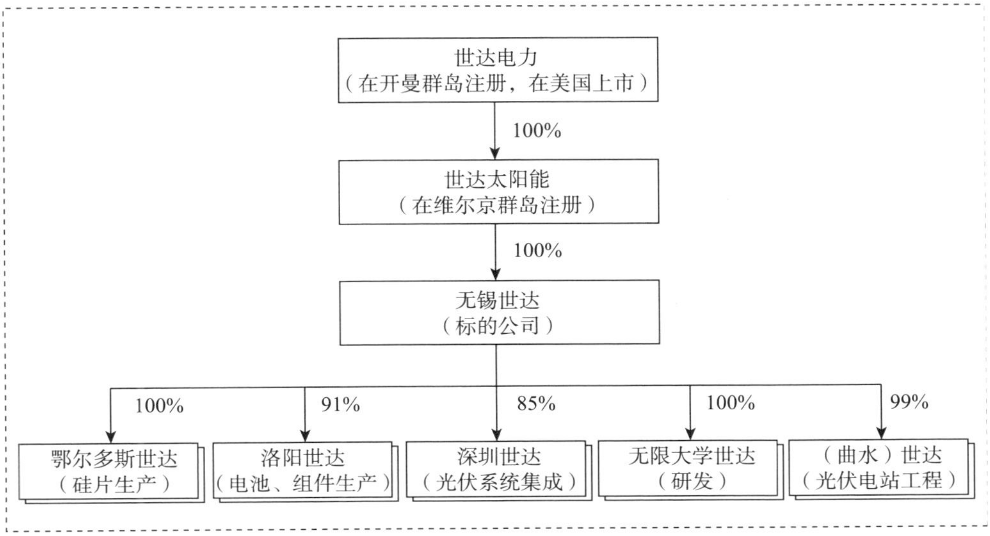

图 7.1　无锡世达的组织层级架构

近年来，受国内光伏行业产能严重过剩，以及欧美先后对中国光伏产品实施“双反”①②等影响，标的公司经营严重亏损，负债率大幅攀升，财务状况持续恶化，大量债务到期不能有效偿还，陷入资不抵债的困境。

① 2011 年 10 月 18 日，美国太阳能制造联合会向美国商务部和美国国际贸易委员会提交申诉，要求对“中国政府支持的太阳能企业将具有优厚补贴的太阳能电池和组件，向美国市场进行大规模非法倾销的浪潮”予以制裁。12 月 2 日，美国国际贸易委员会初裁认定，中国输美的光伏产品价格低于其合理价值并得到中国政府补贴，对美国的光伏产业造成损害，该案将正式进入美国商务部调查阶段。2012 年 3 月 20 日，美国商务部宣布对反补贴调查的初裁结果，决定对中国输美的光伏产品征收 2.90% ～ 4.73% 的反补贴税，并追溯 90 天。5 月 17 日，美国商务部宣布对反倾销调查的初裁结果，决定对中国输美的光伏产品征收 31.14% ～ 249.96% 反倾销税。10 月 9 日，美国商务部对该“双反”案做出终裁，决定对中国输美的光伏产品征收 14.78% ～ 15.97% 的反补贴税和 18.32% ～ 249.96% 的反倾销税。11 月 7 日，美国国际贸易委员会终裁认定中国输美的光伏产品对美国的光伏产业造成了实质性损害，美国将对此类产品征收反倾销和反补贴税。对此，中国政府做出了正当、合理、必要的反制。

② 2012 年 7 月 24 日和 8 月 23 日，欧洲光伏制造商联盟、欧盟太阳能电池行业若干成员分别向欧盟委员会提交申讼，要求对中国竞争者是否向欧盟市场倾销光伏产品进行调查。9 月 6 日，欧盟委员会正式宣布将对进口自中国的光伏产品进行为期 10 ～ 15 个月反倾销调查，涉及金额高达 210 亿欧元。9 月 14 日，中国商务部国际贸易谈判副代表崇泉率中国政府代表团在布鲁塞尔，同欧盟贸易总司司长德马迪就欧盟对中国光伏产品的反倾销案进行磋商。9 月 19 日，商务部部长陈德铭与欧盟贸易专员德古赫特就该事件进行了讨论，欧盟在对华光伏产品反倾销调查上的态度“有所缓和”。2013 年 6 月 4 日，欧盟委员会经初裁，决定从 6 月 6 日到 8 月 6 日对产自中国的光伏产品征收 11.8% 的临时反倾销税，而在 8 月 6 日后该税率将升至 47.6%。6 月 5 日，中国商务部新闻发言人沈丹阳就欧盟对中国光伏产品征收临时反倾销税一事发表谈话，中方坚决反对欧方的征税措施，希望欧方进一步拿出诚意，通过磋商找到双方都能接受的解决方案。沈丹阳同时表示，作为回应，中国政府已启动对欧盟葡萄酒反倾销和反补贴的调查程序。

2013 年 3 月 18 日，中国多家银行以标的公司不能清偿到期债务为由，向无锡中院申请对标的公司进行破产重整。3 月 20 日，无锡中院裁定批准标的公司进入破产重整程序，并成立清算组。

清算组经盘点、清理、债权人登记和内部资产重整，查实目前标的公司的账面总资产约 35 亿元，含部分现金和应收账款等约 10 亿元；负债约 105 亿元，包括职工债权、税务债权、有抵押担保债权等，约 10 亿元，以及普通债权——金融机构贷款和应付账款等约 95 亿元；净资产约 -70 亿元。

近期，清算组正通过招募程序，筛选战略投资者单独或组团接盘标的公司。

如果鄱阳集团单独收购标的公司，预计需要出资30亿元现金用于偿还债务。其中，职工债务、税务债务、有抵押担保债务等全额偿还，普通债务等打折偿还。由于标的公司原有的现金和应收账款将一并用于偿还债务，因此，在收购标的公司后，为保证其正常运营，可能还需要向其提供 5 亿～ 10 亿元的流动资金。

如果鄱阳集团组团收购标的公司，预计需要按照控股比例出资用于偿还债务（在控股 51% 时，应出资 17.85 亿元现金）。同时，由于标的公司原有的现金和应收账款将一并用于偿还债务，因此，在组团收购标的公司后，为保证其正常运营，可能还需要按照控股比例向其提供流动资金（控股 51% 时，应提供 2.55 亿～ 5.1 亿元现金）。

（2）标的公司外部市场及竞争环境分析

第一，产能严重过剩，行业竞争异常激烈。

中国经济的产能过剩问题在钢铁、水泥、煤炭、造船等传统行业早就存在，2008 年国际金融危机后，在一系列经济政策引导下，这种产能过剩的矛盾进一步蔓延到光伏和风电等新兴产业：在短短几年时间里，全国有超过 300 个地市都“一窝蜂”地上马了光伏项目，重复建设导致无论是硅料、硅锭，还是光伏电池及电池组件等的平均产能利用率——指产量与产能的比率，大多低于 60%（见表 7.1 和表 7.2），即产能严重过剩！

表 7.1　2008—2012 年国内硅料、硅锭等的产量与产能对比情况

科目	时间				
	2008年	2009年	2010年	2011年	2012年
产量/t	4685.00	20071.00	45000.00	84000.00	100000.00
产能/t	15000.00	40000.00	85000.00	160000.00	200000.00
产量/产能	31.23%	50.18%	52.94%	52.50%	50.00%

注：数据源自赛迪智库。

表 7.2　2008—2012 年国内光伏电池、电池组件等的产量与产能对比情况

科目	时间				
	2008年	2009年	2010年	2011年	2012年
产量/GW	2.40	4.40	11.00	24.00	21.00
产能/GW	4.50	6.80	23.00	40.00	36.00
产量/产能	53.33%	64.71%	47.83%	60.00%	58.33%

注：数据源自赛迪智库和中国电池工业协会。

产能严重过剩的后果，一方面是企业开工不足，厂房设备等固定摊销费用巨大，另一方面是为抢夺订单而大打价格战，产品售价一再走低（见表 7.3）。这导致光伏制造行业的平均毛利率每况愈下（见表 7.4），甚至在 2012 年陷入全行业平均毛利率为负的惨淡境地。

表 7.3　2008—2012 年光伏电池组件平均价格变动情况

	2008年	2009年	2010年	2011年	2012年
价格/（美元/W）	2.92	1.98	1.70	1.30	0.94

注：数据源自 Solarbuzz和前瞻产业研究院。

表 7.4　2008—2012 年国内光伏制造企业的平均毛利率变动情况

	2008年	2009年	2010年	2011年	2012年
毛利率	32.50%	27.50%	23.75%	7.25%	−2.25%

注：数据源自 PV-insigh。

第二，国内需求尚未进入高速成长期，出口欧美又先后遭遇“双反”。

用户购买光伏产品，主要是为了用于离网发电或并网发电，前者包括小型或较小型的工业光伏系统、农村或偏远地区光伏系统等，后者则为较大型或大型的光伏电站。

尽管在“十二五”期间，我国大力调整能源产业结构，加快发展风能、太阳能等其他可再生能源，但截至 2013 年 7 月，国内需求仍主要集中在离网发电，每年的装机量不大，而欧美国家的需求早已由离网发电过渡到了并网发电，2008—2012 年，每年的装机量都会高出中国数倍、数十倍，甚至上百倍（见表 7.5）。

表 7.5　2008—2012 年中国和全球光伏电站装机量对比情况

科目	时间				
	2008年	2009年	2010年	2011年	2012年
中国/GW	0.04	0.16	0.50	1.20	3.40
全球/GW	5.60	7.40	17.00	21.50	24.40
中国/全球	0.71%	2.16%	2.94%	5.58%	13.93%

注：数据源自赛迪智库和欧洲光伏产业协会。全球包括欧美、中日韩、东南亚和南亚等国家。

对比表 7.2 和表 7.5 可以发现，2008 年至 2012 年，我国生产的 90% 以上的光伏电池、电池组件等要通过出口海外（主要是欧美市场）才能实现销售，一旦欧美国家抡起“双反大棒”，我国光伏产品制造企业就难以承受，制裁加征的高额税额将使我国光伏产品毫无竞争力和利润，只能被迫退出欧美市场——仅在美国对我国实施“双反”税率后，我国就有数以百计的光伏企业被迫停产，而我国对美出口只占中国光伏产品出口额的 20%，对欧出口则高达 70%，如欧盟也对我国实施“双反”税率，将使我国光伏产业遭遇“灭顶之灾”。

（3）标的公司内部情况分析

第一，我国最早和最大的光伏产业企业之一，一度声名显赫。

标的公司 2001 年年初宣告成立，是其实际控制人旗下规模最大的生产基地，拥有发明专利 101 项、实用新型专利 249 项和外观设计专利 7 项，全盛时有员工一万五六千人，光伏组件的出货量连续两年达到全球第一（2010 年 1.57GW，2011 年 2.1GW），曾为行业龙头，在业内享有很高的知名度。

第二，试图向产业链上下游延伸，但投资回报并不尽人意。

标的公司本身定位于光伏产业链（见图 7.2）的中游环节，近几年其实际控制人却数次通过投资控股或参股方式向产业链上下游延伸发展，以期分享产业链上下游的利润，但结果并不理想，甚至可用“悲催”来形容。

一是为了掌控产业链上游的硅源，2006 年标的公司与美国某硅片企业签订了一份为期十年的硅片采购合同，将以 40 美元 / 片的价格从该硅片企业采购硅片——当时硅片的市场价格约为 80 美元 / 片，以差不多市场价格的一半拿到的这份合同，曾经让无数同行心生羡慕。但好景不长，随着 2008 年国际金融危机后国内晶硅产能的急剧扩张，硅片价格一路狂跌至 2.4 美元 / 片，此时手握这份十年期的硅片采购合同就如同捧着一个烧得发红的铁块——痛苦不堪。在与该硅片企业多次协商力求改变合同价格不成后，只好在 2011 年单方面终止该合同，并向对方赔付了 2.12 亿美元的违约金。

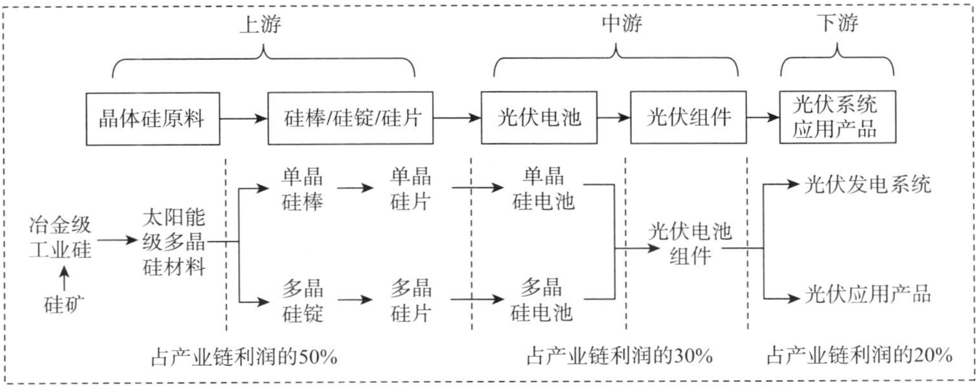

图 7.2　光伏产业链分布

二是为了掌控产业链下游，以消化自身晶硅电池和电池组件的巨大的出货量，2008 年 6 月标的公司出资 2.58 亿欧元认购了欧洲某太阳能基金 86% 的股份，成为该基金的有限合伙人（LP）。通过该基金，标的公司的确获得了意大利 145 兆瓦的光伏电站项目，既可以扩大其电池组件在欧洲的销售，还能分享该基金在出售光伏电站时的投资收益。其间，为上述光伏电站项目的融资提供了 5.6 亿欧元的担保，而该基金管理公司，即该基金的一般合伙人（GP）以等值的德国政府债券提供了反担保。但万万没有想到的是，2012 年 7 月发现这一反担保文件竟有可能是伪造的——那笔 5.6 亿欧元的德国政府债券有可能并不存在！在紧急情况下，只得通过当地法院冻结了该基金、该基金管理公司和其主要运营者的全部资产，同时由法院指派一位独立经理人临时负责该基金及其所投项目的运营。但法院什么时候开庭，以及是否能够获得满意的结果，还是未知数，这给 5.6 亿欧元的担保资产带来了极大的风险。

三是为避免过多地依赖价格高企的晶硅材料，2007 年 5 月标的公司宣布投资 3 亿元在上海建立开发基地，进行非晶硅薄膜电池研发，并在当年达到了 400MW 的试制规模。而 2008 年国际金融危机后，随着晶硅材料和晶硅电池的价格急剧下跌，处于发展初期的非晶硅薄膜电池毫无市场竞争力，只能在 2010 年下半年下马，当初 3 亿元的投资几乎全部“打了水漂”。

第三，借贷节节攀升，债务危机凸显。

在未获得标的公司详细财务数据的情况下，从其实际控制人公布的上市公司财报中可以看出，其2008—2011年以及2012年一季度[①]的短期偿债能力近三年来逐年下降，表现堪忧（见表7.6）。

表7.6　2008—2011年以及2012年一季度其实际控制人短期偿债能力指标的变化情况

科目	时间				
	2008年	2009年	2010年	2011年	2012年（一季度）
流动比率	1.35	1.42	1.02	0.80	0.32
速动比率	1.06	1.20	0.75	0.57	0.12
现金比率	0.52	0.68	0.37	0.19	0.15

同样，从其实际控制人公布的上市公司财报中可以看出，在其2008—2011年以及2012年一季度的长期偿债能力指标中，一是资产负债率2010—2011年节节攀升，2012年一季度更是突破了80%，反映其长期偿债能力严重不足；二是负债与股东权益比率一直超过1倍，2011年和2012年一季度更是分别超过了3倍和4倍，反映其股本金等股东权益远小于负债，债权人正面临极大的风险；而利息保障倍数在2011年和2012年一季度出现负数，说明其息税前利润已无法保证及时、足额地偿付到期的贷款利息，债权人要指望其还能够归还贷款本金可能就更是“水中望月”了（见表7.7）。

表7.7　2008—2011年以及2012年一季度其实际控制人长期偿债能力指标的变化情况

科目	时间				
	2008年	2009年	2010年	2011年	2012年（一季度）
资产负债率	62.00%	60.00%	64.00%	79.00%	82.00%
负债与股东权益比率	1.60	1.47	1.78	3.76	4.45
利息保障倍数	1.44	1.94	3.85	-6.73	-2.95

第四，受国内光伏行业产能严重过剩，以及欧美先后对中国光伏产品实施“双反”等影响，近年来经营亏损严重。

从标的公司实际控制人公布的上市公司财报中可以看出，在其2008—2011年以及2012年一季度的盈利能力指标中，毛利率自2009年以来持续下跌，

① 至今标的公司的实际控制人仍未公布2012年年度财报，只公布了2012年一季度财报。此事已违反美国纽交所的有关规定。

2012 年一季度已不足 1%；营业利润率自 2008 年以来一直下跌，2011 年和 2012 年一季度营业利润率更是由正转负；除 2010 年因投资收益较高，使其资产报酬率和股东权益报酬率分别高于 5% 和 10% 之外，其余年份的资产报酬率和股东权益报酬率均较低，且在 2011 年和 2012 年一季度也是由正转负，已基本不具备产业投资的价值（见表 7.8）。

表 7.8　2008—2011 年以及 2012 年一季度其实际控制人盈利能力指标的变化情况

科目	时间				
	2008年	2009年	2010年	2011年	2012年（一季度）
毛利率	17.83%	21.38%	18.71%	12.30%	0.59%
营业利润率	5.67%	4.74%	3.62%	-24.82%	-36.83%
资产报酬率	1.26%	2.45%	5.70%	-21.55%	-2.85%
股东权益报酬率	2.90%	6.02%	13.62%	-71.89%	-15.15%

（4）分析结论和工作建议

综上所述，本报告给出以下分析结论。

第一，标的公司所在的行业尽管号称“新材料”“新能源”产业，其实已是一个技术门槛不高的资本密集型的产业，投资周期较长、投资回报率较低，且各个制造环节产能过剩，需要靠大规模和低成本才能取胜。同时，这是一个对政策（国内外）的依存度较高且市场充分全球化的产业，国内对光伏发电的导向政策和欧美实施的“双反”政策，直接决定着包括标的公司在内的硅晶电池和电池组件制造企业的“命运”。

第二，鄱阳集团与标的公司的产业存在一定的相关性，但目前这种相关性不大。

第三，标的公司由曾经的一骑绝尘到今天的破产重整，有其内部自身盲目投资，向产业链上下游扩张不当，以及债务管理失控，致使现金流断裂等问题，而更多地在于整个行业产能过剩和欧美实施“双反”等所造成的外部市场及竞争环境的不利影响。

第四，标的公司内部的问题，经此次破产重整、新股东接盘后，有可能得到部分甚至全部解决，但对于标的公司因外部市场及竞争环境所带来的问题，却是任一收购方无能为力和无法解决的。

因此，鄱阳集团不宜出资收购该公司。

投资部给出的工作建议是，在本分析报告经公司审批、同意后，投资部向无锡世达清算组去函：经研究，鄱阳集团无意作为战略投资者参与该公司的破产重整。

问题

您认为鄱阳集团是否应该收购无锡世达？鄱阳集团放弃收购无锡世达的理由是否充分、合理？

7.3 参与 PPP 项目投资，你敢吗

腾达科技（公司）是一家向市场提供行业信息化软硬件产品的高科技企业。企业不大，资产四五千万元，员工五六十人，营收六七千万元，但销售利润率每年大都超过 10%。

腾达科技以前一直都是直接向市场销售产品，这与千千万万家实体企业的经营方式是一样的，但从 2015 年开始，作为其主要客户之一的各级地方政府却因自身投资体制的改变，纷纷将过去直接投资建设项目的形式转变成了 PPP 项目[①] 的形式后，腾达科技再向各级地方政府销售信息化产品，如各类城市信息化应用系统时，可能就只得以 PPP 项目的形式参与了。

这对腾达科技来说，显然已成为影响其经营发展的一个新问题。

是否参与 PPP 项目投资？公司总经理庞洪万向公司董事长鲍毅做了电话汇报。

“鲍董事长，公司最近在谈的几个涉及地方政府的信息化项目，对方都相继提出要以 PPP 项目的方式来签订和履行合同。也就是说，我们要先和一家在当地的、与地方政府有关联的企业共同投资设立一家 PPP 项目公司，再由该 PPP 项目公司采购我们提供的信息化软硬件产品并建设信息化基础设施，建成开通后为政府和社会有偿地提供相应的信息化公共服务，最终使该 PPP 项目公司可以收回项目建设投资并实现其经营发展的良性循环。”

---

① PPP，即 Public（公众的、政府的）、Private（私有的、民众的）、Partnership（合作关系、合营企业），而 PPP 项目，广义指所有的公私合作项目，狭义则指公私双方共同投资建立 PPP 项目公司，再由该 PPP 项目公司投资建设各类基础设施，并在建成开通后向政府和社会有偿提供相应的公共服务。

“这会成为今后公司产品销售的一种趋势吗？”

“有可能。至少政府投资的信息化基础设施建设项目，在很大程度上会是如此。”

“如果我们不参与，就会丢掉不少地方政府的信息化项目合同了。这肯定不行。”

“经营管理层也这样认为。”

“那好，看能不能这样，”鲍毅略做思考后在电话里对庞洪万提出了要求，“庞总，你可以安排公司（董事会）办公室会同公司政府客户部先拿出一个腾达科技参与 PPP 项目投资的基本规范来，内容要包括，一是参与 PPP 项目的范围有哪些，是所有的市政建设、文教卫体领域和信息化项目等，还是只限于信息化项目；二是对……”

“哦，对不起，鲍董事长，麻烦您说慢一点，我拿笔记一下。” 庞洪万打断了鲍毅的讲话。

“好的。”鲍毅放慢了语速，接着说，“二是对 PPP 项目公司投资的要求，都有些什么，比如是否应纳入年初的投资预算，是否要对其控股，投资回报标准是多少，其是否应承诺从我方购买产品的单价和数量等；三是地方政府应给出哪些保证条件，比如是否要为 PPP 项目公司的融资提供支持，是否要取得地方政府给予的特许经营权、价格补贴，以及未来会为购买服务支付费用的政策文件等。”

“好的。”庞洪万答应着。

“文案出来后，先发给我看看。如果没有什么问题，你们就可以形成正式议案提交公司董事会审议了。”鲍毅最后说。

……

2014 年 10 月，腾达科技董事会经审议，批准了经营管理层提交的关于提请审议《腾达科技有限公司参与 PPP 项目投资的基本规范》（见附件一）的议案，为公司未来参与 PPP 项目投资打下了良好的制度基础。

同年 12 月，腾达科技董事会又经审议，批准了经营管理层提交的关于提请审议《腾达科技有限公司参与 XX 市 PPP 项目投资的可行性研究报告》（见附件二）的议案，为公司正式参与 PPP 项目投资鸣了锣、开了张。

附件一：

腾达科技有限公司参与PPP项目投资的基本规范

为规范腾达科技有限公司（以下简称腾达科技或公司）稳妥、有效地参与PPP（Public-Private-Partnership）项目投资，根据国家政策和腾达科技《股权投资管理规定》的相关要求，特制订本规范。

第一条　本规范所称PPP项目，仅指腾达科技与地方政府或地方政府出资企业投资设立PPP项目公司，以此PPP项目公司为平台开展基础设施建设，并提供公共服务的项目。项目类型主要涵盖各地的文化、教育、卫生、体育、养老、旅游等领域的智慧城市项目，以及政府应急指挥、公安监控、交通调度、大数据中心等政府通信专网及政府信息化项目。暂不包括各地的市政建设项目，如城建、路桥及各类管网基建和“三废”处理项目等。

第二条　腾达科技投资设立PPP项目公司，不得使公司的资产负债率水平超过70%，且需纳入年度投资预算，并不会对自身经营现金流和完成年度整体经营预算造成负面影响。

第三条　腾达科技作为PPP项目公司的股东，除获取PPP项目公司的投资收益（内部收益率IRR不低于5%，每年分红比例不低于可分配利润的50%）外，还应作为PPP项目的承建方，获取相应的软硬件产品销售及相关服务收入，以确保公司实现相应的产业收益。

第四条　腾达科技只在同一个城市（地级市及以上）中投资设立一个PPP项目公司，且对资产负债率较高或预计投资收益较低的PPP项目公司，原则上不控股，也不合并该PPP项目公司的财务报表。

第五条　腾达科技投资PPP项目，应预先落实地方政府对PPP项目公司的各项承诺。这些承诺包括但不限于：

一是对地方政府承担的融资担保和为购买服务支付相应费用等行为，要列入地方财政预算并获得地方人大的批准。

二是对地方政府给予的特许经营权、价格补贴、其他配套优惠政策等，地方政府要做出相关的会议决议，出具会议纪要或正式批复或书面承诺。

第六条　本规范由腾达科技（董事会）办公室负责解释。

附件二：

腾达科技有限公司参与 XX 市 PPP 项目投资的可行性研究报告

根据腾达科技有限公司（以下简称腾达科技或公司）的发展战略、2015 年的经营预算和投资预算，并依据公司《股权投资管理规定》和《腾达科技有限公司参与 PPP 项目投资的基本规范》，公司政府客户部近期编制完成了《腾达科技有限公司参与 XX 市 PPP 项目投资的可行性研究报告》。现呈上，请予以审批。

第一节　项目概况

（1）项目背景

2013 年 8 月，XX 市申请并被纳入住建部第二批智慧城市试点。同年 9 月，XX 市人大审议、批准《XX 市软件与信息服务业中长期发展规划》，将推进信息化与城市化的融合发展，开展在教育、医疗、交通、社区管理等领域普遍的智慧应用，创新城市管理模式，提高城市运行效率，改善城市公共服务水平，全面提升城市综合竞争力。

2014 年 11 月，腾达科技成功中标“XX 市智慧城市建设项目（一期）”。该项目涵盖了 XX 市公共网络基础设施、数据中心、公共信息平台与公共数据库、智慧政务、智慧园区、智慧社区与家居、智慧交通、智慧医疗、智慧教育、智慧旅游、智慧建管、智慧城管共 12 个子项目（以下简称 12 个子项目）。除公共网络基础设施和智慧社区与家居子项目外，其 10 个子项目（以下简称其 10 个子项目）的总投资约 5.05 亿元。

经腾达科技与 XX 市政府相关部门协商，该项目将采用 PPP 项目方式进行建设。

（2）PPP 项目公司简况

腾达科技将与 XX 市软件园投资建设有限公司（以下简称园投公司）共同投资组建 PPP 项目公司（以下简称项目公司）。

项目公司拟采用有限责任公司的形式设立，注册资本 300 万元。其中，腾达科技出资 135 万元，占股 45%；园投公司出资 165 万元，占股 55%。

项目公司的商业运营模式为：第一，由项目公司通过向金融机构贷款的方式筹措项目建设资金，并将项目所有权抵押给金融机构；第二，项目公司向腾达科技采购12个子项目中其10个子项目的软硬件产品及相关服务；第三，在项目分批建成后，由XX市政府通过购买服务付费的方式在若干年内向项目公司集中支付项目建设费用，用以偿还项目公司向金融机构贷款的本息；第四，在贷款本息偿清后，金融机构将项目所有权解押，项目公司通过继续向XX市政府、社会机构和公众个人提供智慧城市服务并收取服务费的方式，持续运营。

第二节　宏观政策环境、市场需求及产业发展趋势分析

（1）宏观政策环境分析

2014年3月，《国家新型城镇化规划（2014—2020年）》发布，第一次将智慧城市建设纳入国家级发展规划。

2014年8月，国家发改委、工信部、财政部、住建部等八部委印发《关于促进智慧城市健康发展的指导意见》，要求各地区、各有关部门落实指导意见提出的各项任务，确保智慧城市建设健康有序推进。意见提出，到2020年，建成一批特色鲜明的智慧城市，聚集和辐射带动作用大幅增强，综合竞争优势明显提高，在保障和改善民生服务、创新社会管理、维护网络安全等方面取得显著成效。

（2）市场需求分析

近年来，我国积极开展智慧城市试点工作，住建部现已公布3批近300个试点城市，基础设施建设投资规模近5000亿元。其中，二三线城市提出智慧城市建设发展目标的比例超过80%，一线城市的比例更达到了100%。“十二五”和“十三五”期间，预计我国将有1000～1500个城市成为智慧城市，全国范围智慧城市建设将带来数万亿元的市场机会。

（3）产业发展趋势分析

伴随着全国各地智慧城市建设的不断推进，智慧城市产业发展将呈现以下明显的发展趋势。

一是民生类智慧应用将更受欢迎。经过前期的探索性发展，智慧城市建设正由单一的政务办公逐渐向服务民生、改善民生的领域扩展。预计未来关乎民生的智慧应用，如智慧交通、智慧医疗、智慧社区、智慧旅游、智慧教育等项目将更加受到欢迎。

二是大数据发掘将更为普遍。随着云技术的逐步成熟，各地的数据中心建设均引入了云计算的概念。通过数据中心的云化，提升了数据中心海量数据的支撑能力。预计未来几年，在整合智慧城市平台建设中，通过大数据发掘等方式实现智慧城市体验提升和商业变现的成功案例将明显增多。

三是由政府投资为主，逐步让位于以 BOT 或 PPP 方式为主。随着国家投资方式的改变，智慧城市建设正从过去由地方政府投资为主逐步转向以 BOT 或 PPP 方式为主。事实证明，这种借助社会资本进行基础设施建设的做法，引入了市场机制和资本经营“谁投资、谁担责、谁受益”理念，使“管”“建”分离，既降低了政府债务风险，提高了政府集中精力抓好城市管理工作的效率，又挖掘了资本运营效率，发挥了社会化专业公司承担基础设施建设和后期运行维护的专业特长。因此，智慧城市的这种产业发展趋势未来将愈发普遍。

第三节　项目自身条件分析

（1）项目公司的股东情况分析

一是腾达科技情况（略）。

二是园投公司情况。

注册资本为 2 亿元；成立时间为 2010 年 3 月 20 日；注册地址为 XX 市 XX 区 XX 路 XX 号 XX 大厦；经营期限为 50 年；股东为 XX 市国资委，占股 100%。

主要经营范围是利用自有资金进行软件园区的项目投资（不得从事银行、证券、保险等需要取得经营资质的金融业务），承接项目建设、管理及相关技术经济咨询服务。

该公司自成立以来经营情况正常。其近三年的主要经营指标如表 7.9 所示。

表 7.9　园投公司近三年的主要经营情况

（单位：万元）

财务指标	年份		
	2011年	2012年	2013年
总资产	62001	64101	64071
总负债	38100	36500	38010
净资产	23901	27601	26061
营业收入	6418	420	7600
营业成本	2880	380	3198
期间费用	802	780	880
营业利润	2736	−740	3522
利润总额	2643	−552	3644
净利润	1982	−552	2733

（2）项目公司股权结构分析

项目公司股权结构如表 7.10 所示。

表 7.10 项目公司股权结构

股东	出资	出资方式	持股比例
腾达科技	135万元	现金	45%
园投公司	165万元	现金	55%
合计	300万元	现金	100%

由于项目公司注册资本不高，在项目公司未清偿贷款本息之前，项目公司的资产负债率极高，而腾达科技占股 45%，可不合并项目公司的财务报表，以此避免腾达科技未来在各省市承接 PPP 项目较多时，出现突破自身资产负债率警戒线的问题。

（3）项目公司组织架构及团队分析

项目公司设董事会，由 3 人组成。其中腾达科技推选 1 人，园投公司推选 2 人，其中一人担任董事长。项目公司设监事 1 人，由腾达科技推选。

项目公司设总经理 1 人，由腾达科技推选；设财务总监 1 人，由园投公司推选。项目公司暂设综合管理部、财务部、商务管理部、工程管理部、技术支持部 5 个部门，未来再根据需要另做增减。

在该 PPP 项目建设前期，项目公司将保持较小体量，约 5 ～ 8 人，均为项目公司股东方选派的业务骨干，项目公司的注册资本即可承担自身的运营成本，以实现高效率运作。随着该 PPP 项目建成后运营业务的不断扩大，项目公司将逐步增强技术支持及运维力量，使团队规模最终将达到三四十人，届时项目公司的运营收入也将达到一定规模，足以覆盖项目公司的运营成本。

（4）项目公司定位分析

一是定位于融资平台。项目公司注册资本 300 万元，仅用于维系项目公司前期的运营支出，而智慧城市 12 个子项目中其 10 个子项目的建设资金 5.05 亿元将全部来自向金融机构的贷款。该贷款需要通过 XX 市政府向项目公司购买服务支付的费用来偿还。预计从贷款次年起的 7 年内需要偿还的贷款本息合计为 6.86 亿元，平均每年 8980 万元，预计只占同期 XX 市平均年财政支出的 1.3% 左右，完全在其正常的财政支出范围之内。

二是定位于建设平台。项目公司安排的 XX 市智慧城市项目（一期）建设计划如表 7.11 所示。

表 7.11　XX 市智慧城市项目（一期）建设计划

序号	子项目名称	建设内容	第一年		第二年		第三年	
			上半年	下半年	上半年	下半年	上半年	下半年
1	公共网络基础设施	建设基础宽带网络						
		……						
2	数据中心	建设政务机房						
		……						
3	公共信息平台及数据库	建设公共信息平台及信息安全保障系统						
		……						
4	智慧政务	建设智慧政务云						
		……						
5	智慧园区	建设园区运营管理、招商、招聘服务平台						
		……						
6	智慧交通	建设交通调度指挥基础平台						
		……						
7	智慧医疗	建设医疗基础信息共享平台						
		……						
8	智慧教育	建设校园城域网基础设施及班班通系统						
		……						
9	智慧社区/家居	建设社区数据中心与公共服务综合信息平台						
		……						
10	智慧旅游	建设旅游基础设施平台						
		……						
11	智慧建管	建设城建基础信息共享平台						
		……						
12	智慧城管	建设城管基础信息共享平台						
		……						

三是定位于运维平台。腾达科技既是项目公司的股东之一，也是该智慧城市 12 个子项目中其 10 个子项目软硬件产品及相关服务的供应商，通过腾达科

技提供完备、充分的技术支持，项目公司将在 3 ～ 5 年内培养出一批优秀的技术骨干，完全能够胜任项目建成、交付使用后的运维服务工作。

（5）项目公司商业运营模式分析

一是项目建设—还贷期的商业运营模式，如图 7.3 所示。

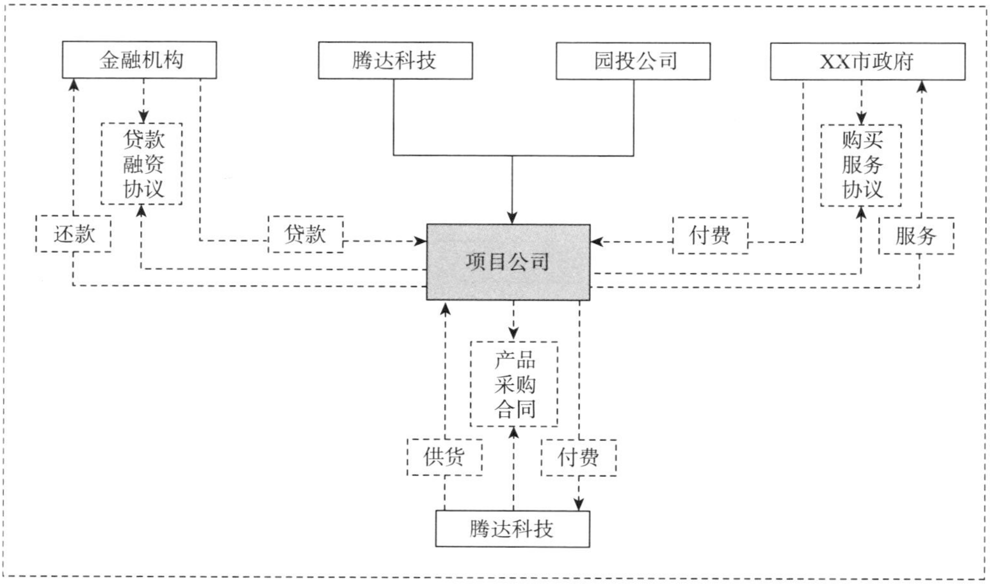

图 7.3　建设—还贷期的商业运行模式

二是项目持续运营期的商业运营模式，如图 7.4 所示。

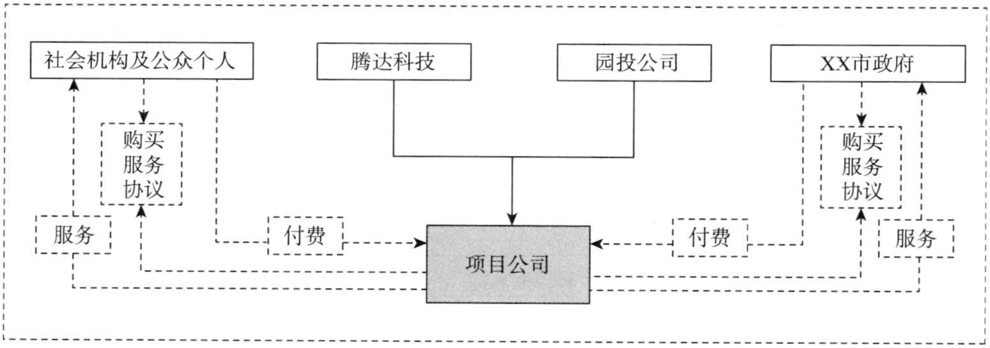

图 7.4　持续运营期的商业运行模式

（6）项目公司建设资金分析

一是建设资金的筹措计划。项目公司将与金融机构签署贷款融资协议，分 3 年向金融机构贷款 5.05 亿元，期限 5 年，贷款利率为 8% 左右。XX 市政府在项目分批建成后，通过向项目公司购买服务的方式在 8 年内向项目公司集中支付项目建设费用，用以偿还项目公司向金融机构的贷款本息。

二是建设资金的使用计划，如表 7.12 所示。

表 7.12　建设资金使用计划

序号	12个子项目名称	其10个子项目投资/万元	备注
1	公共网络基础设施项目		36000万元，不计入项目投资
2	数据中心项目	2880	
3	公共信息平台及数据库项目	7200	
4	智慧政务项目	1560	
5	智慧园区项目	2900	
6	智慧交通项目	18622	
7	智慧医疗项目	3630	
8	智慧教育项目	2951	
9	智慧社区/家居项目		6650万元，不计入项目投资
10	智慧旅游项目	2400	
11	智慧建管项目	1200	
12	智慧城管项目	7200	
合计		50543	

三是建设资金偿还计划，如表 7.13 所示。

表 7.13　建设资金偿还计划

（单位：万元）

编号	时点	第一期债务融资		第二期债务融资		第三期债务融资		每年还款金额
		贷款	还款	贷款	还款	贷款	还款	
1	XXXX/12/1	10400						0
2	XXXX/6/1		1082					2205
	XXXX/12/1		1123	23400				
3	XXXX/6/1		1168		2434			7342
	XXXX/12/1		1213		2527	16743		
4	XXXX/6/1		1262		2628		1742	11479
	XXXX/12/1		1310		2729		1808	
5	XXXX/6/1		1362		2839		1880	12397
	XXXX/12/1		1415		2948		1953	
6	XXXX/6/1		1472		3065		2031	13388
	XXXX/12/1		1528		3183		2109	

续表

编号	时点	第一期债务融资		第二期债务融资		第三期债务融资		每年还款金额
		贷款	还款	贷款	还款	贷款	还款	
7	XXXX/6/1				3311		2193	11220
	XXXX/12/1				3438		2278	
8	XXXX/6/1						2369	4829
	XXXX/12/1						2460	
贷款		10400		23400		16743		贷款总计 50543
利息		2535		5703		4081		利息总计 12319
还款		12935		29103		20824		还款总计 62862

项目公司分三次向金融机构贷款5.05亿元，每笔贷款分5年10次偿还，即每半年偿还一次（分别在每年的6月1日和12月1日）。依据既定的XX市政府购买服务协议，XX市财政按期把相关费用汇入项目公司的指定账户，然后由项目公司按约定的还款计划将贷款本息偿还给金融机构。

第四节　项目公司经济效益分析

腾达科技除了可以通过与项目公司签订产品采购合同，向项目公司销售软硬件产品及相关服务而获得产业收益以外，还可以作为项目公司的股东获得对项目公司的投资收益。

对项目公司的股权投资，可采取乐观估计、标准估计、悲观估计下的经济效益分析如下。

（1）乐观估计

乐观估计下项目公司的经济效益见表7.14。

表7.14　乐观估计下项目公司的经济效益

（单位：万元）

财务指标	XXXX年	XXXX年	XXXX年	XXXX年	XXXX年	XXXX年	XXXX年	XXXX年
一、营业收入	0	2705	9442	14979	16497	18308	16520	10329
政府购买服务	0	2205	7342	11479	12397	13388	11220	4829
社会机构和公众个人购买服务	0	500	2100	3500	4100	4920	5300	5500
二、营业成本	0	2435	8403	13182	14352	15745	14042	8780

续表

财务指标	XXXX年	XXXX年	XXXX年	XXXX年	XXXX年	XXXX年	XXXX年	XXXX年
期间费用	0	276	737	1118	1242	1371	1248	736
三、营业利润	0	−6	301	679	903	1192	1230	813
四、利润额	0	−6	310	680	910	1200	1240	820
五、净利润	0	−6	233	510	683	900	930	615

在此场景下，假定折现率 r 为 10%，最初股东方在对项目公司进行股权投资 300 万元的时间点为 t=0 年，则计算至项目公司还款结束的时间点 t=7 年内的净现值 $NPV=\left[\sum_{t=0}^{7} C_{It}/(1+r)^t\right]-\left[\sum_{t=0}^{7} C_{Ot}/(1+r)^t\right]$

即 $NPV=-6/1.1^1+233/1.1^2+510/1.1^3+683/1.1^4+900/1.1^5+930/1.1^6+615/1.1^7-300/1.1^0=2136.69>0$，方案可行。

（2）标准估计

标准估计下项目公司的经济效益见表 7.15。

表 7.15　标准估计下项目公司的经济效益

（单位：万元）

财务指标	XXXX年	XXXX年	XXXX年	XXXX年	XXXX年	XXXX年	XXXX年	XXXX年
一、营业总收入	0	2114	7344	11633	12788	14154	12686	7713
政府购买服务	0	1764	5874	9183	9918	10710	8976	3863
社会机构和个人购买服务	0	350	1470	2450	2870	3444	3710	3850
二、营业成本	0	1903	6536	10237	11125	12173	10783	6556
期间费用	0	241	620	935	1043	1157	1068	659
三、营业利润	0	−30	188	461	619	825	835	498
四、利润额	0	−30	190	470	620	830	840	500
五、净利润	0	−30	143	353	465	623	630	375

在此场景下，假定折现率为 10%，最初股东方在对项目公司进行股权投资 300 万元的时间点为 t=0 年，则计算至项目公司还款结束的时间点 t=7 年内的净现值 $NPV=\left[\sum_{t=0}^{7} C_{It}/(1+r)^t\right]-\left[\sum_{t=0}^{7} C_{Ot}/(1+r)^t\right]$

即 $NPV=-30/1.1^1+143/1.1^2+353/1.1^3+465/1.1^4+623/1.1^5+630/1.1^6+375/1.1^7-300/1.1^0=1307.04>0$，方案也可行。

（3）悲观估计

悲观估计下项目公司的经济效益见表 7.16。

表 7.16 悲观估计下项目公司的经济效益

（单位：万元）

财务指标	XXXX年	XXXX年	XXXX年	XXXX年	XXXX年	XXXX年	XXXX年	XXXX年
一、营业总收入	0	1573	5455	8637	9488	10493	9382	5647
政府购买服务	0	1323	4405	6887	7438	8033	6732	2897
社会机构和个人购买服务	0	250	1050	1750	2050	2460	2650	2750
二、营业成本	0	1416	4855	7601	8255	9024	7975	4800
期间费用	0	206	502	751	845	943	889	582
三、营业利润	0	-49	98	285	388	526	519	265
四、利润额	0	-49	100	290	390	530	520	270
五、净利润	0	-49	75	218	293	398	390	203

在此场景下，假定折现率为 10%，最初股东方在对项目公司进行股权投资 300 万元的时间点为 t=0 年，则计算至项目公司还款结束的时间点 t=7 年内的净现值 $NPV=\left[\sum_{t=0}^{7} C_{It}/(1+r)^t\right]-\left[\sum_{t=0}^{7} C_{Ot}/(1+r)^t\right]$

即 $NPV=-49/1.1^1+75/1.1^2+218/1.1^3+293/1.1^4+398/1.1^5+390/1.1^6+203/1.1^7-300/1.1^0=563.36>0$，方案仍可行。

第五节　项目公司风险及应对策略

整体来看，对项目公司进行股权投资的风险较小。

其一是资金投入风险。由于项目公司注册资本不大，股东方需出资的自有现金不多，不会对股东方现有的日常经营产生较大影响。

其二是融资还款风险，XX 市财政收支状况总体保持稳定，政府购买智慧城市项目服务并支付服务费的事项已纳入地方财政预算且通过了 XX 市人大决议；四方（市政府、腾达科技、园投公司、金融机构）共同签署了贷款融资意向书，在项目公司注册成立后，由项目公司与金融机构正式签订贷款融资协议，在偿清贷款本息之前将项目所有权抵押给金融机构，融资还款风险较低。

其三是项目技术风险。XX 市智慧城市建设项目涉及的技术相对复杂，腾达科技作为项目软硬件设备及相关服务的主要供应商，已通过该项目招标程序并已中标。项目建设启动后，腾达科技将在满足总体架构设计要求的范围内与业内各具实力的企业进行合作，发挥彼此的优势，使项目建设计划顺利进行并使项目技术风险可控。

其四是项目管理风险。XX 市智慧城市项目规模较大，涉及的委办局、三大电信运营商和其他配套协作单位较多，面临多种沟通、协调和决策问题，对项目组织管理提出了较高要求。在这方面，园投公司作为当地的国有独资公司，将为项目公司协调化解各种矛盾提供有力支撑，使项目建设计划顺利进行并使项目管理风险可控。

其五是团队人才风险。项目公司成立后，将立即搭建核心团队，并随着各子项目逐步开通充实运维部门，从当地丰富的人才资源中招募业务技术骨干，并在腾达科技的技术支持和培训指导下，尽快成长为一支有信仰、有追求、脚踏实地、能打硬仗的干部员工队伍，使团队人才风险可控。

第六节　可行性研究结论

综合以上分析，鉴于腾达科技参与 XX 市 PPP 项目投资的内、外部条件均已具备，该项目公司预计的经济效益良好，对该项目公司投资和运营的风险较小且总体可控；同时投资设立该项目公司还可为腾达科技与地方政府和地方政府出资的平台类企业合作，开展 PPP 项目建设并带动自身行业信息化产业的发展进行有益的尝试。

因此，腾达科技参与 XX 市 PPP 项目投资，基本可行。

问题

您认为一旦满足某些前提条件，所有企业都可以像腾达科技那样参与 PPP 项目投资吗？

如果您所在的企业要参与 PPP 项目投资，您认为应该满足哪些前提条件呢？

您认为 PPP 项目（公司）投资与一般股权投资的可行性研究报告有什么差异吗？如果有，主要的差异点在哪些方面呢？

7.4　财务总监的“三板斧”

远大家具（公司）是一家地处华北地区的家具明星企业，主要生产销售各类实木家具、沙发、床垫及配套的家具饰品等。

近期，经远大家具董事会审议批准，邵远雄出任了远大家具的财务总监，他走马上任后不久就对远大家具的经营资金管理砍出了“三板斧”。

这第一“板斧”是针对现金①的。

经邵远雄了解并核实，远大家具账上反映的现金为1.87亿元；公司从接到客户订单到把产品交付客户的平均生产周期约为60天；前年和去年公司的营业收入在12亿元左右，今年预算的计划目标是12亿元，几年来相对稳定，起伏不大；每年各种付现的平均成本费用约占营业收入的78%，即9.36亿元，基本上是均衡性地按月支付。

如果按照销售额比率法计算，远大家具每年所需的现金应该控制在1.5亿元左右，即每年所需的现金 =12 × 60/360 × 78%=1.5（亿元）。

如果按照现金周转法计算，远大家具每年所需的现金应该控制在0.75亿元左右，即每年所需的现金 =9.36 × 30/360=0.78（亿元）。

因此，邵远雄认为，在不考虑诸如调整资本结构、投资并购和收益分配等其他的资金需求的情况下，远大家具拥有现金1.5亿元就足够了，目前账上反映的现金为1.87亿元，其中有3700万元的现金显然是富余的。

于是，他在远大家具管理层的例会上提出，如果短期内公司没有其他的资金需求，且营业收入仍维持在每年12亿元左右的话，他准备将富余的3700万元现金用于偿还银行的流动资金贷款。这样一来，每年公司的财务费用可以节约大概200多万元。邵远雄说：“这也是利润啊！有200多万元，咱们干点什么不好呢？”

这第二“板斧”是针对应收账款的。

经邵远雄了解并核实，按照远大家具现行的市场营销政策，如果是个人客户，在签订销售合同时远大家具会收到40%的预付款，余款应在产品交付客户时结清；如果是集团客户，在签订销售合同时远大家具会收到30%的预付款，在产品交付客户时再收到60%的货款，10%的尾款将在产品交付客户后的3个月内结清。对个人客户，这一政策的实际执行结果与政策规定出入不大，基本上执行到位，发生逾期应收账款的概率非常小；但对集团客户，尤其是对10%的尾款，这一政策的实际执行结果与政策规定出入较大，很多都不能执行到位，

① 此处包括企业的库存现金、银行存款、银行汇票、银行本票等。

出现逾期应收账款的概率较高。譬如，去年集团客户的 10% 的尾款，已逾期尚未结清的共有 1363 万元，其中逾期 3 个月的为 907 万元，逾期 6 个月的为 322 万元，逾期 9 个月及以上的为 134 万元。

邵远雄认为，出现这样的问题，一是因为远大家具的市场营销政策存在不完善的地方，对集团客户未进行信用分级管理，不论何种集团客户一律采取了“对 10% 的尾款将在产品交付客户后的 3 个月内结清”的政策；二是因为远大家具对网上网下的销售门店和销售人员的考核激励机制存在缺陷，偏重于销售门店和销售人员的业务签单结果，却未重视销售门店和销售人员在应收账款回收中承担着不可推卸的责任，未能把应收账款的回收清欠纳入对销售门店和销售人员业绩考核的指标体系。

于是，他在远大家具管理层的例会上提出，一是应该由财务部牵头，请市场营销部配合，对公司现行的市场营销制度进行修订，增加对集团客户进行信用分级管理的内容，要对不同信用级别的集团客户实行不同的货款支付政策。比如，对信用级别很低的客户，或者停止与其签单，或者必须在签单时全额付款；对信用级别很高的客户，则可对其尾款结清的期限由 3 个月延长至 6 个月，甚至 9 个月，等等；二是请人力资源部牵头，市场营销部配合，调整公司现行的考核激励机制，强化销售门店和销售人员在应收账款回收中承担的责任意识，明确应收账款的回收清欠指标，并将其纳入对销售门店和销售人员业绩考核的指标体系，以减少逾期应收账款的数额并最终不再出现逾期应收账款的问题。邵远雄说：“逾期尤其是长时间逾期的应收账款发生坏账的可能性很大，一旦发生坏账，就会直接造成公司当期的损失。对这一点，我们决不能掉以轻心！”

这第三“板斧”是针对存货的。

经邵远雄了解并核实，由于远大家具基本实行的是按（订）单生产，很少进行产品的所谓“预投”，因此除了线下销售门店陈设的部分展示品和公司内在研发试制中的样品之外，存货中基本上没有什么产品，包括半成品和产成品等，有的存货几乎全是原材料，其中占比最大的是各种木料，包括美国黑胡桃、南美鸡翅木、北欧樱桃木、俄罗斯橡木、非洲红檀、东南亚酸枝木，以及水曲柳、杨木、椴木、柞木、桦木、松木、柏木等，平均木料成本约占营业收入的 63%，即 7.56 亿元。

远大家具对进场后的木料通常采取如下的处理工艺：

原木堆放，时间一般半年以上，有的长达二三年，甚至更长；

原木切割，去掉树皮、根、梢等，锯成板材；

板材烘干，有的板材还需要烘干、浸泡、再烘干等，使其含水量低于 8%；

板材堆放，采取在自然状态下的架空风干法堆放，时间至少 3 个月；

制作木材，包括木板、木条、方柱、圆柱等，以用于制作实木家具。

这样，从木料进场到制作木材完成，至少需要一年的时间。

因此，邵远雄认为，成本约 7.56 亿元的木料，平均一年只周转一次，这种严重的存货占压问题给公司的经营资金管理带来了沉重的负担。尽管这些年木料的市场价格一直在小幅上涨，还不至于产生进场后木料的跌价损失，但公司却要为此付出高额的资金占压费用，这对远大家具来说，长此以往，显然是无法接受也难以为继的。

于是，他在远大家具管理层的例会上提出，一是建议生产运营部在制订物料采购计划时，不要搞“一刀切”，应采取 ABC 存货控制法：对单价高但需求量很小的木料，如只做“皮子”用的鸡翅木、酸枝木、水曲柳等，要减少采购数量；对单价低但需求量很大的木料，如杨木、椴木、柞木、桦木、松木、柏木等，则可以“小步快跑”，提高采购频次但每次不宜买得太多，要尽可能地减少木料占压，如果少占压 10% 的木料，就相当于盘活了 7560 万元的资金；二是建议产品研发部在编制木料处理工艺时，也不要搞“一刀切”，对含水量不太高、本身变形小的木料，尤其是各种硬木，如鸡翅木、酸枝木、非洲红檀等，不一定都要采取较长时间的堆放、烘干和自然风干等处理工艺，可以压缩木料处理时间，如果也提高 10% 的木料周转率，相当于又盘活了 6873 万元的资金。邵远雄说：“存货这两项盘活的资金加起来超过了 1.4 亿元，这要是拿来节约财务费用就可观了，一年至少有 800 多万元啊！”

问题

您如何评价邵远雄上任后的“三板斧”？这“三板斧”砍的地方对吗？邵远雄了解和核实的问题准吗？

您认为邵远雄对 ABC 存货控制法的理解是否有误？

您认为邵远雄对含水量不太高、本身变形小的木料，调整较长时间的堆放、烘干和自然风干等处理工艺的建议，实施的前提条件是什么？

7.5　本—量—利和边际贡献，预算编制中的“胜负手”

赛龙舟（公司）的全面预算管理始于 2001 年。近 20 年来，赛龙舟已建立了一套较为完整的全面预算管理体系。这一体系主要由经营业务预算和财务预算构成（见图 7.5），并由预算编制、预算实施、预算控制和预算调整等若干环节组成一个完整的管理闭环。

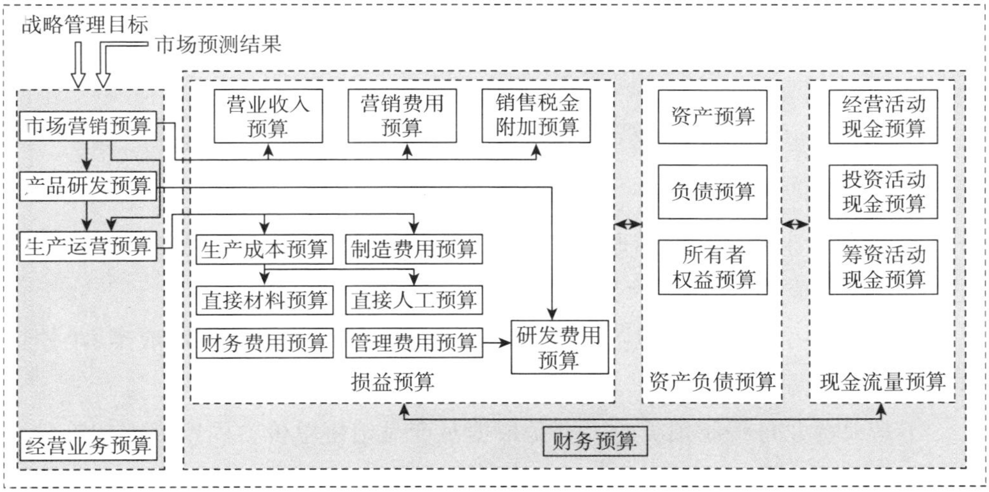

图 7.5　全面预算管理体系

赛龙舟初入市场的时候，产品较为单一，只生产家用的电气开关插座，所以赛龙舟当时的发展战略重点是围绕如何扩大产品销售规模而展开，具体编制预算时，往往选择“规模优先”的预算总基调和预算大纲，采取增量预算法，以本—量—利（Cost-Volume-Profit，CVP）分析确定具体的预算指标，使其预算完成偏离率每年都不超过 3%，保证了产品销售规模、市场占有率等不断刷新自己的历史记录。

本—量—利分析是用图表或公式揭示销售成本（固定成本 + 变动成本）、销售量（或销售收入，即销售量 × 销售单价）、营业利润三者的相互关系并进行定量分析的一种方法，是企业管理会计常用以预测、决策、计划和控制的重要分析工具。

本—量—利分析的关键是确定企业产品的盈亏平衡点，即确定营业利润正好为零时销售量（见图 7.6）。

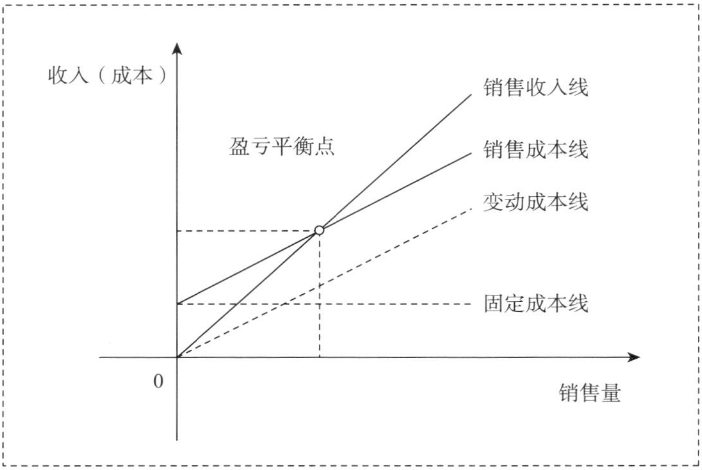

图 7.6　盈亏平衡点

由于，营业利润 = 销售收入 - 销售成本 = 销售单价 × 销售量 -（固定成本 + 单位变动成本 × 销售量）

所以，盈亏平衡点，即营业利润正好为零时的销售量 = 固定成本 /（销售单价 - 单位变动成本）

于是，赛龙舟编制预算时，一是根据对产品销售单价、固定成本和单位变动成本的预测情况，推算盈亏平衡点时的销售量（或销收入），作为每年预算编制的保本点；二是在保本点的基础上加上合理的利润，确定保利点，并将此保利点对应的销售单价、固定成本、单位变动成本和销售量（或销售收入）指标进行分解，下达到各业务单元和相关的职能部门，作为每年的预算控制目标；三是将针对各预算控制目标，落实计划措施，保证成本、费用支出不会大于预算控制目标，而销售单价、销售量（或销售收入）不会小于预算控制目标；四是随时监控预算的实施情况，一旦发现某一预算控制目标出现无法克服的实际偏差，就立即启动补救措施，挖掘本—量—利因素中其他预算控制目标的潜力，确保赛龙舟的预算目标每年都能够如期达成。

进入 2011 年，赛龙舟不再是行业新兵，已成为一家产品覆盖家用接插件、工业接插件、电线电缆、LED 灯具和声光电控制系统等多门类、行业内小有名气的电气厂家。赛龙舟此时的发展战略重点是围绕如何在资源合理投入的前提下，提升产品的品质和附加值，由低端产品市场向中、高端产品市场加速转型，具体编制预算时，往往选择“效益优先”的预算总基调和预算大纲，采取零基预算法，以边际贡献（Contribution Margin，CM）分析确定具体的预算指标，使其预算完成偏离率每年仍控制在 3% 的范围内，保证了销售利润率、净资产收益率、投入产出比率等不断创出新高。

边际，是在一对或一组数量因果关系中，因变量关于自变量的变化率，或者说是自变量每变化一个单位时因变量的变化量。

如以 X 代表投入，f（x）代表产出，△ X 和△ f（x）分别表示其变化量，即△ X 代表每增减一个单位的产品所引起的投入增减量，△ f（x）代表每增减一个单位的产品所带来的产出增减量，而产出增减量与投入增减量的差则为边际贡献值。边际贡献值 = △ f（x）－ △ X，而边际贡献值在产出增减量中的占比则为边际贡献率。边际贡献率 = [△ f（x）－ △ X] / △ f（x）=1－[△ X / △ f（x）]。

在经济管理范畴，边际贡献主要包括边际产量（Marginal Product，MP）、边际收入（Marginal Revenue，MR）、边际利润（Marginal Profit，MP）等，均是衡量一定投入带来一定产出的大小（多少、高低）的一种方法，是企业管理会计常用的预测、决策、计划和控制的重要分析工具。

赛龙舟能够使用边际贡献分析的前提，是其已逐步建立了一套较为完善的内部核算体系，可以较为准确地核算不同产品门类的每一种产品的投入和产出，如每一种产品的生产成本、制造费用和所分摊的销售费用、财务费用、管理费用——包括占比较大的研发投入，以及每一种产品的生产量、销售量、销售收入和营业利润等。

这样，赛龙舟编制预算时，一是可以合理地确定每一种产品生产的规模大小——如果每增大一个单位的生产规模，产生的边际收入大于边际成本，就可以继续扩大该产品的生产规模；反之，则应该减少该产品的生产规模。二是可以合理地确定每一种产品投入的各种资源的大小，包括人、财、物、有形资产和无形资产等资源——如果每增大一个单位的某种资源，产生的边际收入大于边际成本，就可以继续扩大该资源的投入；反之，则应该减少该资源的投入。三是可以对现有的产品组合进行优化选择、决策，增加生产、销售边际贡献率相对较高的产品组合，减少生产、销售边际贡献率相对较低的产品组合，最终使赛龙舟可以在资源投入相同的条件下，不断提高了投入产出的比率。

问题

您如何评价赛龙舟将本—量—利和边际贡献作为其预算编制中“胜负手”的做法？其合理性怎样？在预算编制中还有其他的“胜负手”吗？

您认为本—量—利和边际贡献这两种管理会计分析方法，各自存在哪些优劣之处？企业在实际使用时需要具备哪些前提条件？应该分别注意哪些问题？

您能够依据下列条件计算出甲产品和乙产品各自的盈亏平衡点、边际成本、边际收入、边际利润和边际贡献率吗？甲、乙两种产品总的盈亏平衡点、边际成本、边际收入、边际利润和边际贡献率又分别是多少？

条件：

当生产、销售1000件甲产品时，固定成本为10000元，变动成本为50000元，销售收入为70000元；当生产、销售1001件甲产品时，固定成本为10000元，变动成本50045元，销售收入为70065元。

当生产、销售400件乙产品时，固定成本为10000元，变动成本为40000元，销售收入为60000元；当生产、销售401件乙产品时，固定成本为10000元，变动成本40080元，销售收入为60118元。

7.6 财务报表可以告诉你什么

洪泽集团（公司）财务部的注册会计师宋海琪每年都会受邀给财务部以外的其他部门的中层经理开设一门名为“财务报表可以告诉你些什么”的企业内训课程。

下面就是宋海琪在这门颇受欢迎的企业内训课程中讲授的内容。

各位同事们：

大家好！

假如把管理者简单地划分为财务类管理者和非财务类管理者，那么对非财务类管理者而言，任一企业编制、并对外提供的三张主要的财务报表，即资产负债表、利润表（或称损益表，下同）、现金流量表，可以告诉你些什么呢？

单独看资产负债表

资产负债表是反映某一时点（通常精确到日）企业财务状况的会计报表，

由资产、负债和所有者权益（即股东权益、净资产，下同）三部分构成，并分别列有对应会计科目的期初数和期末数。其中，资产、负债和所有者权益之间存在的钩稽关系是：资产 = 负债 + 所有者权益。

第一是资产：一是流动资产，包括货币资金、拆出资金、交易性金融资产、应收票据、应收账款、应收款项融资、预付账款、其他应收款——含应收利息和应收股利、存货、一年内到期的非流动资产、其他流动资产等；二是非流动资产，包括债权投资、可供出售金融资产、持有至到期投资、长期应收款、长期股权投资、其他权益投资、投资性房地产、固定资产、在建工程、无形资产、开发支出、商誉、长期待摊费用、其他非流动资产等。

第二是负债：一是流动负债，包括短期借款、拆入资金、交易性金融负债、应付票据、应付账款、预收账款、应付职工薪酬、应交税费、其他应付款——含应付利息和应付股利、应付手续费及佣金、一年内到期的非流动负债、其他流动负债等；二是非流动负债，包括长期借款、应付债券——含优先股和永续债、租赁负债、长期应付款、长期应付职工薪酬、递延收益[①]、递延所得税负债、其他非流动负债等。

第三是所有者权益，包括股本、其他权益工具——含优先股和永续债、资本公积、其他综合收益、盈余公积、未分配利润、归属母公司所有者权益、少数股东权益等。

单独看某一企业的资产负债表（见表 7.17），可以了解该企业（此处为一家生产高新技术产品的上市公司，下同）的资产、负债和所有者权益的结构组成、规模大小、质量高低等基本状况，并对该企业各项应收和存货（即“二金”，下同）的管控能力、利用商业信用工具的能力、资本保全能力、分红送股或派发股利的能力，以及偿债能力等予以基本判断。

表 7.17　资产负债表（合并）

（单位：元）

项目	2019 年 12 月 31 日	2018 年 12 月 31 日
一、流动资产		
货币资金	1,341,113,413.78	1,319,173,199.79
结算备付金		
拆出资金		

① 递延收益，指应在后期逐步计入当期损益的政府补助。

续表

项目	2019 年 12 月 31 日	2018 年 12 月 31 日
交易性金融资产		
以公允价值计量且其变动计入当期损益的金融资产		
衍生金融资产		
应收票据	1,467,360,446.84	2,557,371,500.38
应收账款	1,361,338,817.28	1,524,584,030.06
应收款项融资	287,655,398.82	
预付款项	141,704,454.17	102,836,561.58
应收保费		
应收分保账款		
应收分保合同准备金		
其他应收款	57,180,919.20	18,911,673.79
其中：应收利息		
应收股利		
买入返售金融资产		
存货	948,765,295.10	1,416,961,232.07
合同资产		
持有待售资产		
一年内到期的非流动资产		
其他流动资产	429,175,312.09	511,959,278.32
流动资产合计	6,034,294,057.28	7,451,797,475.99
二、非流动资产		
发放贷款和垫款		
债权投资		
可供出售金融资产		134,412,053.88
其他债权投资		
持有至到期投资		
长期应收款		
长期股权投资	381,710,838.54	359,090,598.42
其他权益工具投资	85,917,103.16	
其他非流动金融资产		
投资性房地产	374,844,758.53	352,181,080.97

续表

项目	2019 年 12 月 31 日	2018 年 12 月 31 日
固定资产	1,289,651,261.09	1,394,247,768.94
在建工程	269,432,349.41	265,963,892.71
生产性生物资产		
油气资产		
使用权资产		
无形资产	190,812,522.28	213,326,409.20
开发支出		
商誉		
长期待摊费用	73,997,208.54	80,307,837.57
递延所得税资产	65,941,190.81	87,754,995.16
其他非流动资产		
非流动资产合计	2,732,307,232.36	2,887,284,636.85
资产总计	8,766,601,289.64	10,339,082,112.84
三、流动负债		
短期借款	475,671,994.63	990,477,556.56
向中央银行借款		
拆入资金		
交易性金融负债		
以公允价值计量且其变动计入当期损益的金融负债		
衍生金融负债		
应付票据	166,967,082.42	610,233,699.62
应付账款	520,690,929.29	1,069,806,786.55
预收款项	47,247,409.93	192,044,770.73
合同负债		
卖出回购金融资产款		
吸收存款及同业存放		
代理买卖证券款		
代理承销证券款		
应付职工薪酬	30,236,587.75	39,779,238.82
应交税费	39,886,120.89	44,935,113.99
其他应付款	525,170,603.86	244,327,004.43

续表

项目	2019 年 12 月 31 日	2018 年 12 月 31 日
其中：应付利息		
应付股利		
应付手续费及佣金		
应付分保账款		
持有待售负债		
一年内到期的非流动负债	174,972,250.00	656,252,875.00
其他流动负债		
流动负债合计	1,980,842,978.77	3,847,857,045.70
四、非流动负债		
保险合同准备金		
长期借款	1,022,541,000.00	903,801,000.00
应付债券		
其中：优先股		
永续债		
租赁负债		
长期应付款	106,766,545.63	117,685,227.48
长期应付职工薪酬	6,451,846.88	7,919,343.37
预计负债		
递延收益	194,812,710.88	256,881,313.85
递延所得税负债	72,833,925.83	66,288,129.14
其他非流动负债		
非流动负债合计	1,403,406,029.22	1,352,575,013.84
负债合计	3,384,249,007.99	5,200,432,059.54
五、所有者权益		
股本	514,805,618.00	514,805,618.00
其他权益工具		
其中：优先股		
永续债		
资本公积	2,878,157,058.67	2,886,089,109.42
减：库存股		
其他综合收益	87,308,631.11	95,142,754.45
专项储备		

续表

项目	2019 年 12 月 31 日	2018 年 12 月 31 日
盈余公积	269,707,919.15	269,707,919.15
一般风险准备		
未分配利润	1,628,304,080.90	1,228,149,284.49
归属母公司所有者权益合计	5,378,283,307.83	4,993,894,685.51
少数股东权益	4,068,973.82	144,755,367.79
所有者权益合计	5,382,352,281.65	5,138,650,053.30
负债和所有者权益总计	8,766,601,289.64	10,339,082,112.84

从表 7.17 中，第一可以看出该企业 2019 年资产的基本状况。

总资产

总资产 87.67 亿元（对绝对数，保留两位小数，下同），同比上年总资产 103.39 亿元降低 15.21%（对相对数，保留至百分位，下同），表明该企业资产规模明显减小。

在总资产中，流动资产 60.34 亿元，占总资产的 68.83%，同比上年流动资产 74.52 亿元，占总资产的 72.07% 来说，规模降低 19.02%，占比降低 3.24 个百分点，表明该企业资产的流动性有所放慢。

流动资产

货币资金 13.41 亿元，占流动资产的 22.22%，同比上年货币资金 13.19 亿元，占流动资产的 17.70% 来说，规模提高 1.66%，占比提高 4.52 个百分点。企业应关注货币资金是否过多，以避免出现因货币资金闲置而造成资产收益下降的问题。

各项应收（包括应收票据、应收账款、应收款项融资和其他应收款，下同）31.74 亿元，占流动资产的 52.59%，同比上年各项应收 41.01 亿元，占流动资产的 55.03% 来说，规模降低 22.61%，占比降低 2.44 个百分点，仍占流动资产的大部分。企业需进一步增强对各项应收的管控能力，减小各项应收的资金占用，减少或防止坏账损失的可能。

预付款项 1.42 亿元，占流动资产的 2.35%，同比上年预付款项 1.03 亿元，占流动资产的 1.38% 来说，规模提高 37.80%，占比提高 0.97 个百分点。企业应增强对预付款项的管控能力，减小预付账款的资金占用，防止或减少坏账损失的可能。

存货 9.49 亿元，占流动资产的 15.72%，同比上年存货 14.17 亿元，占流动资产的 19.02% 来说，规模降低 33.04%，占比降低 3.30 个百分点。企业需进一步增强对存货的管控能力，减小存货的资金占用，防止或减少跌价损失的可能。

其他流动资产（包括结构性存款理财产品、待抵扣进项税额、委托贷款等，下同）4.29 亿元，占流动资产的 7.11%，同比上年其他流动资产 5.12 亿元，占流动资产的 6.87% 来说，规模降低 16.17%，占比提高 0.24 个百分点。企业需进一步对其他流动资产的合规性进行清查，防止或减少资产损失的可能。

非流动资产

长期股权投资 3.82 亿元，占非流动资产的 13.97%，同比上年长期股权投资 3.59 亿元，占非流动资产的 12.44% 来说，规模提高 6.30%，占比提高 1.53 个百分点。企业应防止或减小与其主业无关的长期股权投资。

投资性房地产 3.75 亿元，占非流动资产的 13.72%，同比上年投资性房地产 3.52 亿元，占非流动资产的 12.20% 来说，规模提高 6.44%，占比提高 1.52 个百分点。这对于一家生产高新技术产品的企业来说，应该不是一件好事。

固定资产 12.90 亿元，占非流动资产的 47.20%，同比上年固定资产 13.94 亿元，占非流动资产的 48.29% 来说，规模降低 7.50%，占比降低 1.09 个百分点，表明该企业固定资产规模虽有所减小，但仍占非流动资产的大头。企业需进一步减小与其主业无关的固定资产的占用。

在建工程 2.69 亿元，占非流动资产的 9.86%，同比上年在建工程 2.66 亿元，占非流动资产的 9.21% 来说，规模提高 1.30%，占比提高 0.65 个百分点。企业对已建成的在建工程，应及时组织工程验收，及时转固。

无形资产（包括购置或内部投入形成的研发成果等，下同）1.91 亿元，占非流动资产的 6.98%，同比上年无形资产 2.13 亿元，占非流动资产的 7.39% 来说，规模降低 10.55%，占比降低 0.41 个百分点。对于一家生产高新技术产品的企业来说，应该进一步加大研发投入，形成更多的与研发成果有关的无形资产。

从表 7.17 中，第二可以看出该企业 2019 年负债的基本状况。

总负债

总负债 33.84 亿元，同比上年总负债 52.00 亿元降低 34.92%，表明该企业负债规模明显减小。

在总负债中，流动负债 19.81 亿元，占总负债的 58.53%，同比上年流动负债 38.48 亿元，占总负债的 73.99% 来说，规模降低 48.52%，占比降低 15.46 个百分点，表明该企业负债的期限明显拉长。

流动负债

短期借款 4.76 亿元，占流动负债的 24.01%，同比上年短期借款 9.91 亿元，占流动负债的 25.74% 来说，占比降低 1.73 个百分点，但规模降低了 51.98%，表明该企业对短期借款的偿债压力明显减小。

各项应付（包括应付票据、应付账款、应付职工薪酬和其他应付款，下同）12.43 亿元，占流动负债的 62.75%，同比上年各项应付 19.64 亿元，占流动负债的 51.05% 来说，占比提高 11.70 个百分点，但规模降低了 36.71%。企业应增强而不是减弱利用各项应付——尤其是应付账款和其他应付款所提供的商业信用工具的能力。

预收款项 4724.74 万元，占流动负债的 2.39%，同比上年预收款项 1.92 亿元，占流动负债的 4.99% 来说，占比降低 2.60 个百分点，但规模降低了 75.40%。企业应增强而不是减弱利用预收款项所提供的商业信用工具的能力。

一年内到期的非流动负债 1.75 亿元，占流动负债的 8.83%，同比上年一年内到期的非流动负债 6.56 亿元，占流动负债的 17.06% 来说，占比降低 8.23 个百分点，但规模降低了 73.34%，表明该企业对一年内到期的非流动负债的偿债压力明显减小。

非流动负债

长期借款 10.23 亿元，占非流动负债的 72.86%，同比上年长期借款 9.04 亿元，占非流动负债的 66.82% 来说，规模提高 13.14%，占比提高 6.04 个百分点，表明该企业长期借款规模有所增大，且仍占非流动负债的大头。企业应合理安排长期借款，避免出现“长债短存”的问题。

长期应付款 1.07 亿元，占非流动负债的 7.61%，同比上年长期应付款 1.18 亿元，占非流动负债的 8.70% 来说，规模降低 9.28%，占比降低 1.09 个百分点。企业应增强而不是减弱利用长期应付款所提供的商业信用工具的能力。

递延收益 1.95 亿元，占非流动负债的 13.88%，同比上年递延收益 2.57 亿元，占非流动负债的 18.99% 来说，规模降低 24.16%，占比降低 5.11 个百分点。企业需遵循权责发生制，合理、及时、准确地结转递延收益。

从表 7.17 中，第三可以看出该企业 2019 年所有者权益的基本状况。

所有者权益

所有者权益 53.82 亿元，同比上年的 51.39 亿元提高 4.74%，表明该企业所有者权益规模有所增大，资本保全能力较强。

在所有者权益中，归属于母公司所有者权益 53.78 亿元，占所有者权益的 99.92%，同比上年母公司所有者权益 49.94 亿元，占所有者权益的 97.18% 来说，规模提高 7.70%，占比提高 2.74 个百分点，表明该企业母公司所有者权益规模有所增大，资本保全能力较强。

归属母公司所有者权益

股本 5.15 亿元，占归属母公司所有者权益的 9.57%，同比上年股本 5.15 亿元，占归属母公司所有者权益的 10.31% 来说，规模与上年一致，即未发生增发、配股等股本变动的行为，而占比降低 0.74 个百分点，与上年基本持平——归属母公司所有者权益规模提高 7.70% 所致。

资本公积 28.78 亿元，占归属于母公司所有者权益的 53.51%，同比上年资本公积 28.86 亿元，占归属于母公司所有者权益的 57.79% 来说，规模降低 0.27%，占比降低 4.28 个百分点。尽管如此，因其资本公积已达 28.78 亿元，且远大于股本 5.15 亿元，表明该企业具有较强的利用资本公积转增股本的能力。

未分配利润 16.28 亿元，占归属于母公司所有者权益的 30.28%，同比上年未分配利润 12.28 亿元，占归属于母公司所有者权益的 24.59% 来说，规模提高 32.58%，占比提高 6.69 个百分点，且未分配利润已达 16.28 亿元，表明该企业具有较强的分红送股或派发股利的能力。

表 7.17 还可以进一步揭示该企业 2019 年的偿债能力的情况。

其一，流动比率（流动资产 ÷ 流动负债，下同）为 3.05，同比上年流动比率为 1.94 来说，提高 1.11，且已高于 2.00；速动比率（速动资产 ÷ 流动负债，下同）为 2.28，同比上年速动比率为 1.41 来说，提高 0.87，且已高于 1.00；现金比率（货币资金 ÷ 流动负债，下同）为 0.68，同比上年现金比率为 0.34 来说，提高 0.34，且已高于 0.30。由此表明该企业具有较强的短期偿债能力，短期偿债风险得到进一步降低。

其二，资产负债率（总负债 ÷ 总资产，下同）为 38.60%，同比上年资产负债率为 50.30% 来说，降低 11.70 个百分点，且已低于 50.00% ～ 60.00%；股东权益比率（股东权益 ÷ 总资产，下同）为 61.40%，同比上年股东权益比率为 49.70% 来说，提高 11.70 个百分点；权益乘数，或称权益总资产率（总资产 ÷ 股东权益，下同）为 1.63，同比上年权益乘数为 2.01 来说，降低 0.38；负债与股东权益比率（总负债 ÷ 股东权益，下同）为 0.63，同比上年负债与股东权益比率为 1.01 来说，降低 0.38。由此表明该企业具有较强的长期偿债能力，长期偿债风险得到进一步降低。

单独看利润表

利润表是反映在某一时期（通常为年，或半年、季、月）内企业生产经营状况的会计报表，由收入、支出和利润三部分构成，并分别列有对应会计科目的本期数和上期数。其中，收入、支出和利润之间存在的钩稽关系是：收入 - 支出 = 利润。

在利润表的构成上：

第一是收入，即营业总收入，包括营业收入等。

第二是支出：一是营业总成本，包括营业成本、税收及附加、销售费用、管理费用、研发费用、财务费用——含利息费用和利息收入等；二是其他收支，包括其他收益（损失则以“-”号填列，下同）、投资收益——含对联营企业和合营企业的投资收益、公允价值变动收益、信用减值损失、资产减值损失、资产处置收益等。

第三是利润：一是营业利润，以及营业外收入、营业外支出；二是利润总额，以及所得税费用；三是净利润，包括按经营持续性分类的净利润——含持续经营净利润和终止经营净利润，以及按所有权归属分类的净利润——含归属母公司所有者的净利润和归属少数股东的净利润等；四是其他综合收益的税后净额，包括归属母公司所有者的其他综合收益的税后净额——含不能重分类进损益的其他综合收益和将重分类进损益的其他综合收益等，以及归属少数股东的其他综合收益的税后净额；五是综合收益总额，包括归属母公司所有者的综合收益总额和归属少数股东的综合收益总额；六是每股收益。

单独看某一企业的利润表（见表 7.18），可以了解该企业的各类收入、支出和利润的结构组成、规模大小、质量高低等基本状况，并对该企业市场拓展能力、成本费用管控能力、偿债能力，以及盈利能力等予以基本判断。

表 7.18　利润表（合并）

（单位：元）

项目	2019 年度	2018 年度
一、营业总收入	3,668,281,841.80	5,337,571,527.22
其中：营业收入	3,668,281,841.80	5,337,571,527.22
利息收入		
已赚保费		
手续费及佣金收入		
二、营业总成本	3,101,721,199.47	5,037,287,597.91
其中：营业成本	2,040,440,975.92	3,987,890,243.05
利息支出		
手续费及佣金支出		
退保金		
赔付支出净额		
提取保险责任合同准备金净额		
保单红利支出		
分保费用		
税金及附加	35,731,692.77	39,085,473.35
销售费用	205,285,388.06	199,945,305.67
管理费用	524,507,883.92	514,724,370.59
研发费用	232,444,386.76	217,668,073.23
财务费用	63,310,872.04	77,974,132.02
其中：利息费用	66,561,445.82	80,851,990.24
利息收入	11,483,902.33	7,626,869.54
加：其他收益	114,071,006.92	99,331,897.04
投资收益（损失以“-”号填列）	-112,108,532.96	49,083,600.44
其中：对联营企业和合营企业的投资收益	-160,729,883.20	34,388,999.55
以摊余成本计量的金融资产终止确认收益		
汇兑收益（损失以“-”号填列）		
净敞口套期收益（损失以“-”号填列）		
公允价值变动收益（损失以“-”号填列）	29,658,851.08	32,784,281.06
信用减值损失（损失以“-”号填列）	-152,322,741.49	
资产减值损失（损失以“-”号填列）	-49,787,861.86	-115,474,813.57
资产处置收益（损失以“-”号填列）	1,367,210.18	3,988,688.58
三、营业利润（亏损以“-”号填列）	397,438,574.20	369,997,582.86
加：营业外收入	17,923,500.19	14,554,072.42
减：营业外支出	18,604,103.86	22,253,031.99

续表

项目	2019 年度	2018 年度
四、利润总额（亏损总额以“-”号填列）	396,757,970.53	362,298,623.29
减：所得税费用	101,447,179.51	58,360,199.53
五、净利润（净亏损以“-”号填列）	295,310,791.02	303,938,423.76
（一）按经营持续性分类		
1.持续经营净利润（净亏损以“-”号填列）	268,493,905.20	292,887,500.05
2.终止经营净利润（净亏损以“-”号填列）	26,816,885.82	11,050,923.71
（二）按所有权归属分类		
1.归属于母公司所有者的净利润	297,613,144.40	305,783,850.99
2.少数股东损益	−2,302,353.38	−1,845,427.23
六、其他综合收益的税后净额	−7,834,123.34	−17,981,732.72
归属母公司所有者的其他综合收益的税后净额	−7,834,123.34	−17,981,732.72
（一）不能重分类进损益的其他综合收益	−23,407,292.64	
1.重新计量设定受益计划变动额		
2.权益法下不能转损益的其他综合收益		
3.其他权益工具投资公允价值变动	−23,407,292.64	
4.企业自身信用风险公允价值变动		
5.其他		
（二）将重分类进损益的其他综合收益	15,573,169.30	−17,981,732.72
1.权益法下可转损益的其他综合收益		
2.其他债权投资公允价值变动		
3.可供出售金融资产公允价值变动损益		−31,083,423.30
4.金融资产重分类计入其他综合收益的金额		
5.持有至到期投资重分类为可供出售金融资产损益		
6.其他债权投资信用减值准备		
7.现金流量套期储备		
8.外币财务报表折算差额		
9.其他	15,573,169.30	13,101,690.58
归属于少数股东的其他综合收益的税后净额		
七、综合收益总额	287,476,667.68	285,956,691.04
归属于母公司所有者的综合收益总额	289,779,021.06	287,802,118.27
归属于少数股东的综合收益总额	−2,302,353.38	−1,845,427.23
八、每股收益：		
（一）基本每股收益	0.58	0.59
（二）稀释每股收益	0.58	0.59

从表7.18中，第一可以看出该企业2019年收入的基本状况。

营业总收入

营业总收入36.68亿元，同比上年营业总收入53.38亿元降低31.27%，表明该企业营业总收入规模明显减小，市场拓展能力明显减弱。企业应认真分析主客观原因，采取积极的应对措施，尽快扭转市场颓势。

在营业总收入中，营业收入36.68亿元，占营业总收入的100.00%，同比上年营业收入53.38亿元，占营业总收入的100.00%来说，虽然规模降低31.27%，但占比与上年一致，没有变化，表明该企业仍专注于自身主业。

从表7.18中，第二可以看出该企业2019年支出的基本状况。

营业总成本

营业总成本31.02亿元，同比上年营业总成本50.37亿元降低38.42%，营业总成本规模明显减小，且降低幅度大于营业总收入的降低幅度，表明该企业对营业总成本的管控成效较为显著。

在营业总成本中：

营业成本20.40亿元，占营业总成本的65.78%，同比上年营业成本39.88亿元，占营业总成本的79.17%来说，规模降低48.83%，占比降低13.39个百分点。因其营业成本规模明显减小，且降低幅度大于营业收入规模的降低幅度，表明该企业对营业成本的管控能力明显增强。

期间费用（包括销售费用、管理费用、研发费用和财务费用，下同）10.26亿元，占营业总成本的33.06%，同比上年期间费用10.10亿元，占营业总成本的20.06%来说，规模提高1.51%，占比提高13.00个百分点。其中，销售费用2.05亿元，占营业总成本的6.62%，同比上年销售费用2.00亿元，占营业总成本的3.97%来说，规模提高2.67%，占比提高2.65个百分点。因期间费用，尤其是销售费用不但没有随营业收入的降低而同步降低，却是不降反升，表明该企业对期间费用，尤其是销售费用的管控能力有所减弱。

其他收支

其他收益1.14亿元，同比上年其他收益9933.19万元提高14.84%，表明该企业获取其他收益的能力明显增强。

投资收益 -1.12 亿元，同比上年投资收益 4908.36 万元降低 328.40%。其中，对联营企业和合营企业的投资收益 -1.61 亿元，同比上年对联营企业和合营企业的投资收益 3438.90 万元降低 567.39%。表明该企业获取投资收益，尤其是联营企业和合营企业投资收益的能力明显减弱。

资产减值损失 -4978.79 万元，同比上年资产减值损失 -1.16 亿元降低 56.88%，表明该企业避免资产减值损失的能力明显增强。

从表 7.18 中，第三可以看出该企业 2019 年利润的基本状况。

营业利润

营业利润 3.97 亿元，同比上年营业利润 3.70 亿元提高 7.42%，表明该企业营业利润规模有所增大。

利润总额

利润总额 3.97 亿元，同比上年利润总额 3.62 亿元提高 9.51%，表明该企业利润总额规模有所增大；而所得税费用（包括当期所得税费用和递延所得税费用，下同）1.02 亿元，同比上年所得税费用 5836.02 万元提高 73.83%，表明该企业所得税费用规模明显增大。

净利润

净利润 2.95 亿元，同比上年净利润 3.04 亿元降低 2.84%，表明该企业净利润规模略有减小——在营业利润和利润总额同比上年分别提高 7.42% 和 9.51% 的情形下，净利润却同比上年降低 2.84%，这是所得税费用规模提高 73.83% 所致。其中，持续经营净利润 2.69 亿元，占净利润额的 90.92%，同比上年持续经营净利润 2.93 亿元，占净利润的 96.36% 来说，规模降低 8.33%，占比降低 5.44 个百分点，表明该企业持续经营净利润规模虽有所减小，但占比仍远高于终止经营净利润；归属母公司所有者的净利润 2.98 亿元，占净利润的 100.78%，同比上年归属母公司所有者的净利润 3.06 亿元，占净利润的 100.61% 来说，规模降低 2.67%，占比提高 0.17 个百分点，表明该企业归属母公司所有者的净利润占比与上年基本持平，但规模却略有减小。

综合收益

综合收益总额 2.88 亿元，同比上年综合收益总额 2.86 亿元提高 0.53%，表明该企业综合收益总额规模与上年基本持平。其中，归属母公司所有者的综合收益总额 2.90 亿元，占综合收益总额的 100.80%，同比上年归属母公司所有者的综合收益总额 2.88 亿元，占综合收益总额的 100.65% 来说，规模提高 0.69%，占比提高 0.15 个百分点，表明该企业归属母公司所有者的综合收益总额的规模和占比均与上年基本持平。

每股收益

每股收益（包括基本每股收益和稀释每股收益，二者金额一致，下同）0.58 元，同比上年每股收益 0.59 元降低 2.67%。表明该企业每股收益水平略有减小——归属母公司所有者的净利润规模降低 2.67% 所致。

表 7.18 还可以进一步揭示该企业 2019 年偿债能力和盈利能力的情况。

其一，利息保障倍数，或称“已获利息倍数”“权益对利息倍数”［（利润总额＋利息费用）÷ 利息费用］为 6.96，同比上年利息保障倍数 5.48 来说，提高 1.48。由此表明该企业偿付债务利息的能力明显增强，也由此表明该企业具有较强的长期偿债能力，长期偿债风险得到进一步降低。

其二，毛利率［1-（营业成本 ÷ 营业收入），下同］为 44.38%，同比上年毛利率 25.29% 来说，提高 19.09 个百分点，由此表明该企业销售商品或提供服务的盈利能力明显增强。

其三，营业利润率（营业利润 ÷ 营业收入，下同）为 10.83%，同比上年营业利润率 6.93% 来说，提高 3.90 个百分点，由此表明该企业经营业务的盈利能力略显增强。

其四，是销售利润率（利润总额 ÷ 营业收入，下同）为 10.82%，同比上年销售利润率 6.79% 来说，提高 4.03 个百分点；成本费用利润率［利润总额 ÷（营业成本＋期间费用），下同］为 12.94%，同比上年成本费用利润率 7.25% 来说，提高 5.69 个百分点。由此表明该企业盈利能力有所增强。

单独看现金流量表

现金流量表是反映在某一时期（通常为年，或半年、季、月）内企业现金及现金等价物[①]流入、流出状况的会计报表，由企业的经营活动产生的现金流量、投资活动产生的现金流量、筹资活动产生的现金流量和全部经济活动产生的现

① 现金等价物，指期限短、流动性强、价值变动风险小、易于转换成现金的有价证券和银行票据等，如三个月内到期的国库券、货币市场基金、可转让定期存单、银行本票、汇票等。

金流量四部分构成，并分别列有对应的现金流量的本期数和上期数。其中，各种活动产生的现金流量之间存在如下的钩稽关系。

其一，经营活动现金流入小计 - 流出小计 = 经营活动产生的现金流量净额（净减少时以“-”号填列，下同）；投资活动现金流入小计 - 流出小计 = 投资活动产生的现金流量净额；筹资活动现金流入小计 - 流出小计 = 筹资活动产生的现金流量净额。

其二，经营活动产生的现金流量净额 + 投资活动产生的现金流量净额 + 筹资活动产生的现金流量净额 = 全部经济活动产生的现金及现金等价物净额。

在现金流量表的构成上：

第一是经营活动产生的现金流量，包括销售商品和提供服务收到的现金、收到的税费返还、收到其他与经营活动有关的现金、经营活动现金流入小计、购买商品和接受劳务支付的现金、支付给职工以及为职工支付的现金、支付的各项税费、支付其他与经营活动有关的现金、经营活动现金流出小计，以及经营活动产生的现金流量净额等。

第二是投资活动产生的现金流量，包括收回投资收到的现金、取得投资收益收到的现金、处置固定资产、无形资产等收回的现金净额、投资活动现金流入小计、投资支付的现金、购建固定资产、无形资产等支付的现金、投资活动现金流出小计，以及投资活动产生的现金流量净额等。

第三是筹资活动产生的现金流量，包括吸收投资收到的现金、取得借款收到的现金、筹资活动现金流入小计、偿还债务支付的现金、分配股利、利润或偿付利息支付的现金、筹资活动现金流出小计，以及筹资活动产生的现金流量净额等。

第四是加减因汇率变动影响后的当期现金及现金等价物净额、加期初现金及现金等价物余额，以及期末现金及现金等价物余额。

单独看某一企业的现金流量表（见表 7.19），可以了解该企业的现金及现金等价物的流入、流出和现金流量净额的结构组成、规模大小、质量高低等基本状况，并对该企业的支付能力等予以基本判断。

表 7.19　现金流量表（合并）

（单位：元）

项目	2019 年度	2018 年度
一、经营活动产生的现金流量		
销售商品、提供劳务收到的现金	3,446,930,802.59	5,206,025,536.80

续表

项目	2019 年度	2018 年度
客户存款和同业存放款项净增加额		
向中央银行借款净增加额		
向其他金融机构拆入资金净增加额		
收到原保险合同保费取得的现金		
收到再保业务现金净额		
保户储金及投资款净增加额		
收取利息、手续费及佣金的现金		
拆入资金净增加额		
回购业务资金净增加额		
代理买卖证券收到的现金净额		
收到的税费返还	22,090,349.01	126,386,557.68
收到其他与经营活动有关的现金	403,319,475.84	395,931,446.09
经营活动现金流入小计	3,872,340,627.44	5,728,343,540.57
购买商品、接受劳务支付的现金	1,295,648,497.44	3,554,710,968.48
客户贷款及垫款净增加额		
存放中央银行和同业款项净增加额		
支付原保险合同赔付款项的现金		
拆出资金净增加额		
支付利息、手续费及佣金的现金		
支付保单红利的现金		
支付给职工以及为职工支付的现金	1,194,825,149.69	1,174,147,627.20
支付的各项税费	337,944,876.21	327,715,000.17
支付其他与经营活动有关的现金	784,415,918.87	353,638,619.61
经营活动现金流出小计	3,612,834,442.21	5,410,212,215.46
经营活动产生的现金流量净额	259,506,185.23	318,131,325.11
二、投资活动产生的现金流量		
收回投资收到的现金	2,856,421,258.48	
取得投资收益收到的现金	170,889,739.97	10,671,569.35
处置固定资产、无形资产和其他长期资产收回的现金净额	1,379,022.73	12,364,512.23
处置子公司及其他营业单位收到的现金净额		
收到其他与投资活动有关的现金		
投资活动现金流入小计	3,028,690,021.18	23,036,081.58
购建固定资产、无形资产和其他长期资产支付的现金	330,036,676.58	258,108,733.34
投资支付的现金	2,717,134,975.00	449,210,000.00
质押贷款净增加额		
取得子公司及其他营业单位支付的现金净额		
支付其他与投资活动有关的现金	179,585,719.80	1,479,719.24
投资活动现金流出小计	3,226,757,371.38	708,798,452.58

续表

项目	2019 年度	2018 年度
投资活动产生的现金流量净额	−198,067,350.20	−685,762,371.00
三、筹资活动产生的现金流量		
吸收投资收到的现金	112,233,400.00	471,502,772.00
其中：子公司吸收少数股东投资收到的现金		
取得借款收到的现金	1,600,767,437.23	1,761,055,700.09
收到其他与筹资活动有关的现金	33,073,682.61	30,050,000.00
筹资活动现金流入小计	1,746,074,519.84	2,262,608,472.09
偿还债务支付的现金	1,532,077,661.10	1,279,133,461.55
分配股利、利润或偿付利息支付的现金	91,174,522.35	83,040,656.05
其中：子公司支付给少数股东的股利、利润		
支付其他与筹资活动有关的现金	30,228,462.83	148,795,668.32
筹资活动现金流出小计	1,653,480,646.28	1,510,969,785.92
筹资活动产生的现金流量净额	92,593,873.56	751,638,686.17
四、汇率变动对现金及现金等价物的影响	138,582.51	135,715.36
五、现金及现金等价物净额	154,171,291.10	384,143,355.64
加：期初现金及现金等价物余额	1,174,202,328.72	790,058,973.08
六、期末现金及现金等价物余额	1,328,373,619.82	1,174,202,328.72

从表 7.19 中，第一可以看出该企业 2019 年经营活动产生的现金流量的基本状况。

经营活动现金流入

经营活动现金流入 38.72 亿元，同比上年经营活动现金流入 57.28 亿元降低 32.4%，表明该企业经营活动现金流入规模明显减小——与其营业总收入规模明显减小直接相关。

在经营活动现金流入中：

销售商品、提供劳务收到的现金 34.47 亿元，占经营活动现金流入的 89.01%，同比上年销售商品、提供劳务收到的现金 52.06 亿元，占经营活动现金流入的 90.88% 来说，占比降低 1.87 个百分点，规模降低了 33.79%，但仍为该企业经营活动现金流入的主要来源。

收到的税费返还 2209.03 万元，占经营活动现金流入的 0.57%，同比上年收到的税费返还 1.26 亿元，占经营活动现金流入的 2.21% 来说，占比降低 1.64 个百分点，但规模降低了 82.52%，表明该企业收到的税费返还规模明显减小。

收到其他与经营活动有关的现金（包括收到的政府补助、代收应收账款证券化款项、收回其他收入及往来款等，下同）4.03 亿元，占经营活动现金流入的 10.42%，同比上年收到其他与经营活动有关的现金 3.96 亿元，占经营活动现金流入的 6.91% 来说，规模提高 1.87%，占比提高 3.51 个百分点，表明该企业收到其他与经营活动有关的现金规模和占比均有所增大。

经营活动现金流出

经营活动现金流出 36.13 亿元，同比上年经营活动现金流出 54.10 亿元降低 33.22%，表明该企业经营活动现金流出规模明显减小——与其营业总成本规模明显减小直接相关。

在经营活动现金流出中：

购买商品、接受劳务支付的现金 12.96 亿元，占经营活动现金流出的 35.86%，同比上年购买商品、接受劳务支付的现金 35.55 亿元，占经营活动现金流出的 65.70% 来说，规模降低 63.55%，占比降低 29.84 个百分点，但仍为该企业经营活动现金流出的主要去向。

支付给职工以及为职工支付的现金 11.95 亿元，占经营活动现金流出的 33.07%，同比上年支付给职工以及为职工支付的现金 11.74 亿元，占经营活动现金流出的 21.70% 来说，规模提高 1.76%，占比提高 11.37 个百分点，表明该企业支付给职工以及为职工支付的现金，已成为该企业经营活动现金流出的次主要去向。

支付的各项税费 3.38 亿元，占经营活动现金流出的 9.35%，同比上年支付的各项税费 3.28 亿元，占经营活动现金流出的 6.06% 来说，规模提高 3.12%，占比提高 3.29 个百分点，表明该企业支付的各项税费规模和占比均有所增大。

支付其他与经营活动有关的现金（包括期间费用、代付应收账款证券化款项、其他费用及往来款等，下同）7.84 亿元，占经营活动现金流出的 21.71%，同比上年支付其他与经营活动有关的现金 3.54 亿元，占经营活动现金流出的 6.54% 来说，规模提高 121.81%，占比提高 15.17 个百分点，表明该企业支付其他与经营活动有关的现金规模和占比均明显增大。

经营活动现金流入与流出相抵后，经营活动产生的现金流量净额 2.60 亿元，同比上年经营活动产生的现金流量净额 3.18 亿元降低 18.43%，表明该企业经营活动产生的现金流量净额规模明显减小，这需要引起企业的关注。

从表 7.19 中，第二可以看出该企业 2019 年投资活动产生的现金流量的基本状况。

投资活动现金流入

投资活动现金流入 30.29 亿元，同比上年投资活动现金流入 2303.61 万元提高 13047.59%，表明该企业投资活动现金流入规模急剧增大。

在投资活动现金流入中：

收回投资收到的现金 28.56 亿元，占投资活动现金流入的 94.31%，同比上年收回投资收到的现金 0 元，规模和占比都巨幅提高，表明收回投资收益的现金已成为该企业投资活动现金流入的主要来源。

取得投资收益收到的现金 1.71 亿元，占投资活动现金流入的 5.64%，同比上年取得投资收益收到的现金 1067.16 万元，占投资活动现金流入的 46.33% 来说，占比降低 40.69 个百分点，但规模提高了 1501.36%，表明该企业取得投资收益收到的现金规模明显增大。

投资活动现金流出

投资活动现金流出 32.27 亿元，同比上年投资活动现金流出 7.09 亿元提高 355.24 %，表明该企业投资活动现金流出规模明显增大。

在投资活动现金流出中：

购建固定资产、无形资产和其他长期资产支付的现金 3.30 亿元，占投资活动现金流出的 10.23%，同比上年购建固定资产、无形资产和其他长期资产支付的现金 2.58 亿元，占投资活动现金流出的 36.41% 来说，占比降低 26.18 个百分点，但规模提高了 27.87%，表明该企业购建固定资产、无形资产和其他长期资产支付的现金流出规模有所增大。

投资支付的现金 27.17 亿元，占投资活动现金流出的 84.21%，同比上年投资支付的现金 4.49 亿元，占投资活动现金流出的 63.38% 来说，规模提高 504.87%，占比提高 20.83 个百分点，表明投资支付的现金已成为该企业投资活动现金流出的主要去向。

支付其他与投资活动有关的现金 1.80 亿元，占投资活动现金流出的 5.57%，同比上年支付其他与投资活动有关的现金 147.97 万元，占投资活动现金流出的 0.21% 来说，占比和规模都大幅提高，表明该企业支付其他与投资活动有关的现金规模急剧增大。

投资活动现金流入与流出相抵后，投资活动产生的现金流量净额 -1.98 亿元，同比上年投资活动产生的现金流量净额 -6.86 亿元降低 71.12%，表明该企业投资活动产生的现金流量净额（净减少额）规模明显减小。

从表 7.19 中，第三可以看出该企业 2019 年筹资活动产生的现金流量的基本状况。

筹资活动现金流入

筹资活动现金流入 17.46 亿元，同比上年筹资活动现金流入 22.63 亿元，降低 22.83%，表明该企业筹资活动现金流入规模明显减小。

在筹资活动现金流入小计中：

吸收投资收到的现金 1.12 亿元，占筹资活动现金流入的 6.43%，同比上年吸收投资收到的现金 4.72 亿元，占筹资活动现金流入的 20.84% 来说，占比降低 14.41 个百分点，规模降低 76.2%，表明该企业吸收投资收到的现金规模明显减小。

取得借款收到的现金 16.01 亿元，占筹资活动现金流入的 91.68%，同比上年取得借款收到的现金 17.61 亿元，占筹资活动现金流入的 77.83% 来说，规模降低 9.1%，但占比提高了 13.85 个百分点，表明取得借款收到的现金仍为该企业筹资活动现金流入的主要来源。

筹资活动现金流出

筹资活动现金流出 16.54 亿元，同比上年筹资活动现金流出 15.11 亿元，提高 9.43%，表明该企业筹资活动现金流出规模有所增大。

在筹资活动现金流出中：

偿还债务支付的现金 15.32 亿元，占筹资活动现金流出的 92.66%，同比上年偿还债务支付的现金 12.79 亿元，占筹资活动现金流出的 84.66% 来说，规模提高 19.77%，占比提高 8.00 个百分点，表明偿还债务支付的现金仍为该企业筹资活动现金流出的主要去向。

支付其他与筹资活动有关的现金 3022.85 万元，占筹资活动现金流出的 1.83%，同比上年支付其他与筹资活动有关的现金 1.49 亿元，占筹资活动现金流出的 9.85% 来说，占比降低 8.02 个百分点，但规模降低了 79.68%，表明该企业支付其他与筹资活动有关的现金规模明显减小。

筹资活动现金流入与流出相抵后，筹资活动产生的现金流量净额 9259.39

万元，同比上年筹资活动产生的现金流量净额 7.52 亿元降低 87.68%，表明该企业筹资活动产生的现金流量净额规模明显减小。

从表 7.19 中，第四可以看出该企业 2019 年全部经济活动产生的现金流量的基本状况。

现金及现金等价物净额

在加减因汇率变动影响后，现金及现金等价物净额 1.54 亿元，同比上年现金及现金等价物净额 3.84 亿元降低 59.87%，表明该企业现金及现金等价物净额规模明显减小。

期末现金及现金等价物余额

在加期初现金及现金等价物余额后，期末现金及现金等价物余额 13.28 亿元，同比上年期末现金及现金等价物余额 11.74 亿元提高 13.13%，表明该企业期末现金及现金等价物余额规模有所增大。

表 7.19 还可以进一步揭示该企业 2019 年的支付能力的情况。

其一，购销现金流比率（销售商品、提供劳务收到的现金 ÷ 购买商品、接受劳务支付的现金，下同）为 266.04%，同比上年购销现金流比率为 145.45% 来说，提高 119.59 个百分点，由此表明该企业基本经营业务的支付能力明显增强，不但没有基本经营业务的现金缺口，还能够用基本经营业务收支相抵后富余的现金去偿付职工薪酬、各项税费和其他与经营活动有关的支出等。

其二，经营活动现金流比率（经营活动现金流入 ÷ 经营活动现金流出，下司）为 107.18%，同比上年经营活动现金流比率为 105.88% 来说，提高 1.3 个百分点，由此表明该企业经营业务的支付能力略有增强，不但没有经营业务的现金缺口，还能够用经营业务收支相抵后富余的现金去开展新的投资、偿还债务和进行收益分配等。

其三，自由现金流（经营活动产生的现金流量净额 + 投资活动产生的现金流量净额，下同）① 为 6143.88 万元，同比上年自由现金流为 -3.68 亿元来说，

① 此为近似计算自由现金流的公式，所需数据可以方便地从现金流量表中直接获取，较为简便。准确计算自由现金流的公式为：自由现金流 = 息税前利润 − 所得税费用 + 折旧及摊销费用 - 资本性支出（包括对内资产投资和对外股权投资）净额，但该公式所需数据中有一些无法从三张主要的财务报表中直接获取。

由负转正，提高 116.71%，由此表明该企业支付能力明显增强，不但没有经营活动和投资活动的现金缺口，还能够用经营活动和投资活动收支相抵后富余的现金去偿还债务利息和进行收益分配等。

其四，现金流比率（全部现金流入 ÷ 全部现金流出，下同）为 101.81%，同比上年现金流比率为 105.03% 来说，虽降低 3.22 个百分点，但仍高于 1，即大于 100%，由此表明该企业支付能力正常，没有现金缺口，暂不需要增加新的权益性筹资或负债性筹资。

综合看财务报表

综合看某一企业的资产负债表（表 7.17）、利润表（表 7.18）和现金流量表（表 7.19），可以对该企业的资金周转能力、偿债能力、盈利能力和支付能力等予以进一步的分析，以得出更为完整、准确的结论。

第一是该企业 2019 年的资金周转能力。

其一，总资产周转率（营业收入 ÷ 平均总资产，下同）为 38.40%，同比上年总资产周转率为 55.21% 来说，降低 16.81 个百分点；总资产周转时间（365 天 ÷ 总资产周转率，下同）为 951 天（四舍五入取整数天，下同），同比上年总资产周转时间为 661 天来说，拉长 290 天。由此表明该企业总资产周转能力明显减弱。

其二，固定资产周转率，即“非流动资产”周转率（营业收入 / 平均固定资产，下同）为 130.55%，同比上年固定资产周转率 191.07%，降低 60.52 个百分点；固定资产周转时间（365 天 ÷ 固定资产周转率，下同）为 280 天，同比上年固定资产周转时间为 191 天，拉长 89 天。由此表明该企业固定资产周转能力明显减弱。

其三，流动资产周转率（营业收入 ÷ 平均流动资产，下同）为 54.4%，同比上年流动资产周转率 77.64%，降低 23.24 个百分点；流动资产周转时间（365 天 ÷ 流动资产周转率，下同）为 671 天，同比上年总资产周转时间 470 天，拉长 201 天。由此表明该企业流动资产周转能力明显减弱。

其四，应收账款周转率（营业收入 ÷ 平均应收账款，下同）为 2.54，同比上年应收账款周转率 3.70，降低 1.16；应收账款周转时间（365 天 ÷ 应收账款周转率，下同）为 144 天，同比上年应收账款周转时间 99 天，拉长 45 天。由此表明该企业应收账款周转能力明显减弱。

其五，存货周转率（营业收入 ÷ 平均存货，下同）为 3.10，同比上年存货周转率 3.88，降低 0.78；存货周转时间（365 天 ÷ 应收账款周转率，下同）为 118 天，同比上年存货周转时间 94 天，拉长 24 天。由此表明该企业存货周转能力有所减弱。

第二是该企业 2019 年的偿债能力。

其一，现金流量比率（经营活动产生的现金流量净额 ÷ 流动负债，下同）为 13.10%，同比上年现金流量比率 8.27%，提高 4.83 个百分点，由此表明该企业短期偿债能力有所增强。

其二，现金流量利息保障倍数（经营活动产生的现金流量净额 ÷ 利息费用，下同）为 3.90，同比上年现金流量利息保障倍数 3.93，降低 0.03，由此表明该企业以现金直接偿付债务利息的能力与上年基本持平，也表明该企业长期偿债能力与上年基本持平。

其三，现金流量债务比率（经营活动产生的现金流量净额 ÷ 负债总额，下同）为 7.67%，同比上年现金流量债务比率 6.12%，提高 1.55 个百分点，由此表明该企业长期偿债能力略有增强。

第三是该企业 2019 年的盈利能力。

其一，资产报酬率（利润总额 ÷ 平均总资产，下同）为 4.15%，同比上年资产报酬率 3.75%，提高 0.40 个百分点；杜邦资产报酬率（销售利润率 × 总资产周转率，下同）为 4.15%，同比上年杜邦资产报酬率 3.75%，提高 0.40 个百分点——销售利润率同比提高，而总资产周转率同比降低所致。由此表明该企业盈利能力有所增强

其二，总资产报酬率（息税前利润 ÷ 平均总资产，下同）为 4.85%，同比上年总资产报酬率 4.58%，提高 0.27 个百分点，由此表明该企业包括负债性资产的全部资产的盈利能力有所增强。

其三，股东权益报酬率，或称“净资产收益率”（净利润 ÷ 平均股东权益）为 5.61%，同比上年股东权益报酬率 6.44%，降低 0.83 个百分点——净利润规模同比减小，而平均股东权益规模同比增大所致。由此表明该企业股东权益的盈利能力有所减弱。

第四是该企业 2019 年的支付能力。

其一，每股经营性净现金额（经营活动产生的现金流量净额 ÷ 股本，下

同）[①] 为 0.50 元，同比上年每股经营性净现金额 0.62 元，降低 18.43%，由此表明该企业（当期）经营性现金的支付能力明显减弱。

其二，每股现金及现金等价物（期末现金及现金等价物余额 ÷ 股本，下同）[②] 为 2.58 元，同比上年每股现金及现金等价物 2.28 元，提高 13.13%，由此表明该企业（期末）现金及现金等价物的支付能力明显增强。

……

综上所述，通过对该企业资产负债表、利润表和现金流量表的阅读与分析，我们可以对企业资金状况、资产状况及生产经营状况等给出的最终评价意见是……

问题

您认为宋海琪在对上述财务报表进行阅读、分析后，给出的基本判断和分析结论是否存在某些不一致的地方？原因会是什么？

您能够根据上述财务报表，对该企业的资金状况、资产状况及生产经营状况等给出最终的评价意见吗？该企业属于很好、较好、中等、较差、很差中的哪一类呢？为什么？

您能够根据上述财务报表，并在假定该企业员工总数当期为 6000 人，上期为 6660 的条件下，绘制一幅反映其收益性（包括毛利率、成本费用利润率、销售利润率、总资产报酬率、股东权益报酬率等指标）、安全性（包括流动比率、速动比率、资产负债率、股东权益比率、利息保障倍数等指标）、流动性（包括总资产周转率、固定资产周转率、流动资产周转率、应收账款周转率、存货周转率等指标）、成长性（包括营业收入增长率、利润总额增长率、净利润增长率、总资产增长率、员工人数增长率等指标）、生产性（包括人均营业收入、人均利润总额、人均净利润、人均总资产、人均工资薪酬等指标）的五维度"雷达图"或"蛛网图"吗？

① 对发行了优先股的公司而言，普通股每股经营性净现金额 =（经营性活动产生的现金流量净额 − 优先股股息）÷ 普通股股本。

② 对发行了优先股的公司而言，普通股每股现金及现金等价物 =（期末现金及现金等价物余额 − 优先股股息）÷ 普通股股本。

第8章 市场营销

8.1 划过天际的一颗流星

1991年，获得计算机学士学位和管理学硕士学位的奚志国从西南交通大学毕业。他先在深圳一家外企干上了寻呼机的研发工作，随后不安于“给人打工”的他与三位同学一起踏上了艰辛且前途未卜的创业之路。

1995年7月，由飞鸟电子研究所[①]（后更名为飞鸟科技公司）出资控股，并由奚志国出任总经理的飞鸟有限（公司）成立，开始大量生产和销售中文数字寻呼机、股票寻呼机等，其国内市场占有率曾仅次于摩托罗拉，位居国内寻呼机企业的前列。

1999年4月，飞鸟有限整体变更为飞鸟股份（公司），总股本为12000万股，并在寻呼机产业逐渐萎缩的背景下，开始涉足前景更为远大的手机产业。

2000年6月，飞鸟股份登陆资本市场，向社会公众发行4000万股A股，发行价为16元/股，并于同年7月6日在上海证券交易所挂牌上市。那时，凡见过奚志国的人，都认为他一定是上市公司老总里的青年才俊。

飞鸟股份招股说明书披露的信息显示，该公司是国家火炬计划重点高新技术企业，主要从事寻呼机、手机等电子通信产品的开发、生产、销售以及自营进出口业务，1999年销售寻呼机140万台，并取得国家计委和信产部批准，成

① 飞鸟电子研究所1994年5月成立，是一家由奚志国等五人共同出资创办的合伙制民营科技企业，注册资本人民币735万元，主要从事寻呼机的研发。

为国产手机首批定点的9家生产厂商之一。利用上市募集来的约6.25亿元资金，飞鸟股份对其手机产业的研发、生产、销售和售后服务的各个环节进行了重点投入。其中，GSM移动电话技改项目和GSM移动电话扩建项目共计划投入3.15亿元，可极大提升飞鸟股份的手机生产能力。

针对2000年手机产品的技术风险——国内企业对射频芯片、基带芯片、协议软件等技术掌握得还不多；手机产品更新换代快，新产品的生命周期通常仅为半年左右，企业若不能及时推出符合市场需求的后续产品很难取胜等问题，飞鸟股份提出的应对策略：一是在引进法国萨基姆（SAGEM）技术的基础上，合作开发GSM单频手机RC838、RC818，形成具有部分自主知识产权含量的第一代产品；二是与萨基姆合作开发后续的GSM双频手机L968，并通过合作开发，使自己的技术人员掌握更多的整机总体设计技术，特别是射频电路设计技巧和射频开发与物理层软件修改的经验，为更深层的自主开发做好准备；三是以公司自己的研究开发力量为主，产学研相结合，开发具有自主知识产权的更新型号的GSM双频手机6118及以后的衍生产品，并进一步开发CDMA[①]手机及可无线上网的WAP手机；四是在引进、消化、吸收、创新移动通信核心技术和保证产品质量的同时，高度关注市场动态及未来发展趋势，在各机型的外观设计、界面设计、附件配置等非核心技术但影响消费者选择的重要因素上努力创新，以不断推出符合消费者选择偏好的产品。

针对2000年手机产品的市场营销风险——三家国外品牌厂商诺基亚、爱立信、摩托罗拉占有80%左右的市场份额，其他国外品牌厂商飞利浦、三星、西门子、松下、阿尔卡特等共占有10%以上的市场份额，而随着国内品牌厂商介入力度的不断增强，品牌手机之间的竞争也将更为激烈，飞鸟股份提出了应对策略。一是在产品策略上，向市场同步推出高中低档手机，适应不同用户的需求，通过高档手机树立形象，通过低档手机扩大市场占有率。二是在价格策略上，因为手机不同于其他产品，市场是根据产品的品牌、性能、外形、颜色、价格等因素来细分的，所以价格不是竞争的唯一要素。对于细分后的手机市场，有可能出现局部的、有限的价格战。飞鸟股份将通过扩大生产规模、促进技术进步、提高国产化程度等来打开利润空间，争取市场主动权。三是

① CDMA（Code Division Multiple Access，码分多址），指最早由美国高通公司提出的一种数字移动通信标准，采用数字信令信道和CDMA技术，较之第一代（1G）移动通信标准而言，属于第二代（2G）移动通信标准。

在渠道策略上，加强手机营销网络的建设，陆续在全国范围内设立了 27 家省级销售分公司，培训了近百名分公司的财务、仓管及客户服务人员，初步形成了以 8 个销售大区、27 家销售分公司和 100 多个办事处为骨架、3000 余家经销商（含销售末端）为基点的销售网络体系，加强售前、售中和售后服务。要掌握对销售渠道（含销售末端）的控制权和主动权，制订稳定的销售政策，保护经销商的利益，保证各销售环节的利润空间，从而保证销售通路的长期稳定。四是在促销策略上，以建立完善的销售网络体系，促进长期平稳销售为主，以搞降价、返利等“促销活动”为辅。同时加强广告和形象宣传，加大相应投入，通过各种硬广告、软广告，并配合文化、体育及赞助公益事业来全方位地提高飞鸟产品的品牌形象，促进飞鸟手机销售规模的快速增长。

2001 年是飞鸟股份上市后第一个完整的经营年度。当年，公司实现营业收入 26.22 亿元，同比增长 180.52%；实现营业利润 1.45 亿元，同比增长 382.75%；实现利润总额 1.27 亿元，同比增长 176.5%；实现净利润 6814 万元，同比增长 168.35%；全年飞鸟手机销售了 243 万台，继 2000 年以手机销售 70 万台，成为国产品牌手机销量的第一名之后，蝉联国产品牌手机销量的第一名，并跻身国内所有品牌手机销量的前五名。

这一年，飞鸟股份的手机产能突破了 300 万台 / 年，以直销为主的销售网络体系基本覆盖了各省、自治区、直辖市的地县一级，并在各类媒体，尤其是电视上开展了企业品牌和具体手机产品的广告宣传。全年广告宣传费用支出 1.01 亿元，占营业收入的 3.9%；而同期的科研费用支出 2653 万元，占营业收入的 1.01%。

2002 年，飞鸟股份的经营业绩更上一层楼。当年，公司实现营业收入 63.68 亿元，同比增长 142.83%；实现营业利润 2.82 亿元，同比增长 94.71%；实现利润总额 2.72 亿元，同比增长 114.62%；实现净利润 2.16 亿元，同比增长 216.91%；全年飞鸟手机销售了 679 万台，再次蝉联国产品牌手机销量的第一名，并成为国内所有品牌手机销量的季军。

这一年，飞鸟股份的手机产能突破了 1000 万台 / 年，以直销为主的销售网络体系下沉，覆盖了各省、自治区、直辖市的县（区）镇一级，并在各类媒体，尤其是电视上开展了大规模的企业品牌和具体手机产品的广告宣传。全年广告宣传费用支出 1.93 亿元，促销费用支出 8056 万元，两项合计支出 2.74 亿元，占营业收入的 4.3%；而同期的科研费用支出 8889 万元，占营业收入的 1.4%。

2003 年，飞鸟股份达到了自己的“尖峰时刻”。当年，公司实现营业收入

108.42亿元，同比增长70.26%；实现营业利润3.31亿元，同比增长17.23%；实现利润总额3.5亿元，同比增长28.67%；实现净利润2.45亿元，同比增长13.48%；全年飞鸟手机销售了1176万台，首次突破1000万台大关，继续蝉联国产品牌手机销量的第一名，并超越诺基亚等国外品牌，成为国内所有品牌手机销量的冠军。

这一年，飞鸟股份的手机产能突破了1500万台/年，以直销为主的销售网络体系进一步下沉，销售分公司增至41个，办事处增至400多个，经销商（含销售末端）更是高达50000多个，几乎覆盖了各省、自治区、直辖市的县（区）镇乡（村）一级①——用飞鸟人十分自豪的话讲，“我们的销售网络，城市就不用说了，农村可到村头、地头、炕头……”。同时，飞鸟股份在各类媒体，尤其是电视上实施了“铺天盖地”的企业品牌和具体手机产品的广告宣传。伴随着一架穿云破雾的幻影战机呼啸而过的画面，那句知名的广告语“飞鸟手机，手机中的战斗机”，曾连续几年响彻大江南北、长城内外。

这一年，飞鸟股份的广告宣传费用支出2.59亿元，促销费用支出5666万元，业务招待费用支出1664万元，业务宣传费用支出1.15亿元，四项合计支出4.47亿元，占营业收入的4.12%；而同期的科研费支出5850万元，只占营业收入的0.54%，尚不及营业收入的1%。

2004年，飞鸟股份的发展出现了某些疲态。当年，公司实现营业收入102.46亿元，虽同比下滑了5.50%，但实现的营业利润、利润总额和净利润却分别只有2.41亿元、2.58亿元和2.08亿元，分别同比大幅下滑了27.07%、26.13%和15.33%；全年飞鸟手机销售了1366万台（含出口338万台），虽然继续蝉联国产品牌手机销量第一名，但在国内所有品牌手机销量排行榜上却被诺基亚等国外品牌超越，跌回了第三的位置。

这一年，飞鸟股份面对的市场竞争更为惨烈。一是国外手机巨头卷土重来，除了在高端手机市场上凭借其品牌声誉、高技术背景支撑下的产品功能和产品质量等优势“攻城拔寨”以外，还在中低端手机市场上通过更多的直供方式，做透销售渠道和大幅度降低产品售价，与国内手机厂商展开了面对面的竞争。

---

① 根据2003年全国行政区划统计表，截至2003年年底，全国共有23个省，5个自治区，4个直辖市，2个特别行政区，51个地区（州、盟），660个市，1642个县（自治县、旗、自治旗、特区和林区），845个市辖区，38290个乡镇（20226个镇、18064个乡），5751个街道办事处，7.7万个居委会（社区居委会）。

二是原本就无核心技术背景、只能在中低端手机市场上以低价取胜的各个国内手机厂商，在产品毛利率已逐年下降的情况下不得已再一次举起“价格战”的大旗。三是“山寨”手机越发泛滥，这种一些小型手机设计公司从国际手机芯片或模块厂商引入手机芯片或模块，进行手机方案设计，再将手机设计方案廉价卖给多个手机厂商进行手机生产和销售的做法，在2004年已形成分工明细的产业链。其中，还有部分手机厂商可能连生产也不做，仅做销售，就像一些做手机贸易的企业——这样的厂商可能每款手机只销售5万台甚至更少也能赚钱，图的就是一个“快”字，但起步就要考虑每款手机至少要生产销售50万台、100万台的国内“正规军”厂商就不可能与之较量了。四是国美、苏宁、大中等国内大型家电卖场也加入了手机零售商的行列，以及迪信通、中域电讯等专业通信连锁零售店的兴起，致使手机销售模式发生了较大变化，它们采用厂商直供、机型买断等销售方式，大大压缩了原有的先经分销、再到零售的手机销售网络，导致手机价格直线下跌，甚至动摇了国内手机厂商原有的自主定价权。尤其是对飞鸟股份曾经引以为傲的、可深入到各省、自治区、直辖市的县（区）镇乡（村）一级为特色的销售网络体系造成的冲击就更为巨大。

面对这种白热化的市场竞争，飞鸟股份的应对招数似乎变化并不大，依然像奚志国所提及的那样：“跟国内企业相比，（我们）技术领先一些、规模更大一些、销售和售后服务网络更强一些；跟国外企业相比，（我们）成本、价格更低一些。这些就是我们的比较优势……”

当然，飞鸟股份在2004年也实施了一些具体的应对举措，如与西门子结成（手机产业）联盟，并计划与萨基姆共同出资组建研发有限公司，主要从事手机及相关电子设备、部件的硬件、软件产品的研发及技术服务。再如，在保证合作方利益的前提下，加入了与国美、苏宁、大中等大型家电卖场的战略合作联盟，并投资自建了手机连锁卖场，作为变革销售模式的一种尝试。同时，另辟蹊径打开国际市场，向东欧、中东、东南亚和南美等目标市场出口手机338万台，以求减轻国内市场成长趋缓的压力。

这一年，飞鸟股份的广告宣传费用支出1.96亿元，促销费用支出2.14亿元，业务招待费用支出1900万元，业务宣传费用支出9737万元，这四项合计支出5.26亿元，占营业收入的5.13%；而同期的科研费用支出5824万元，占营业收入的0.57%，仍不及营业收入的1%。

2005年，飞鸟股份的发展掉头直下，整个经营形势就像遭遇了一场“雪崩”。当年，公司实现营业收入90.5亿元，同比下滑了11.67%；营业利润、利润总额和净利润分别亏损4.85亿元、4.69亿元和4.71亿元，同比巨幅下滑了300.87%、281.67%和327.13%。这让所有投资者目瞪口呆，感受到了“切肤之痛”，因为就在2004年7月，飞鸟股份刚增发了3200万股新股，当初募集资金时飞鸟股份面对资本市场所展现的“踌躇满志”还历历在目，所承诺的“信誓旦旦”仍萦绕耳畔。

对公司上市以来的首次亏损，飞鸟股份给出的解释：一是国内手机市场经过近10年的高速发展，新增用户（即第一次购机用户）数量的增长速度已明显降低，而公司销售的产品中新增用户占有相当比例，所以难以保持过去的销售增长速度；二是跨国巨头的全系列策略致使市场的竞争更加激烈，公司产品的市场份额较以前年度有所下降，同时国外品牌加强其在中国市场的渠道建设，强调渠道下沉，削弱了公司原有的销售渠道优势；三是“山寨”手机大量涌现，给手机市场尤其是农村市场带来相当大的冲击，致使手机市场竞争更加激烈，给包括公司在内的国产手机厂商造成了相当大的影响；四是产能过剩导致市场过度竞争——随着手机生产核准制的实施，国内新兴品牌不断增多，手机生产能力集中释放，在一定时期内市场过度竞争，导致产品毛利率急剧下滑；五是公司2005年经营决策存在一定失误，公司在2005年初制订产品规划时未能抓住市场流行热点（如MP3音乐手机等），以致新产品推出较慢，手机市场消费热点的迅速转换直接导致旧机型销售价格下跌，利润空间进一步缩小甚至亏本销售；六是公司在年初制订产品计划时对市场的估计过于乐观，原材料和零部件采购量过大，一度库存压力较大；七是公司投资自建手机销售平台（连锁卖场）是公司变革销售模式的一种尝试，由于开始阶段网点布设过多，投入大、费用高，也增加了公司的亏损面。

就在巨额亏损的这一年，飞鸟股份的广告宣传费用支出9706万元，促销费用支出1.88亿元，业务招待费用支出1953万元，业务宣传费用支出4892万元，这四项合计支出3.54亿元，占营业收入的3.91%；同期的科研费用支出5898万元，占营业收入的0.65%，仍不及营业收入的1%。

时光进入2006年。至岁末，飞鸟股份实现主营业务收入67.4亿元，同比上一年大幅下滑了25.53%；营业利润为亏损1640万元，最后虽然靠政府补贴和出售资产等非经常性收益勉强保证了利润总额和净利润为盈利，但在明眼人看来，该公司已逐渐成为“落寞黄花”，风光不再。

接下来的 2007 年，飞鸟股份再次出现巨亏①。

再接下来的 2008 年，飞鸟股份仍然亏损严重②，被戴上了“ST”的帽子……

一晃又是十几年过去了。

飞鸟股份从曾经的辉煌，到如今的悄无声息，如划过天际的一颗流星。在惋惜、嗟叹之余，人们不由地想起唐代大诗人杜甫 1200 多年前，在七律《蜀相》中留下的千古名句：出师未捷身先死，长使英雄泪满襟。

问题

如果采用“4P 理论”进行分析，您认为飞鸟股份的营销策略存在什么问题？在这些问题中，哪些是在飞鸟股份设立之初时就存在的，哪些是在其后来的发展中逐步形成的？

从飞鸟股份的兴衰历程里，您认为可以吸取的最重要的经验和教训各是什么？

8.2 我们是被代理商“耍”了吗

碉堡山（公司）是一家从事食品安全快检产品研发、生产和销售业务的高新技术企业。通过广泛的产学研合作，碉堡山已研发、生产了包括检测试剂盒、检测箱、检测仪器，以及干化学试纸、兽药残留胶体金检测卡和抗生素检测试剂盒 6 大系列、150 多种食品安全快检产品，并为北京、上海、山东、山西、四川、重庆、西藏、新疆、河北、江苏等市场接受，赢得了较好的用户口碑。

为将销售触角延伸到更为广大的地区，在近三五年里，碉堡山除了自己进行产品直销外，还大力拓展了产品分销网络——在直销尚未覆盖的省、自治区、直辖市开发了十余家代理商（有时也被碉堡山叫作“经销商”），并与这些代理商分别签署了《代理商协议》。通过这些代理商的分销，碉堡山的销售额由以前的 3000 万～ 4000 万元 / 年，至少提升了 30%。

---

① 根据飞鸟股份 2007 年年度报告，当年公司实现营业收入 45.69 亿元，营业利润亏损 6.04 亿元，利润总额亏损 5.92 亿元，净利润亏损 5.93 亿元。

② 根据飞鸟股份 2008 年年度报告，当年公司实现营业收入 20.25 亿元，营业利润亏损 1.86 亿元，利润总额亏损 1.72 亿元，净利润亏损 1.72 亿元。

然而，在 2018 年 7 月却发生了一件让搞新产品技术的公司总经理沈立洁感到不快的事情。

7 月初，碉堡山在 XX 省的代理商百搭公司称，其有希望在该省工商部门的一次邀标中获得一份价值数百万的大单，要求碉堡山派员到客户所在地进行售前技术支持。于是，碉堡山数次调集人马赶赴客户所在地，从问题咨询，到提供多套解决方案，再到组织大规模的人员培训，前前后后忙了差不多一个月，花费了大把费用，最终的结果却是碉堡山成了那个“来打酱油的”，而另一同业竞争者中了标。事后，经多方打听，才知道这家中标企业在当地的代理商竟然也是百搭公司！

“我们是被代理商‘耍’了吗？”恼怒之下，沈立洁把公司市场营销总监尤才智叫到了自己的办公室。

沈立洁对尤才智说：“你一直是做直销的，而我也不懂代理商、经销商管理上的事情，百搭此次‘脚踩两只船’的行为是否违约，我看最好还是咨询一下公司的法律顾问。反正如果最后证实是百搭违约，协商不成要和百搭打官司的话，不也要聘请律师参与诉讼吗？”

第二天，尤才智找来了公司的法律顾问——沈石何茹律师事务所的合伙人何斌律师，向其叙述了百搭公司此次在 XX 省工商部门邀标和中标中“脚踩两只船”——既是碉堡山的代理商，又是另一同业竞争者的代理商的事情，并希望就其是否违约听到来自何斌的法律意见。

何斌先仔细阅读了碉堡山与百搭签订的《代理商协议》（见附件），然后问道：“您确认碉堡山与百搭之间建立的是业务代理关系吗？”

“是的。”尤才智回答，并反问道，“这有什么问题吗？”

“没什么问题。我主要是想搞清楚，百搭究竟是代理商还是分销商？因为二者的职责不同，在法律关系和合同关系上也不一样。如果百搭不是代理商而是分销商，就不应该签订这种《代理商协议》，而应该签订《分销商协议》。”

“是吗？我们这几年建立分销网络时，在对方称谓上的确有时叫‘代理商’，有时叫‘经销商’，但签订的协议都是这种《代理商协议》。”

“代理商在销售中发挥的作用主要是‘促销’，代理商就是一个中介，拿到的是碉堡山给的‘酬金’，本身不是销售主角，主角仍是碉堡山，仍是碉堡山在做销售，碉堡山也没有建立新的分销网络，仍是在使用自己原来的那张拓展变大后的直销网络。而分销商，”何斌略作停顿，又接着说，“也有叫‘经销商’的，主要分为批发商和零售商，都要从你们这样的产品原厂家或其上家进货，然后再卖出去，获得的是‘价差’收益，本身分担了销售任务，是销售主角之一，构成你们销售环节中的一环。只有这时，你们建立的才是一张与你们原来的直销网络并存的分销网络。因此，不应把‘代理商’叫成‘经销商’，二者混为一谈容易带来管理上，甚至法律上的诸多问题。”

“哦，明白了。看来我们对直销和分销的理解，以及把‘代理商’叫成‘经销商’的做法都需要调整。”尤才智又接着问，“那在百搭是我们在 XX 省的代理商的情况下，其此次‘脚踩两只船’的行为是否构成了违约？如果构成了违约，我们接下来又可以做些什么呢？”

何斌回答：“碉堡山与百搭之间唯一重要的契约应该就是这份《代理商协议》。”何斌晃了晃手里的那几张纸，接着答道：“单就这份《代理商协议》来说，尽管个别地方的确存在一些瑕疵或疏漏，但这是碉堡山和百搭双方都认可，并已在 2018 年 1 月 8 日签字生效的。因此，只要双方或其中任一方履行了这份《代理商协议》约定的权利义务，就不构成相互的违约或其中一方对另一方的违约。从刚才您告诉我的关于百搭此次在 XX 省工商部门邀标和中标中的行为看，其并没有构成违约。”

何斌看尤才智面露疑惑，解释说：“因为在碉堡山和百搭签订的这份《代理商协议》里，并没有约定百搭不可以在做碉堡山的代理商的同时，又做其他单位或个人，包括你们的同业竞争者的代理商。”

“协议里不是约定了百搭只能在 XX 省内开展碉堡山的代理业务吗？”

“是的，但这一约定只是限制了百搭不能去 XX 省以外的其他省、自治区、直辖市从事碉堡山的代理业务，并没有约定百搭不可以在 XX 省内从事其他单位或个人的代理业务。”

“也就是说，不可能通过协商、仲裁甚至诉讼，要求百搭对碉堡山予以道歉和做出某些赔偿了？”

“是的。”

“那现在我们还能做些什么？哪怕是亡羊补牢，能够避免以后再次发生类似事件也好啊！”尤才智又问。

何斌答道：“可以与百搭，以及你们在其他省、自治区、直辖市的代理商协商、洽谈，统一在《代理商协议》中加入‘乙方有义务在作为甲方的代理商期间，不在同一省、自治区、直辖市成为其他的与甲方有竞争性业务的单位或个人的代理商’。另外，”何斌指着那份《代理商协议》的几处地方，又说，“目前在《代理商协议》中已有‘甲方有义务对乙方提供产品推广、服务指导、培训和宣传等方面的支持，包括派出指导人员、组织培训、提供产品技术资料等’‘乙方有义务向客户提供优质满意的服务，包括开展业务咨询、业务培训和业务拓展等’条款，因此，就应该在‘当客户要求由甲方直接提供优质满意的服务，包括开展业务咨询、业务培训和业务拓展等需求时，乙方有权要求甲方给予必要的支持’后，添加‘但由此发生的相关费用应由乙方承担’一句，使其中的业务关系与相应的成本费用关系保持一致。”

“那在什么时候修改《代理商协议》更好呢？”尤才智问。

何斌回答道：“这要看你们与各个代理商之间的关系而定，因为这毕竟是调整双方权利义务，尤其是对方利益的事情。所以，好谈的，可以尽快修改；不好谈的，则放在原《代理商协议》到期终止时，再另行签订修改后的《代理商协议》。”

“哦，好的。何律师，非常感谢您的帮助！”

“还有其他问题吗？”

“没有了。”

“我倒对碉堡山有一个工作上的建议。”在这次咨询的最后，何斌对尤才智说，“尽管我并不是市场营销方面的专家，但以这些年我对碉堡山的了解，我认为碉堡山最好在全国范围内逐步建立一张真正的、由不同层级的经销商组成的分销网络可能会更好一些。现在这些代理商只是起到一些促销的作用，碉堡山的产品卖不卖得出去，与它们关系不大——它们没有太大的责任，也没有太多的风险，大不了就是拿不到业绩提成而已，因为碉堡山大部分的产品销售任务，包括售前和售后的技术支持，以及物流运输、安装调试、产品验收、货款回笼等，仍然需要碉堡山自己来做，其实工作量并没有减少多少，靠这些代理商，碉堡山的销售额会有所增长，但对提高碉堡山产品的市场占有率的贡献可能并不明显。当然，这只是我的‘一己之见’，仅供你们参考。”

……

再三道谢后，尤才智将何斌送到公司楼下，并挥手目送着何斌的车渐渐远去。

附件：

代理商协议

甲方：碉堡山公司　（以下简称甲方）

地址：____________________

电话：____________________

乙方：单位（个人姓名）：百搭公司　（以下简称乙方）

个人身份证号：____________________________________

地址：____________________

电话：____________________ 个人手机号码：____________________

为拓展甲方产品销售市场，提升甲方产品在 XX 省（自治区、直辖市）XX 市（区）的市场销售业绩，甲乙双方根据《中华人民共和国合同法》等相关法规，本着“互惠互利、共同发展”的原则，经过友好协商，自愿签订本协议。

一、合作内容

甲方是从事食品安全快检产品研发、生产和销售业务的高新技术企业。

乙方是通过甲方审核及授权，具有甲方食品安全快检产品销售代理商资格，负责在 XX 省（自治区、直辖市）XX 市（区）的地域内，对甲方产品进行推广、服务的单位（个人）。该推广、服务包括建立客户关系、向客户推荐与介绍甲方产品、促进并完成甲方产品销售签约、交接客户关系、催缴货款、挖掘和实现客户未来需求等工作。

二、甲方的权利义务

第一，甲方有义务指定专人与乙方相关人员对接，协调、解决乙方在对甲方产品进行推广、服务过程中出现的问题。

第二，甲方有义务对乙方提供产品推广、服务的指导、培训和宣传等方面的支持，包括派出指导人员、组织培训、提供产品技术资料等。

第三，甲方有权对乙方履职情况进行考核评价。但乙方不能将该考核评价结论作为自己对外的资信或担保凭据。

第四，甲方有权与其他代理商签订与本协议类似的、在 XX 省（自治区、直辖市）XX市（区）的地域外的《代理商协议》，即甲方给予乙方的代理商资格的排他性仅限于XX省（自治区、直辖市）XX市（区）的地域内。

三、乙方的权利义务

第一，未经甲方书面许可，乙方有义务不将本协议约定由乙方拥有的全部或部分权利义务转授给任何第三方，包括乙方设立的子公司、分公司等。

第二，乙方有义务不在其员工名片、对外广告和宣传材料上使用甲方商号及产品商标等品牌标识，也不以甲方"总代理"或"办事处""子公司""分公司"等具有非真实性的名义从事商业活动。

第三，乙方有义务严格按照甲方产品技术性能和功能的标准、产品报价以及解决方案进行销售业务的推广、服务，不得擅自更改，弄虚作假，扰乱甲方产品正常的市场秩序。

第四，乙方有义务协助甲方对客户应付而未付的货款进行催收，并及时提醒甲方对货款逾期的客户采取必要的措施以减少坏账损失。

第五，乙方有义务对向客户提供的推广、服务进行真实、准确、完整的记录和分析，并及时向甲方反馈客户的意见和建议。

第六，乙方有义务向客户提供优质满意的服务，包括开展业务咨询、业务培训和业务拓展等。

第七，乙方有义务在本协议解除或终止后的3个工作日内与甲方完成客户资料以及服务内容等客户关系的交接工作。

第八，当客户要求由甲方直接提供优质满意的服务，包括开展业务咨询、业务培训和业务拓展等需求时，乙方有权要求甲方给予必要的支持。

四、双方的权利义务

第一，甲乙双方在本协议中约定的行为均不得违反法律、法规，不得损害客户的利益，否则责任方将承担由此产生的全部责任。

第二，双方有义务主动维护对方的信誉和利益，如因单方原因造成损害对方信誉和利益的，受损害的一方保留对造成损害的一方追究经济和法律责任的权利。

五、报酬结算

第一，甲方给予乙方的固定酬金为15000元/月，在每月15日结算（遇国家法定节假日顺延。其中，首次支付固定酬金的时间为本协议签字盖章生效的

3 个工作日内，末次支付固定酬金的时间为本协议解除或终止后的 3 个工作日内，首次和末次支付固定酬金的金额均以实际当月乙方作为甲方代理商的天数计算），汇入乙方指定账户，乙方为甲方开具增值税发票。

第二，甲方给予乙方的业绩提成，按照乙方开展推广、宣传工作后甲方实现销售收入的一定比例计算，在实现该销售收入的 3 个工作日内予以兑现（遇国家法定节假日顺延），汇入乙方指定账户，乙方为甲方开具增值税发票。

具体提成比例为：

实现销售收入 100 万元以下，提成比例 9%；

实现销售收入 100 万～ 300 万元以下，提成比例为 8%；

实现销售收入 300 万～ 600 万元以下，提成比例为 7%；

实现销售收入 600 万～ 1000 万元以下，提成比例为 6%；

实现销售收入 1000 万～ 3000 万元以下，提成比例为 5%；

实现销售收入 3000 万元及以上，提成比例为 4%。

乙方银行账户信息：

户名：百搭公司　开户行：工商银行 XX 省分行 XX 支行

账号：________________________

六、保密条款

第一，甲乙双方有责任对与本协议的所有客户资料予以保密。

第二，甲乙双方有责任对本协议的具体内容予以保密，未经一方事先书面同意，另一方不得将本协议的具体内容披露给任何第三方。

第三，甲乙双方任何一方违反包括但不限于上述两款保密责任的，即构成严重违约，另一方有权解除本协议并要求对方赔偿损失。

第四，本协议解除或终止后，双方仍应继续履行保密义务，如一方违约应赔偿由此给对方造成的损失。

七、违约责任

第一，任何一方违反本协议而导致本协议无法履行，守约方有权解除本协议，并要求违约方赔偿因其违约给守约方造成的损失。

第二，任何一方违反本协议而给对方造成不良社会影响或经济损失，则守约方有权追究违约方责任，并要求违约方赔偿因其违约给守约方造成的损失。

第三，乙方在开展甲方的代理业务中如存在以下违规行为，甲方有权责令其纠正，并对乙方按以下标准进行处罚：

一是乙方违反法律法规，发生重大信息安全问题和重大负面社会影响，以及出现其他恶性违规行为的，甲方将中止与乙方的合作，列入不良信用记录名单；给甲方造成重大损失的，处以损失额 5 ～ 20 倍的罚金。

二是利用甲方代理商的资格权限，从事甲方代理业务以外的商业活动，越域或采取欺瞒手段套取利益的，按 5000 ～ 15000 元 / 起处以罚金。

三是因乙方过错引发客户投诉的，经查实，按 500 ～ 5000 元 / 起处以罚金。

八、适用法律和争议解决

第一，本协议的成立、有效性、解释、签署、履行、修订和终止，以及争议的解决均适用《中华人民共和国合同法》等相关法律法规。

第二，对在本协议履行过程中发生的争议，甲乙双方可协商解决。协商不成的，任何一方可将争议提交甲方所在地的贸易仲裁机构进行仲裁。任何一方对仲裁结果有异议的，可向具有管辖权的地方人民法院提起民事诉讼。

第三，在发生争议和争议解决期间，除争议所直接涉及的条款外，任何一方有权行使本协议项下的权利，并履行其在本协议项下的义务。

九、协议的效力、变更、解除与提前终止

（一）本协议的效力

本协议自 2018 年 1 月 8 日起生效，终止时间为 2018 年 12 月 31 日。本协议到期后，如甲乙双方无异议，本协议将自动顺延 1 年，顺延期间，任何一方提出书面异议，本协议自动终止。

（二）本协议的变更

任何一方都有权利提出对本协议进行变更。一方提出要变更本协议的，应提前 10 个工作日向对方发出通知，然后由甲乙双方协商；未经协商擅自变更本协议的，该变更无效。

（三）本协议的解除和提前终止

本协议生效后，除法律法规或本协议另有规定外，未经甲乙双方协商一致，任何一方不得无故解除或提前终止本协议。任何一方违反本规定的，应向守约方支付 18 万元的违约金，并经守约方同意后方可解除或提前终止本协议。

十、其他

本协议一式两份，经双方代表签字并盖章生效。本协议由甲乙双方各执一份，具有同等法律效力。

甲方：碉堡山公司（盖章）

法定代表人：XXX

授权代表人：XXX

签字日期：2018 年 1 月 8 日

乙方：单位（个人姓名）：百搭公司（盖章）

个人身份证号：______________________

法定代表人：XXX

授权代表人：XXX

签字日期：2018 年 1 月 8 日

问题

除了何斌指出的该《代理商协议》存在的问题外，您分析该《代理商协议》还存在哪些瑕疵或疏漏？

您如何评价何斌对碉堡山提出的工作建议？碉堡山是否应该建立一张真正的市场分销网络？

8.3　直销，效率与利润的天梯

戴尔是一家以生产、销售个人电脑（Personal Computer，PC）为主业的跨国公司，1984 年成立于美国得克萨斯州。多年来，其独特的直销模式一直为业界称道和羡慕。

从 1984 年到 1994 年的十年间，戴尔主要通过电话进行 PC 直销。1994 年戴尔开通了公司网站，并随着互联网的兴起，逐步扩大通过网络进行 PC 直销的疆域。时至今日，戴尔更是主要通过互联网和移动互联网，利用公司网站和大型网络销售平台（如中国的国美、京东、天猫、阿里巴巴等）进行 PC 直销。

那么，戴尔的 PC 直销活动，或者说其围绕直销订单的 PC 产业运营活动究竟是怎样进行的呢?

一是下单付款。即由客户根据自身的使用需求、个人喜好等，自行或以电话或在线聊天方式，在戴尔导购咨询人员的推介、帮助下，在戴尔的官网或大型网络销售平台上按照价格、屏幕尺寸、处理器（CPU）规格、显卡品牌、内存大小、硬盘种类和大小、显示屏分辨率和触控方式、操作系统、键盘类型、网络适配器等逐一挑选，系统会自动匹配出与客户选择最为接近的某一 PC——相当于针对客户的个性化需要安排了部分的“定制生产”。然后，客户可以选择下单付款或将其放入购物车中待购。

二是生产准备，包括装配线准备和零部件准备。一旦客户下单付款，戴尔的订单管理系统就会将订单转到生产运营部门，由生产运营部门通知生产厂做好装配线准备；所需的零部件清单同时自动生成，由生产运营部门通知零部件供应商或物流服务商，将相关零部件备齐后送达戴尔的生产厂。对同一天且完全相同、数量又不及 50 台 PC 的订单，生产运营部门会将其并单，一并下达通知；而大于 50 台 PC 的订单，生产运营部门会将其拆单，分别下达通知。

三是生产和检测。戴尔生产厂的装配人员将装配线上的零部件组装成 PC，然后检测人员对组装好的 PC 进行软硬件测试，检测合格的 PC，连同说明书、配套软件光盘、电源、电缆等经装箱后送至成品库。

四是发货准备。一般在 PC 送至成品库的当日或次日内，与客户此前在下单时可能已另行选择的鼠标、键盘、显示器、移动电源等其他外设，一并打包后，由戴尔生产厂交付物流服务商。

五是物流运输。物流服务商将客户所订的 PC 等发出，并在订单约定的交货日期内送到指定的交货地点。一般情况下，戴尔会在客户下单付款的 2 ～ 5 个工作日内完成送达。

六是免费上门安装和调试服务。此项服务通常由戴尔的运维服务合作伙伴提供。如果客户不需要，可以免去此项服务——这由客户下单时确定。

戴尔的 PC 直销还有以下两个特点。

一是自下单付款开始，客户就能够按照自己的订单号，在网络上自行或以电话或在线聊天方式，随时查询自己所购 PC 的生产和物流情况。这种可以时时掌握自己所购 PC 进展动态的做法，大幅提升了客户对戴尔工作质量、产品质量和服务质量的信任度。

二是即便客户没有立即下单付款，戴尔的后台处理系统也会根据客户放入购物车的 PC 品种、数量，或从导购咨询和通过其他渠道，如问卷调查、售前售后服务时获取的客户的购买意向等数据，生成关于产品技术性能、产品功能、产品质量、价格、交货期、交货地点、安装调试、“三包”及其他配套服务等内容的客户报告，并据此进行分析统计，自动生成市场分析报告，适时和定期提供给戴尔的产品设计、生产运营、市场营销等业务部门，作为其产品研发设计、生产运营调度、市场策略谋划等的重要依据。这些业务部门也会将客户的需求信息及时通知戴尔的零部件供应商、物流服务商和提供运维服务的合作伙伴等，以实现对客户需求的及早反应。

戴尔通过 PC 直销，获得了效率的提升。

首先是沟通效率的提升，直销使戴尔与客户建立了直接、也是唯一的联系，所有的中间环节都不见了，彼此之间的沟通效率达到了极致；其次是营销效率的提升，无论是通过戴尔自身的网络建设，还是通过电话或在线聊天方式，在戴尔导购咨询人员的推介、帮助下完成客户下单或达成购买意向，所有市场营销活动都为客户最终下单提供了便利，都最大限度地实现了企业的销售目标；最后是工作效率的提升，通过直销，戴尔能够及时准确了解客户心目中理想的 PC 应该具备哪些技术性能和使用功能、外形大小、厚薄、轻重，以及价格范围等的期望情况，避免了企业对客户各种不同需求的误解误判，可以在产品设计、生产运营、物流配送和后期运维服务等各个环节少走弯路，从而提高了整个产业链的工作效率。

同样，戴尔通过 PC 直销，获得了利润的增长。

首先做到了“零库存”，戴尔实行直销下的“照单生产”，零部件供应商或物流服务商按照戴尔的零部件清单，将相关零部件备齐后于每天生产的数小时前送达戴尔的生产厂，从而使戴尔避免因存货资金的占用和因存货过多可能造成的跌价损失[①]。其次是实现了生产设施和人员的最小化配置，戴尔依据从直销获得的市场分析报告，能够对某一供货区域内的市场需求做出较为精准的预测，然后据此进行生产设施等固定资产的投资和相应人员的招募，“精准”“从简”“宁缺毋滥”，从而实现投入产出效率的最大化，减少对固定资产投资的资金占用和固定资产折旧、固定人工（基本工资、社保）、房租、物业等固定费用的支出。最后去掉了渠道环节中的利润分流，由于戴尔广泛采用直销，不需要考虑如果采用分销时通过价差留给各级批发商和零售商的中间利润，也不需要考虑支付给代理商的佣金，因此，戴尔就能够以与竞争者大致相同的产品性价比，通过 PC 直销从市场上获得比竞争者通过 PC 分销时更多的利润。

问题

您认为所有企业都适合直销吗？都可以借助直销提高效率与利润吗？

您认为直销有哪些缺点？又有哪些方法和措施可以有效规避直销的这些缺点呢？

8.4 从推销员到营销总监

1989 年，22 岁的汪建昌从一所工科院校毕业，没有去机关、高校或者大企业的产品设计部门，而是回到家乡所在的三线城市，一头扎进当地国营的天地布鞋厂——后来叫作“天地鞋厂”，现在叫作“天地鞋业（公司）”，当上了一名不起眼的推销员。

几年后，在蝉联天地布鞋厂销售标兵称号而接受厂报记者采访时，汪建昌爆料说：“其实，我当时的想法很简单，就是想找一个离家近一点的单位。因为父母年纪大了，为了供我上学念书，这么多年天天起早贪黑，很不容易！至

① 根据戴尔的市场分析报告，其零部件供应商或物流服务商只在自己位于戴尔生产厂附近的物料仓库中储备大约两周的零部件库存，实行滚动补货。这两周的零部件库存的物权仍归零部件供应商或物流服务商，但如果因戴尔的原因导致这两周的零部件库存无法使用，则戴尔会承担这些库存给零部件供应商或物流服务商带来的损失。

于你问我‘为什么选择做了推销员？’说老实话，这并不是我选择的，是人事劳资科安排的。可能是他们看我还比较外向，喜欢和人打交道，能吃苦，对环境的适应能力强。去厂设计科，我又不是学轻工或服装鞋帽的，专业也不对口，也得改行。再说那时厂子不景气，生产的布鞋卖不出去，堆得到处都是，销售（科）的压力很大，急于招兵买马，扩充队伍……”

所以，当初汪建昌是在“组织安排”“哪里需要到哪里去”的情况下踏上了自己的推销员之路的。虽然前途未卜，但汪建昌“初生牛犊不怕虎”，人年轻，还有本科学历，这就是资本。

不知道市场在哪里怎么办？那就靠“腿勤”。别的推销员每天最多工作 8 个小时，而汪建昌每天天不亮就出门，晚上九十点钟才着家，跑遍了厂里划定给他的销售区域内所有的机关、学校、商店、小区，足迹遍布每一条街道、每一个院落、每一块犄角旮旯。后来，他还跑遍了工厂尚未涉足的市郊农村市场，田间地头、房前屋后、门里门外到处都留下了他的足迹。一年里，他穿破了厂里生产的 17 双布鞋——穿自己企业生产的鞋可以顺便打打广告，脚底也磨出了一层厚厚的老茧。

不认识客户怎么办？那就靠“嘴勤”。汪建昌见人就主动打招呼，逢人便问、遇人就说。一方面给客户全面介绍“天地”布鞋的价值、品质，甚至其品牌中蕴含的企业文化等产品特色；另一方面向客户深入了解其对布鞋产品的功能、价格、质量等的真实需求。他意志顽强，即使被客户拒绝了无数次，也照样会有他下一次的登门拜访；他态度诚恳，对每一个客户，不管买不买天地布鞋，他都笑脸相迎、热情相待，甚至在客户出现了与买卖毫不相关的困难时，他也能挺身而出，想方设法地给予帮助，真正成为客户的好朋友、老朋友。

不清楚客户需求与产品之间的契合点怎么办？那就靠“脑勤”。汪建昌认为做推销并不完全是“力气活”“靠耍嘴皮子”，还需要不停地动脑筋、善琢磨，要千方百计地找到客户需求与产品之间的“交集”，并由一个交集“点”转化成一条交集“线”，再由一条交集“线”转化成一个交集“面”……为达到这一目的，他常常深入分析客户需求和天地布鞋的产品特点，在天地布鞋已基本满足客户需求时，向客户详细说明，劝说客户立即购物、签单；在天地布鞋尚未满足客户需求时，向客户提出自己的意见和建议：如客户提出的需求是不切实际的，则向客户讲明缘由，让客户打消这一念头，现在就可以多购物、签大单，价格还可以给予优惠；如客户提出的需求是合理的，则告知客户可以先不买，或先少购货、签小单，等企业推出新产品后再买，再多购物、签大单。同时，将天地布鞋未能满足客户合理需求的地方，向厂里提出自己的意见和建议：改进现有产品，并及时推出满足客户需求、受客户欢迎的新产品。

譬如，天地布鞋厂以前只生产、销售布鞋，市场主要集中在本市城区，而在开发市郊农村市场时，汪建昌发现布鞋在这里的需求并不旺盛。“为什么布鞋在农村不吃香？因为农民总要下地，再遇上下雨天，到处都是泥浆，布鞋不防水，泥水很快就把布鞋的里里外外都打湿了。这时穿着布鞋，又脏又难受，还不如光脚丫子。而光脚又滑，容易摔倒，还容易扎进玻璃碴子、铁钉，万一再弄上个感染、破伤风什么的，农民是很害怕的。所以胶鞋，尤其是高帮胶鞋在农村更受欢迎。于是，我就把天地布鞋厂也应该生产、销售胶鞋的建议提给了厂里，一年后厂里就陆续推出了胶鞋系列产品，工厂的（营业）收入在三年里翻了三番，市场也由本市拓展到了本省其他地区，厂子还改了名，不再叫‘天地布鞋厂’了，改成了‘天地鞋厂’。后来厂里有人说‘这一市场是汪建昌开发的’。这肯定不对！”汪建昌这样说，“（市场）需求其实早就在那里摆着，不是我开发的，只是我发现了它们。”

1999 年，天地鞋厂改制并更名为天地鞋业，已在推销员岗位上工作了 10 年的汪建昌被公司派到了外省，去筹建天地鞋业的第一家省级销售分公司并出任该分公司的经理。他身先士卒，时时处处冲锋在前，除了“插红旗”“建立根据地”以外，还“拔白旗”“炸碉堡”，并把自己多年积累的推销技巧加以总结、提炼，系统地传授给分公司的销售人员，带出了一批和他一样的推销好手，使该分公司取得了远超后来陆续成立的其他省级销售分公司的销售业绩，连续三年获得了天地鞋业最佳省级销售分公司的称号。

“我们之所以取得这些突出的销售业绩，全凭汪经理的支持、帮助。”“如果没有汪兄的言传身教，真不知道我会撞多少南墙，走多少弯路，也不可能在 25 岁以前就赚到了‘人生的第一桶金’！”该分公司的许多推销好手都会这样说。

“和我以前单枪匹马不一样了。现在我们是一个团队，而我是带队的，是‘班长’，我有义务和责任把自己以前摸索出来的推销技巧告诉他们，还有成功的经验和失败的教训。这样，每个人成功了，整个队伍也就成功了，这才是我最值得骄傲和自豪的。比我自己拿了100万元奖金还高兴！”汪建昌这样说。

2008年，天地鞋业的产品已由布鞋、胶鞋拓展到了皮鞋，公司的市场范围几乎覆盖了全国各省、自治区、直辖市。这一年，汪建昌升任天地鞋业北方大区分公司的总经理，负责管理东北、华北和西北地区内的多家省、自治区、直辖市级销售分公司。他一方面制订销售计划和销售预算，提出具体措施，对天地鞋业下达的销售目标进行分解，并制订监督考核制度，要求各省、自治区、直辖市级销售分公司落实目标，责任到人、激励到人，发挥主观能动性，确保完成目标任务。另一方面，他也经常跑到销售第一线，培训一线人员，和一线企业一道出主意、想办法，帮助一线企业拿下一些大单，啃下一些“硬骨头”。通过上上下下的共同努力，北方大区分公司捷报频传，连续四年获得了天地鞋业最优大区分公司的称号。

“正是汪总要求我们要时刻紧盯客户需求，千方百计地挖掘市场机会，我们才由单一的布鞋市场拓展到了体操鞋和舞鞋市场，也由过去的胶鞋市场拓展到了雨靴、消防靴和各式运动鞋市场，再由传统的皮鞋市场拓展到了冰鞋、跑鞋和登山攀岩鞋市场，企业产品也由以前的三四种类型、几十个花色品种拓展到了现在的十几种类型、上千个花色品种，整个天地鞋业的营业收入更是今非昔比，成为国内响当当的行业龙头企业之一。”汪建昌所辖的北方大区内的多家省、自治区、直辖市级销售分公司的经理都会这样说。

2016年，为进一步推进产业发展，天地鞋业由过去所在的三线城市搬迁至省城的经济技术开发区，已在天地鞋业市场营销领域辛勤耕耘了27年的汪建昌，被公司董事会聘任为负责整个天地鞋业市场营销工作的营销总监。

角色再一次变了。

汪建昌脑子里思索的是，“靠什么去‘攻城拔寨’？当然要靠‘腿勤’‘嘴勤’‘脑勤’，要靠推销技巧和促销策略，但更要靠天地鞋业完善的市场营销体系，包括市场营销的制度体系、组织体系和人才队伍体系，只有我们的市场营销体系成为‘拖不垮、打不烂’的钢铁堡垒，才能支撑和保证我们的市场营销工作勇往直前、百战不殆。”

问题

您如何评价汪建昌从推销员到营销总监的成长历程？

您认为除了人员推销以外，企业还可以采取哪些促销策略？

您认为在个人、团队和整个企业这三个层面上，决定市场营销成败的关键因素是什么？不同的层面，这些关键因素会有什么不同的作用？

如果您是企业的营销总监，关于市场营销工作，您还能够给汪建昌提出一些合理化的建议吗？

第9章 产品研发

9.1 产品研发模式，是跟随还是领跑

对一个企业而言，在产品研发模式的选择上通常有两条路线：一是“跟随”，二是“领跑”。当然，也可以先“跟随”后“领跑”，或者先“领跑”后“跟随”。

跟随

“跟随”，就是企业不做创新性的尝试，而是在别人，如其他企业，把产品技术、加工技术、管理技术都开发出来以后，自己仿制或复制别人的产品去占领市场的行为模式。

跟随的好处，一是可以避免产品研发失败的风险，包括研发方向和组织形式的选择，以及实施过程中各种试错的风险；二是可以节约产品研发成本，不用再承担高额的人力、物力、财力和花费时间、精力去组织产品研发。当然，附加的好处是可以降低市场开发风险，直接从成熟市场中寻找到细分市场，切出自己的蛋糕，并大大地节约市场开发成本，不用再花费大笔的销售费用去建立渠道并开展各种各样的促销活动等。

具体的跟随方式大致分为三种。

一是紧密性跟随。这种跟随者会随时洞察领跑者的产品研发动向，在其新产品成功进入市场后的第一时间就进行仿制或复制，并很快地在市场中找到适

合自己产品的舞台，取得营收并获得一定的利润。这种跟随者有时也可能成为领跑者的竞争对手，但只要不激进地去挑战领跑者、妨碍领跑者，如冒用其品牌、盗用其专利等，双方一般不会发生直接冲突。

二是距离性跟随。这种跟随者会在时间上，或在产品的某些技术性能或使用功能上与领跑者保持一定距离的情况下进行仿制或复制，并在市场中找到适合自己产品的舞台，取得营收并获得一定的利润。对领跑者而言，这种跟随者落后于自己，其“低姿态”不但不会对自己造成冲击，而且可以衬托自己产品的“高大上”，也可以使自己免遭“独占市场”的指责。

三是选择性跟随。这种跟随者会选择在某一产品的某些产品技术或加工技术方面跟随领跑者，但在该产品的另一些产品技术或加工技术方面又有自己的创新，开发一些全新的技术性能或使用功能，并在市场中找到适合自己产品的舞台，取得营收并获得一定的利润。这种跟随者往往已具有一定的创新能力，现在可以在做出合理选择下跟随领跑者，而在不远的将来则可能成长为一个后来居上、冲劲十足的领跑者。

领跑

“领跑”，就是企业甘愿冒产品研发失败的风险，进行产品研发投入，承担高额的人力、物力、财力和花费时间、精力去研究市场，有针对性地组织产品研发，在产品技术、加工技术，甚至管理技术中取得突破，最终用自己的新产品去占领市场的行为模式。领跑者常常被称为“先行者”，是“旗帜”“标杆”，引导着技术，引导着市场，引导着行业，甚至也引导着一个时代的发展方向。

领跑的好处，一是可以获得新产品带来的高额利润回报，或独占产品带来的垄断利润回报；二是可以获得企业商誉等无形资产的巨大增值，并由品牌效应带来其他有形资产的巨大增值。

一个由跟随到领跑的例子

在中国的快餐业中，绝大多数经营者都只是跟随者，或跟随业内领跑者，如跟随肯德基（KFC）或麦当劳（McDonald's）；或跟随自己的父辈，如传承祖业；或跟随同业者，如前街后巷相似店铺的产品，向消费者提供大同小异的炸鸡、汉堡、拉面、包子、油条、稀饭、豆浆等。

但也有为数不多的经营者走上了一条由跟随到领跑的道路。其中，最为典型的就是地处中国西南地区的家乡味（公司）。

1987 年 11 月 12 日，肯德基在北京前门西南侧开设了中国的第一家餐厅。3 年后的 1990 年 10 月 8 日，麦当劳在深圳解放路光华楼开设了中国的第一家餐厅。那时，在中国无数的地方，肯德基和麦当劳都成了当地最受欢迎的快餐店，但在中国西南的某一城市里是个例外，因为在这里，有一家本土的快餐企业——家乡味，更受当地人喜爱。

家乡味由殷华、罗林春夫妇创立于 1996 年 11 月 23 日，最初就是一家普通的小餐厅。后看见肯德基和麦当劳当时在中国西南地区名气超过了无数的正餐企业，被当地人视为时髦、高级的就餐场所，经营十分火爆，于是就模仿肯德基和麦当劳，也向市场销售炸鸡和汉堡，又因是本土企业，所以就将这家餐厅临时叫作“家乡鸡”。

家乡鸡以比肯德基和麦当劳更便宜、更实惠的价格赢得了普通消费者的青睐，很快就在当地打开了市场。站在家乡鸡新开业的第一家餐厅的门口举目一望，400 多平方米的营业大厅里往往座无虚席、人头攒动，经常还要预先订座、排队等号，于是又连续开设了第二家、第三家、第四家餐厅……

但大约在其诞生 10 年后的 1997 年，家乡鸡这种纯粹跟随西式快餐的产品开发模式就碰到发展的天花板。一是单纯模仿肯德基、麦当劳的家乡鸡在中国西南地区遭遇了与传统川味中餐饮食习惯益发激烈的冲突，无法成为当地消费者的必然选择——要尝尝新鲜可以，但要成为他们的一日三餐肯定不可以；二是虽然有价格优势，但家乡鸡的炸鸡、汉堡在口味、质量和品牌美誉度上仍然无法与肯德基、麦当劳媲美。于是从 1998 年开始，家乡鸡不得不向中西快餐兼有的方向转型，根据当地人的饮食习惯开发出了以川味炒菜、配主食米饭为主打产品的系列中式快餐。

这一脱离跟随模式的产品开发行为最初曾让家乡鸡董事长殷华的心里如十五个吊桶打水——七上八下，但让她惊喜的是，家乡鸡满足了普通消费者对卫生清洁、美味实惠的中式快餐的消费渴望，很快就得到了市场的积极响应，受到包括大中小学生、各层次打工者和众多普通市民的热烈追捧，并逐渐取代了炸鸡、汉堡系列，成为家乡鸡每年流水最大的快餐主品。到 2005 年，殷华索性把“家乡鸡”改名为“家乡味”，意为“做家乡风味的美食”，并彻底告别了对肯德基、麦当劳的模仿，从西式快餐产品的跟随者变身为中式快餐产品的领跑者。

家乡味的独到之处，是其找到了长期以来让许多中式快餐难成气候，经营单店还行，一做连锁就会“折戟沉沙”的问题根源，即传统的中式快餐“前店后厂”式的烹饪方式，尤其是对“炒”，单店凭厨师现场炒菜尚可以实现“快”，但一旦做成连锁，却无法实现各连锁店之间烹饪的“标准化”，所以无法实现在企业内部大范围复制，无法进行“工业化”式生产，也就不可能实现像西式快餐店那样的连锁化。像“离离原上草”那样，能够漫山遍野地到处生长。

因此，家乡味成功的秘诀是既解决了“快”，又解决了“标准化”。

担任家乡味总经理的罗林春说：“要满足这两点，主要是依靠中央厨房与厨师培训学校。”

家乡味的中央厨房负责按统一标准准备好每一款菜肴所用的食材和配料，比如将肉、菜量化到克并预先切割，连同量化到克的配料分别装袋，组合打包；当配送中心用保鲜车将各种组合打包的食材和配料统一配送到各连锁店的时候，厨师只需要完成现场烹饪的最后一步——这最后一步要满足家乡味严格的“一分钟标准”，即顾客点餐与取餐之间的时间不能超过一分钟。

同样，家乡味的厨师培训学校安排自己的资深厨师定期对已有一定厨师资质的、加盟家乡味的厨师“新手”进行培训，以做到烹饪内容和流程的标准化，这包括食材和配料下锅的先后顺序、烹饪时间与火候的把握等。为了尽可能稳定这些经过培训，掌握公司烹饪风格的厨师资源，家乡味还制订了公平的内部评审、激励制度，经过培训和烹饪实践，厨师从低往高分为厨工、厨师、厨师班长和总厨四个等级，不同级别的厨师享有不同的薪酬和奖金标准，总厨级别的员工还可以获得公司的期权激励。

根据客流量的大小，家乡味的菜品可以单份烹饪，也可以三五份一同烹饪，米线、面条类产品则不论客流量的大小都是单份烫煮——家乡味的米线和面条也由自己生产，如生米线用开水泡 8 ～ 10 分钟，再过冷水凉透，才算发好了，这样运送到各连锁店时只需再烫煮 30 秒就可以食用。

家乡味的产品研发部不仅负责新产品研发，也负责制订各种产品标准。例如，为了保证米饭的香糯可口，产品研发部选取天南地北的优质大米进行实验，包括淘洗几次，浸泡多长时间，在多少压力下蒸多长时间等都详加对比，最后选定了东北大米。在东北大米中，产品研发部又对比了不下五个区域的品种，其检查标准是做成米饭后对人的“外在吸引”，即严格按照工序生产的米饭必须颗粒饱满，放置 20 分钟后米粒表面仍会泛着油亮的光泽。

家乡味还规定了严格的产品废弃时间。例如，炒菜 45 分钟之内卖不出，米线和面条 5 分钟之内卖不出去就要废弃；运至各连锁店的原材料每隔 8 小时没有用完就要废弃，即早晨 6 点运至各连锁店的原材料在下午 2 点前没有用完就要废弃，中午 12 点运至各连锁店的原材料在晚上 8 点前没有用完就要废弃，等等。

如何保持家乡味产品的一致性？殷华对记者说："在向全国扩张的过程中，家乡味的川菜定位特色不会改变，但会根据不同地域的饮食习惯适当微调。比如，在川渝以外地区上市的酸辣牛肉粉，就与在川渝地区流行的酸辣粉不完全一样，是经过改良的、加有牛肉块的酸辣风味的粉。不在川渝地区的连锁店，会在家乡味现有核心产品的基础上调整 20% 左右的产品，以适应所在区域的饮食习惯。"

截至 2020 年第三季度，家乡味已在全国各地开设了 1000 家连锁店，在川、渝、云、贵、陕、湘、鄂等地的中式快餐业中更是独占鳌头。与其他众多以加盟店为主的快餐经营者不同的是，家乡味的连锁店几乎都是自己的直营店。

为什么要这样？因为要强化控制力，保证产品质量和维护品牌声誉。而强化控制力的背后，是家乡味能够使每一位顾客慕名而来、满意而归的"快"和"标准化"，是家乡味意欲保持的产品研发的领跑力。

"我想把家乡味做成中式快餐中的沃尔玛。"殷华如是说。

问题

您认为产品研发模式，除了跟随和领跑之外，还有其他模式吗？

您如何评价家乡味的产品研发模式？

您认为家乡味成功的关键是什么？

9.2　由合作开发成果的权属争议，看"巨龙"威风不再

1978 年，改革开放的春风唤醒了中国大地，经济建设与社会文化建设急需中国的通信业从固定电话业务起步，由步进制交换机[①]和纵横制交换机[②]时代，

① 步进制电话交换机（Step by Step Telephone Switching System），是由选择器和继电器组成的机电式自动电话交换机。

② 纵横制交换机（Crossbar Telephone Switching System），是由纵横接线器等组成接续网路，用电磁元件等组成控制设备的机电式自动电话交换机。

甚至在很多偏远地区仍在实行的人工交换时代，尽快迈向程控交换机[①]时代，以赶上世界通信业发展的步伐。

进入二十世纪八十年代，一方面是老百姓装电话难、打电话贵，另一方面是来自西方发达国家的，如美国AT&T（后来的朗讯）、加拿大北电、瑞典爱立信、德国西门子、法国阿尔卡特、比利时贝尔，以及日本NEC和富士通等“七国八制”、数百万门的程控交换机如潮水般地涌入了国门，而且不论是大散件还是整机进口，每一门的平均价格都在100美元以上，高得惊人不说，还花去了相当宝贵的巨额外汇。即使这样，受“巴统”[②]限制，当时最为先进的程控交换机技术还不允许向中国出口。换句话说，要想打破西方发达国家对中国通信产业的市场垄断和技术封锁，必须要靠中国人自己！

于是，才有了后来的“巨大中华”——巨龙（公司）、大唐（公司）、中兴（公司）和华为（公司）四家中国企业，站起来撑起了国产程控交换机产业的故事。

今天，中兴和华为早已成为中国通信产业的骄傲，华为更是天下扬名，大唐也偶尔还能出现在国人的视野里，只有巨龙已销声匿迹[③]。

其间究竟发生了什么，使这一曾经如图腾般飞舞的“巨龙”威风不再？是企业机制不活、管理不善？还是市场竞争的残酷无情？

……

翻开尘封的档案，当年由嵩山集团的前身——嵩山总公司与中州信息学院开展的那场合作开发HJD 04程控交换机的“会战”和由中州信息学院单独牵头“筹建巨龙”的历史，赫然在目。

同舟共济“打天下”

1986年12月，嵩山总公司所属洛阳设备厂与中州信息学院签订《联合研制程控数字用户交换机合同》（见附件一）。同月，嵩山总公司与中州信息学院

① 程控交换机（Stored Program Control Telephone Switching System），是由计算机程序控制的电子式自动电话交换机。

② 即巴黎统筹委员会（Coordinating Committee for Export to Communist Countries），是对苏联、东欧和中国等社会主义国家实行禁运和贸易限制的国际组织。1949年11月正式成立，有美国、英国、法国、联邦德国、意大利、丹麦、挪威、荷兰、比利时、卢森堡、葡萄牙、西班牙、加拿大、希腊、土耳其、日本和澳大利亚等17个成员。巴统于1994年4月正式解散。

③ 进入2000年，巨龙公司生产经营出现大幅萎缩。后在经历年年亏损、诉讼缠身、账户被查封、资产被拍卖、员工流失殆尽等一系列冲击后，进入歇业、清算状态。

签订《技术合作协议书》（见附件二）。同月，嵩山总公司将首笔产品研制费用 300 万元汇往中州信息学院。

1987 年 1 月，嵩山总公司和所属洛阳设备厂与中州信息学院签订《关于〈技术合作协议书〉和〈联合研制程控数字用户交换机合同〉的补充协议》（见附件三）。同月，该“会战”正式启动。

接受任务之始，一直在中州信息学院从事计算机专业教研的十四五位“勇士”对如何研发程控交换机并不得要领，尽管嵩山总公司和所属洛阳设备厂的技术人员曾给他们开过突击式的“扫盲课”，专门给他们补习了电话交换的原理——当然是纵横制交换机原理。他们待在工作间里一根又一根地抽烟，冥思苦想了数个日夜后，全新的思路才如“石破天惊”：既然是术业有专攻，那为何不回到自己熟悉的计算机行当里，“抛开专门打电话的交换机，去制造能打电话的计算机呢？”一念陡生，就像登高极目，眼前豁然开朗。按照这种新的逻辑理念，别说 2000 门的用户机，就是上万门的局用机应该也不在话下了。

在随后研发的关键时期里，他们实行每天 18 小时工作制，谁要是提出了具有开创性的思路，获得的奖励竟然是提前下班——回家睡觉！

1987 年 3 月，嵩山总公司和中州信息学院召开“2000 门程控数字用户交换机总体设计会审会议”，通过了嵩山总公司编制的该程控交换机“总体技术要求”和“可行性研究报告”的审定。

1987 年 11 月，嵩山总公司和中州信息学院召开“2000 门程控数字用户交换机总体技术方案论证会”，与会专家一致同意该方案，并将该程控交换机定名为“HJD 04”。

1989 年 9 月，嵩山总公司和中州信息学院召开专家评议会，在会议文件“HJD 04 万门程控数字交换机的主要技术条件”中，标明“容量: 500～10000 门”。会议通过了该主要技术条件，并期望 HJD 04 程控交换机尽早诞生。同月，嵩山总公司和中州信息学院签订《关于合作开发程控数字电话交换机的补充协议》（见附件四），提出将该“会战”的项目内容改为“长市农合一的万门数字程控交换机”，并约定“成果归属：技术成果归中州信息学院，技术产权归嵩山总公司，未经双方同意不得向第三方转让”。

1990 年 5 月，为验证中试后的 HJD 04 （试制）样机的入网功能，嵩山总公司在所属洛阳设备厂搭建模拟试验环境：分别从 9 个所属工厂借调 20 多种设备组成本地通信网，通过无线特高频至洛阳电话局接入当地市话网，并租用长途载波电路至郑州电话局接入全国电话网。

1990 年 9 月，上述联网试验完成，嵩山总公司安排 HJD 04 （试产）样机在所属的洛阳设备厂进行小批量生产。

1991 年 12 月，邮电部组织“HJD 04 大中容量程控数字电话交换机科技成果鉴定会”。鉴定委员会认为：该机型的各项性能指标“达到了总体设计要求，符合邮电部《程控数字电话交换设备总体技术规范书》的规定……鉴定委员会一致通过鉴定”。

喜讯传来，业内为之一振。

自 1986 年 12 月起，历时 5 个寒暑，嵩山总公司和中州信息学院合作开发 HJD 04 程控交换机终于获得成功。这是中国第一种达到国际先进水平且具有完全自主知识产权的大容量程控数字电话交换机。它的问世，彻底打破了西方发达国家对中国通信产业的市场垄断和技术封锁。由此发轫，才有了后来大唐的 SP 30 机、中兴的 HJD 10 机、华为的 C&C 08 机。也正因为如此，HJD 04 机得到了时任国务院副总理的朱镕基的高度评价，称“04 机送来一股清风”。

各自为政“坐江山”

1992 年 1 月，嵩山总公司在河南省武陟县邮电局开设 HJD 04 机的第一个试验局。同月，中州信息学院向国家科委申请组建“国家数字交换系统工程技术研究中心”。

1992 年 2 月，中州信息学院陆续向嵩山总公司移交 HJD 04 机的全部设计图纸，同时将固化在样机中的软件程序随样机移交；嵩山总公司指定所属的洛阳设备厂启动 HJD 04（投产）样机的大规模生产准备。

1992 年 3 月，嵩山总公司与中州信息学院就准备投产的 HJD 04 机的机型问题进行磋商、评估，双方认为有必要按照 1991 年 12 月邮电部组织的“HJD 04 大中容量程控数字电话交换机科技成果鉴定会”提出的建议，在原试产样机的基础上尽快实现交换网路的双平面结构，完善网同步功能和用户服务观察功能，增加 7 号信令[①] 系统等，推出准备投产的 HJD 04 机型。

① 7 号信令（Signalling System No.7，SS7），又称公共信道信令，是以时分方式在数据链路上传送信道运行管理和维护的信令系统，通常用于局间。

事后，嵩山总公司与中州信息学院对此机型在理解上出现分歧：嵩山总公司认为此机型为投产机型，是试制机型和试产机型的延续，仍应包括在双方以前签订的合同、协议、补充协议等约定的项目内容之内；而中州信息学院认为此机型为一种新型的 HJD 04 机，即“HJD 04 C 型”机，不应包括在双方以前签订的合同、协议、补充协议等约定的项目内容之内，以前约定的项目内容已移交完毕。因此，为研制此 HJD 04 C 型机，中州信息学院还自行投入了研制资金 190 万元。显然，这是双方在合作开发 HJD 04 机以来出现的第一次分歧，也为后来双方在 HJD 04 机的生产经营上“各自为政”埋下了隐患。

1992 年 5 月，嵩山总公司召开第一次 HJD 04 机生产协调会，中州信息学院派代表参加了会议。会议着重研究、安排了 HJD 04 机当年在嵩山总公司所属洛阳设备厂、长春设备厂和杭州设备厂生产的年度生产计划。

1992 年 7 月，中州信息学院与北京有线电总厂签订《关于 HJD 04 大中容量局用程控数字电话交换机联营合同》，成立双方联营的京信信息（公司），开展 HJD 04 C 型机的生产经营活动。对此事件，嵩山总公司认为是中州信息学院单方面违约。

1992 年 7 月，嵩山总公司召开第二次 HJD 04 机生产协调会，中州信息学院派代表参加了会议。会议主要是对嵩山总公司所属洛阳设备厂、长春设备厂和杭州设备厂前一阶段的生产准备工作进行检查，并对下一阶段的投产工作进行部署，要求确保完成 HJD 04 机当年的生产计划。

1992 年 10 月，HJD 04 机首批 5 万线在嵩山总公司所属洛阳设备厂投产。

1992 年 10 月，HJD 04 C 型机在京信信息投产。对此事件，嵩山总公司认为也属中州信息学院单方面的违约行为。

1992 年 12 月，第一台 HJD 04 机在长春 82 局投入运行。

1993 年 3 月，嵩山总公司召开第三次 HJD 04 机生产协调会，中州信息学院派代表参加了会议。会议着重研究、安排了 HJD 04 机当年在嵩山总公司所属洛阳设备厂、长春设备厂、杭州设备厂和重庆设备厂生产的年度生产计划，要求确保完成年 40 万线的生产任务。

1993 年 4 月，中州信息学院所属中州电子研究所和几家深圳地方企业发起成立 HJD 04 机生产联合体——深圳信诺（公司）。事后，深圳信诺董事长曾动员嵩山总公司加盟该公司，提出可为嵩山总公司保留 12% 的技术股两个月的条件，但未得到嵩山总公司的认可。

1993年6月，中州信息学院决定开发新一代的“HJD 04 D型”机，自行投入研制资金686万元。

1993年9月，邮电部在嵩山总公司所属洛阳设备厂组织HJD 04大中容量数字程控电话交换机生产定型鉴定会。鉴定会认为：“该机型自1991年12月通过科技成果鉴定以来，中州信息学院、嵩山总公司“对系统及软硬件做了重大改进，硬件改进18项，软件及服务功能改进28项，进一步提高了整机的可靠性及稳定性……生产样机实现了交换网络的双平面结构，改进了网同步功能和用户服务观察功能……技术文件资料齐套性好，设计文件和工艺文件基本符合相关国家标准、行业标准和归档要求，能指导生产，满足批量生产的需求”。对嵩山总公司所属洛阳设备厂生产的该机型，“除个别功能指标外，符合邮电部《程控数字电话交换设备总体技术规范书》的规定……鉴定委员会一致同意通过生产定型鉴定，可以组织较大规模生产。”同月，嵩山总公司、中州信息学院、河南地方企业4057工厂在河南省政府提议下，共同参股成立郑州通信（公司）。同月，中州信息学院向嵩山总公司移交HJD 04机全部硬件（包括电路板）设计文件、调测仪器资料以及软件V2.2版本（含源程序代码）等资料。

仍在1993年9月，嵩山总公司和中州信息学院签订《关于合作开发HJD 04程控数字交换机7号信令和远端模块[①]的协议》，约定了研发成果归属、技术提成费，以及软硬件资料移交嵩山总公司等事宜。这是嵩山总公司与中州信息学院自1986年12月双方合作开发HJD 04程控交换机以来，首次对HJD 04机的研发成果归属问题做出“成果属双方所有并受各方支配”的约定。

1993年10月后，邮电部又在嵩山总公司所属长春设备厂、杭州设备厂和重庆设备厂分别组织了HJD 04机的生产定型鉴定会及颁发入网许可证的工作。

1993年12月，中州信息学院与滁州无线电厂签订《合作生产HJD 04 RM数字程控交换机的意向书》，将研制成功的该机型投入生产。同月，国家科委决定以中州信息学院为依托单位组建“国家数字交换系统工程技术研究中心”。

---

① 远端模块（Remote Module，RM），指远离交换机放置的用户组件，可以多种方式与交换机进行连接。

1994 年 10 月，HJD 04 机 7 号信令正式通过邮电部测试，并在郑州市上街局投入运行。

1994 年 12 月，第一台 HJD 04D 型机的（试产）样机进行小批量生产。该机型采用中州信息学院自行设计的 48 种超大规模集成电路，系统容量可达 10 万门以上。

1995 年 2 月，国家科委将继续研制开发 HJD 04 机系列项目列入国家 863 计划和“八五”科技攻关计划，予以专项支持。

1995 年 3 月，中州信息学院又向嵩山总公司移交了 HJD 04 机的软件 V3.0 版本等资料。但嵩山总公司认为，中州信息学院在 HJD 04 机软件中的有关数据结构等资料并未移交。

1995 年 3 月，第一台 HJD 04 D 型机在镇江市大港局投入试运行并获得成功。

1995 年 3 月，由电子部协调，中州信息学院单独牵头筹建，包括中州信息学院系的中州电子研究所、京信信息、深圳信诺和嵩山总公司系的洛阳设备厂、长春设备厂，以及中州信息学院和嵩山总公司均有参股的郑州通信共 6 家 HJD 04 机生产厂家发起成立了巨龙。

由于在巨龙成立之前，嵩山总公司就对该公司将要生产、销售的 HJD 04 机的知识产权存有权属争议，希望先解决相关争议后再与中州信息学院共同负责筹建巨龙的工作，但在协商未果的情况下，中州信息学院依然单独牵头筹建了巨龙，并将嵩山总公司所属生产 HJD 04 机的杭州设备厂和重庆设备厂排除在巨龙的发起人股东之外，因此，嵩山总公司与中州信息学院关于 HJD 04 机知识产权的权属争议公开化了，双方合作开发 HJD 04 机的“会战”就此画上了句号。这也直接导致巨龙后来在经营、管理上出现了一系列问题，如支付中州信息学院的技术转让费问题、从生产厂收购产品再统一销售的内部价格转移问题、盲目扩产问题、与巨龙外部其他的 HJD 04 机接产企业间的同业竞争问题，等等……这些问题最终使巨龙一步步地由天际陨落尘间。

尽管今天巨龙已淡出人们的视野，但没有谁会忘记以它为代表的 HJD 04 大容量程控数字交换机在中国当代通信产业发展史上曾经留下的那道“惊世飞虹”。

附件一：

联合研制程控数字用户交换机合同

洛阳设备厂（以下简称甲方）和中州信息学院（以下简称乙方）为加速改变我国通信技术落后状况，立足国内，充分发挥各自的优势，在“七五”期间联合研制性能优越、价格低廉，适应市场需要，有较强竞争力的程控数字用户交换机，现本着平等互利、协商一致的原则，签订本合同如下：

第一条　项目名称：联合研制程控数字用户交换机

一、本项目由甲方上报嵩山总公司，列入一九八七年新产品试制计划，为部级鉴定产品。

二、本项目试制的新产品型号，由甲方申报邮电部标准化所确定。

第二条　项目内容

联合研制的样机容量为 1024 线，并包括相应的软件、工艺、工装及专用仪表等。

第三条　技术要求

一、设计和技术标准应符合邮电部颁布的《程控用户交换机进入市话网技术暂行规定》的要求。

二、设计和技术标准应符合外贸部、邮电部、电子部共同制定的《引进程控数字用户交换机技术规范书》的要求。

三、结构设计合理、美观大方，基本达到二十世纪八十年代国际同类产品的水平。

四、双方初步拟定的总体方案，暂作为本合同的附件 1。待嵩山总公司批准的总体方案下达后．按批准方案执行。

第四条　成果考核验收

一、根据邮电部颁发的《新产品、新工艺技术鉴定实施办法》为依据，进行本项目的成果考核验收。

二、联合研制的产品样机应经用户试用，鉴定合格，符合原设汁及技术标准要求，同时软件、工艺、工装、专用仪表、图纸资料齐全，具备投入批量生产条件。

三、本项目要求一次鉴定合格。

第五条　分工责任

一、设计总体方案、技术标准及专用仪表，由双方共同拟定和研制；软件开发、技术攻关及工程设计以乙方为主；结构、工艺、工装设计等以甲方为主。

二、双方商定，成立本项目领导小组，负责对研制工作全面安排落实，采取积极措施，使本项目有计划、有步骤、协调一致地全面完成，领导小组组长由乙方担任、副组长由甲方担任、组员由分项目负责人参加，人员名单另定。

三、联合研制的样机归甲方所有，完成后由甲方负责与有关部门联系，选定用户试用。

第六条　进度要求

总体方案设计，二个月

总体方案论证，十天

关键技术实验，三个月

工程设计，三个月

样机生产，五个月

样机调试，三个月

样机安装试用及图纸资料整理，四个月

（邮电）部鉴定

以上进度安排，从本合同签订之日开始计算。

第七条　研制费用

甲方付给乙方下列费用，包干使用。此外，甲方不再承担乙方任何费用：

（一）添置仪表及购买 CAD 软件等费用 70000 元。

（二）资料、调研、试验、夜班加班等费用 40000 元。

（三）以上费用在嵩山总公司计划下达后，一次拨付给乙方。

第八条　成果共享

本项目联合研制的新产品成果，为双方所共有，并由甲方生产经营。

第九条　乙方报酬

一、双方商定按不同销售额，提成不同的百分比办法付给乙方报酬。详如附件 2 所列。

二、甲乙双方所得比例为 1 : 0.7。如由于材料成本变动，乙方所得低于 0.6 或高于 0.8 时，要以 1 : 0.7 比例为准，来调整乙方提成百分比。

三、双方商定提成年限，从生产样机经用户试用、验收合格后，产品投放市场时计算起，按季结算，共提取三周年。

四、在提成期间内，双方同意的产品技术改进，不再向乙方交付任何技术费用。

第十条　奖励

本研制项目如能创造优异成绩并提前完成时拿出 10000 元，奖励双方参加研制的有关人员。

第十一条　为生产 PCM① 程控数字用户交换机打下坚实基础及培训人员，同时考虑到改善国内通信落后现状，尽快满足市场需要，取得经济效益。双方同意将乙方改进后的 PAM② 程控用户交换机技术转让给甲方生产经营，其有关问题商定如下：

一、一九八七年投入生产试销。

二、设计和技术标准应符合邮电部颁布的《程控用户交换机进入市话网技术的暂行规定》的要求，样机应经邮电部检测部门测试合格。总体方案和技术要求，双方商定后再作为合同附件。

三、结构设计合理、美观大方，基本达到二十世纪八十年代国际同类产品的水平。

四、软件及图纸资料（含专用仪表）齐全。

五、一九八七年一季度，乙方向甲方进行技术交底、人员培训、图纸资料移交并移交完毕。

六、改进后的“PAM”产品型号，由甲方申报邮电部标准化所确定。

七、双方商定技术转让费为 14 万元，一九八七年一季度拨付 40%，余款待样机经邮电部检测合格后，一次付清。

八、该产品技术，任何一方不得单独再转让给其他单位生产经营。

九、乙方报酬：同第九条。

第十二条　本合同未尽事宜及有争议时，双方应本着友好协商，以大局为重的原则，通过补充合同条款及时合理解决。

第十三条　违约责任

一、如由于甲方责任不履行合同时，甲方拨付给乙方的一切费用不得追回，并偿付乙方善后处理所支出的各项费用。

---

① PCM（Pulse Code Modulation），指以脉码调制方式实现（数字）信号的时分复用。

② PAM（Pulse Amplitude Modulation），指以脉幅调制方式实现（模拟）信号的时分复用。

二、如由于乙方责任不履行合同时，乙方应全部退回甲方拨付的一切费用，并偿付甲方善后处理所支出的各项费用。

第十四条　本合同文本一式十份，双方各执五份。

第十五条　本合同已于一九八六年十二月五日在郑州双方签章生效。

附件 1：“PCM”总体方案（略）

附件 2：乙方按销售额提成比例（略）

甲方：洛阳设备厂（盖章）　　　　乙方：中州信息学院（盖章）

负责人：（签字）　　　　负责人：（签字）

一九八六年十二月五日

附件二：

技术合作协议书

遵照经济建设必须依靠科学技术，科学技术必须面向经济建设的方针，为了促进邮电工业的发展，满足我国通信建设的需要，嵩山总公司和中州信息学院，通过认真讨论和协商，双方本着互利的原则，一致同意在“七五”期间加强横向联合，进行全面技术合作，并达成如下协议：

第一条　合作内容

一、中州信息学院向嵩山总公司优先转让具有国内先进水平的技术成果。

二、嵩山总公司根据市场急需，提出研究课题，优先委托学院开发。

三、中州信息学院向嵩山总公司所属厂提供技术咨询、技术服务和专题理论指导。

四、中州信息学院在可能的条件下为嵩山总公司所属厂在人才开发、短期培训和技术培训方面提供方便。

五、中州信息学院在仪表、计算机开发系统手段方面提供支持。

六、在项目开发和转让中，根据需要嵩山总公司受让厂可提供结构工艺装备件、原材料，并给予时间保证和价格优惠。中州信息学院帮助工厂解决样机试制和生产中的技术问题，在设计技术上负责到底。

七、嵩山总公司所属接受成果转让厂为中州信息学院提供学生进行毕业设计实习条件，中州信息学院毕业生可在毕业设计中承担工厂研制项目。

第二条　合作方式

一、上述合作内容，在不泄露有关机密的的条件下应根据本协议精神签订具体合同。合同的签订可由嵩山总公司出面或嵩山总公司指定所属厂出面。

二、嵩山总公司向中州信息学院预付产品开发、技术转让、技术服务费用。具体项目的合同签订后，可按合同规定的款额和支付方式从预付费用中列支（产品的销售提成费除外）。

三、委托开发或技术成果转让给嵩山总公司后，如嵩山总公司根据市场需要可安排多家工厂生产。为减轻中州信息学院负担，转让中的技术培训应集中安排，中州信息学院下厂指导原则上只在一个厂进行。

第三条　其他

一、双方每年开 1 ～ 2 次协调工作会议，研究合作中的有关问题和下期合作项目内容。

二、双方确定的转让项目，未经双方同意不得向第三方转让。

三、协议经双方签字盖章后生效。

嵩山总公司（盖章）　　　　　　中州信息学院（盖章）
代表（签字）　　　　　　　　　代表（签字）

一九八六年十二月二十七日

附件三：

关于《技术合作协议书》和《联合研制程控数字用户交换机合同》的补充协议

根据一九八六年十二月二十七日嵩山总公司和中州信息学院签订的《技术合作协议书》（以下简称“协议书”）的规定：一九八六年十二月五日洛阳设备厂与中州信息学院签订的《联合研制程控数字用户交换机合同》（以下简称“合同”）为“协议书”的具体合同，它从属于“协议书”，经双方于一九八七年一月十六日共同协商，特对其中某些条款明确如下：

一、“协议书”和“合同”中所列双方中的甲方系指嵩山总公司及嵩山总公司安排生产的工厂；“合同”中第五条第二款所列甲方定为洛阳设备厂不变。乙方下厂指导在洛阳设备厂进行。

二、“合同”中所列费用从嵩山总公司拨给乙方的费用中列支（产品的销售提成费除外）。

三、嵩山总公司安排多家工厂生产时，给予乙方提成的报酬，亦按“合同”附件二的比例办理。

甲方：		乙方：
嵩山总公司（盖章）	洛阳设络厂（盖章）	中州信息学院（盖章）
代表（签字）	代表（签字）	代表（签字）

一九八七年一月十六日

附件四：

关于合作开发程控数字电话交换机的补充协议

鉴于目前联合研制的数字程控交换机跨越了用户交换机阶段，双方一致认为有必要对原订数字用户交换机合同制订如下补充协议：

一、项目内容：完成长市农合一的万门数字程控交换机，并在此基础上再完成实装四个模块，其用户线由试验局的需要确定。

二、技术性能：满足嵩山总公司提出的“万门数字程控交换机总体技术条件”（详见附件），并按此条件验收。

三、完成时间详见附件。

四、分工责任：

嵩山总公司：

（一）制订万门程控数字交换机总体技术条件；

（二）负责落实试验局；

（三）负责工艺结构设计；

（四）选派具有一定基础的技术人员参加软、硬件研制工作；

（五）负责万门程控交换机工艺样机的生产。

中州信息学院：

（一）根据嵩山总公司提出的总体技术条件负责设计、试制、调测、试验；

（二）负责培训嵩山总公司有关技术人员；

（三）对样机试制、生产、开局中的设计技术问题负责到底；

（四）参与工艺结构设计；

（五）技术资料由中州信息学院负责双方共同完成，全部技术资料移交嵩山总公司。

五、成果归属：技术成果归中州信息学院，技术产权归嵩山总公司，未经双方同意不得向第三方转让。

六、研制费用

增补研制费 50 万元，由嵩山总公司分两个阶段核拨，本协议签字生效后支付 30 万元，科研样机鉴定后支付 20 万元。补充费用由中州信息学院包干使用，至项目完成亏不补，余不交。

七、费用提成

（一）中州信息学院技术费用提成总额为 1000 万元，生产样机试验局验收后的第二年开始提取，五年内提完。在此五年内提成比率为净销售额的 4.5%，其中 1% 由嵩山总公司掌握作为与中州信息学院技术合作基金。

（二）鉴于该产品导入市场的渐进过程和中州信息学院经费困难的实际情况，经双方协商，中州信息学院可以向嵩山总公司预支部分提成费用。

（三）在提成期间当因设计造成产品技术经济的竞争能力显著下降时，双方应本着风险共担的原则协商调整提成事宜。

八、双方一致认为，该项目的开发对于发展我国通信事业意义重大，双方一定团结合作，密切配合，确保按期完成。

嵩山总公司（盖章 / 签字）　　　　中州信息学院（盖章 / 签字）

一九八九年九月二十二日

问题

您认为保证合作研发取得成功的关键因素是什么？

您认为在嵩山总公司与中州信息学院签订的合作开发 HJD 04 机的系列合同、协议中，出现的“新产品成果”“委托开发或技术成果转让”“技术成果”“技术产权”等概念清晰、准确吗？这些概念有法律依据并受法律保护吗？

在双方出现合作开发成果的权属争议后，您认为最终没有通过法律诉讼方式解决问题的原因是什么？

如果嵩山总公司与中州信息学院签订的合作开发 HJD 04 机的系列合同、协议存在某些瑕疵的话，您认为造成这些瑕疵的主要原因是什么？是双方或其中一方“故意”为之吗？还是在当时的客观环境下，双方都在如何开展产品技术“合作开发”的认识上有误区造成的？

9.3　一个企业的产品研发项目管理办法

毕坤大学毕业后曾在产品研发一线工作了好多年，并先后担任过太湖股份（公司）所属南京太湖（公司）的研发中心主任和南京太湖的总工程师。2016 年，毕坤被调入太湖股份，接替退休的郝文，担任太湖股份技术质量部的总经理。

太湖股份的技术质量部是一个综合性的技术管理部门，并不承担具体的产品研发工作，具体的产品研发工作由太湖股份各个产业事业部负责。

毕坤担任太湖股份技术质量部的总经理以后，在充分调研并结合自己多年从事产品研发的亲身体验，对太湖股份原有的《产品研发项目管理办法》进行了修订，经太湖股份总经理办公会审议、批准后，正式发布实施。

该《产品研发项目管理办法》（见附件）至今仍是太湖股份有效运行的基本管理制度之一。

附件：

产品研发项目管理办法

（2016 年 11 月 17 日）

为加强公司的产品研发项目（以下简称研发项目或项目）管理，确保项目目标能够如期、有效达成，特制订本办法。

第一条　总则

本办法所定义的研发项目，指公司根据自身发展战略、研发规划和市场需求情况而提出的、以研究、开发产品（商品）为目标的全部项目。包括采用新技术原理、新设计构思研制的全新型产品，或应用新技术原理、新设计构思，在结构、材料、工艺、程序等任一方面有重大改进、能够显著提高产品技术性能或扩大其使用功能的改进型产品等。

本办法适用于公司研发项目立项、可行性研究、实施、验收等各流程的规范管理。

第二条　职责分工

各事业部为项目承担部门，负责项目立项、可行性研究、组建项目团队、编制项目实施方案和项目预算、组织项目实施、配合项目验收等工作，并对项目成败的最终结果负责。

技术质量部为项目归口管理部门，负责项目立项审批、可行性研究审批、对项目实施进行跟踪、组织验收等工作，并负责项目登记、专利申请、成果登记及型号命名等支持工作。

财务部负责项目资金、资产的配置与管理工作，参与项目可行性研究的经济效益分析，参与编制项目预算、概算、决算。

人力资源部负责项目的岗位编制和人员调配工作，参与编制项目人工成本预算和制订项目业绩考核办法等。

采购部负责项目所需仪器、设备、物料等的统一购置工作。

第三条　立项

各事业部可根据公司发展战略、研发规划和自身业务需求情况，经初步调研，在每年启动预算编制工作时提出《项目建议书》。对既往的延续项目需纳入预算，但不必重新立项。

《项目建议书》包括如下主要内容。

一是该项目的基本情况——名称、背景、意义、组织形式（如是合作研发或委托研发，附合作方或受托方的基本情况等）、研发目标、具备的实施条件（人力、物力、财力、技术、市场和资源供应、知识产权等）、研发周期、投入金额、研发单位、负责人、联系人等。

二是实施该项目获得的经济效益——产业效益、技术转让效益，以及社会效益。

三是对该项目的综述和建议等。

技术质量部负责项目立项的审批工作，履行“进行形式审核、提交总经理办公会进行立项审批（通过或未通过立项审批）、下达项目代码（通过立项审批的）”等流程。其中，对支出总额小于 50 万元且纳入事业部年度费用预算的项目，可不经过总经理办公会批准环节，由事业部提出立项申请、技术质量部进行形式审核、备案后即可完成该项目立项，下达项目代码。

形式审核和立项审批包括如下的原则。

一是项目符合公司发展战略、研发规划和市场需求情况。

二是不同技术平台的产品应单独立项；同一技术平台的系列产品可合并立项；项目周期原则上不得超过两年，因技术复杂需较长研发周期的项目应设置阶段目标，分段立项；对需要在已完成验收的原项目基础上进行技术升级换代的产品，应重新立项。

三是对市场前景良好、经济效益显著、风险不大且风险可控的项目，优先安排立项。

四是对存在知识产权纠纷的项目，风险较大且风险不可控的项目，或属于已立项但未达成目标的项目，原则上不予立项。

第四条　可行性研究

通过立项审批并获得项目代码后，事业部应根据公司发展战略、研发规划和自身业务需求情况，经进一步调研，提出该项目的《可行性研究报告》。其中，对支出总额小于 50 万元且纳入事业部年度费用预算的项目，在立项申请经技术质量部审核备案，并下达项目代码后即可实施，而不再安排可行性研究的相关工作。

《可行性研究报告》包括如下的主要内容。

一是该项目的基本情况——名称、背景、意义和作用、项目代码、组织形式（如是合作研发或委托研发，附合作方或受托方的基本情况等）、关键技术、研发总体目标、研发周期、投入金额、预计未来的产业化目标和经济效益、研发单位、负责人、联系人等。

二是对该产品相对应的国内外同一领域的产品技术水平、知识产权状况、技术演进趋势等技术环境进行的可行性分析。

三是对该产品的市场需求状况和发展趋势、产业竞争情况和发展趋势等市场环境进行的可行性分析。

四是对实施该项目具备的人力资源、资金、技术储备、仪器设备和研发场地、原料供给和水电热力燃气资源等自身条件进行的可行性分析。

五是项目的费用预算。

六是项目的验收方式和预期的验收成果。

七是对实施该项目预计获得的经济效益——产业效益、技术转让效益，以及社会效益的可行性分析。

八是该项目的可行性研究结论，以及对该项目进行审议批准的相关工作建议。

技术质量部负责对项目的可行性研究报告组织专业评审。专业评审采用评审会议方式，组织专家对项目进行质询、答辩、论证，评审过程由技术质量部负责书面记录，并制作相应的《可行性研究报告评审表》，形成项目可行或不可行的评审结论，由全体评审者签字生效。

其中，专业评审内容涵盖项目的可行性研究报告涉及的项目基本情况、技术条件、市场与竞争环境、财务与投入产出、风险防范与控制等方面；评审组由 7 或 9 人组成，为技术、财务、人力资源、市场、投资等领域的专业人员，其中外部专家不应少于 1/3；对已形成项目可行的评审结论、但要求对《可行性研究报告》进行适当修改的，技术质量部应将该评审意见向相关事业部反馈，由相关事业部对该《可行性研究报告》修改、完善后重新提交。

《可行性研究报告》通过专业评审后，由技术质量部提请总经理办公会进行项目可行性研究审批（通过或未通过可行性研究审批），并对通过可行性研究审批的项目下达《项目任务书》至相关事业部，同时印发“批准 ** 项目实施的通知”至相关责任部门。

《项目任务书》包括如下的主要内容。

一是项目名称、代码、背景与意义。

二是项目承担部门、部门负责人及项目负责人（项目经理）。

三是若属于合作研发或委托研发，应与合作方或受托方签订项目协议，明确各自在项目中的责权利等。

四是项目任务、关键技术、项目周期、关键节点、阶段性测试、验证目标。

五是项目验收（考核）指标，包括产品技术指标、性能指标、产品成果、专利软著等知识产权、投入产出等经济指标、项目形成固定资产和无形资产的归属等。

六是项目预算资金、资产总额，资金拨付方式（与阶段性的测试、验证目标相对应）。

七是对项目实施过程中的其他管理要求（包括项目技术质量、财务、人力资源、采购管理等方面）。

第五条　项目实施

项目通过可行性研究审批并取得《项目任务书》后，相关事业部即可启动该项目实施工作。

其中，事业部应组建项目团队（称 XX 项目组或 XX 项目部），确定项目负责人（项目经理）、技术负责人、财务负责人、联系人以及项目团队的其他成员，并明确各自的职责分工；项目团队应根据项目《可行性研究报告》，按照《项目任务书》的要求，编制《项目实施方案（计划）》，确定详细的技术路线、关键目标节点、质量和进度要求、具体控制流程等；该《项目实施方案（计划）》经事业部组织论证通过后，事业部应与项目团队签订《项目实施责任书》，对任务目标、业绩考核方式、方法和考核指标予以明确。同时，项目团队应正式实施该项目，并在实施过程中对项目进度、项目质量和项目成本进行严格控制；事业部应及时组织对项目进行阶段性测试、验证，以及提请公司安排项目验收（包括特殊情况下的项目中止结项）等。

在项目实施期间，技术质量部应对项目实施情况进行跟踪，及时发现和提示有关项目进度、质量、成本控制等方面可能存在的问题风险。

在项目实施期间，财务部应做好项目资金和资产的管理，根据项目计划和项目执行情况及时拨付资金，安排专设账目核算，并监督资金和资产的使用，保证其使用的合规和有效。

在项目实施期间，人力资源部应做好项目人员调配工作，并监督项目编制的合理使用和人工成本预算的合理支出等。

在项目实施期间，采购部应通过统一采购程序，按照项目采购计划，及时、合理地采购仪器、设备、物料等，以保证项目所需。

第六条　项目变更

项目变更的前提条件是不能改变该项目《可行性研究报告》的基本结论和该项目的总体任务目标、研发周期、投入金额、预计未来产业化目标和经济效益等，而只是对该《项目实施方案（计划）》涉及的工作内容和工作程序进行适当的调整。

项目变更执行如下的审批程序。

一是项目团队向相关事业部提出《项目变更申请表》和新的《项目实施方案（计划）》。其中，《项目变更申请表》的主要内容包括：项目名称、项目代码、项目负责人（项目经理）、项目变更的理由、项目已取得的成果和已发生的投入、对项目变更后的任务目标最终完成情况的预测、对《项目实施责任书》调整的建议、项目负责人（项目经理）签字栏等。

二是相关事业部依据项目《可行性研究报告》和《项目变更申请表》，对新的《项目实施方案（计划）》进行论证。

三是通过新的《项目实施方案（计划）》论证的，事业部依据新的《实施方案》与项目团队签订新的《项目实施责任书》，对任务目标、业绩考核方式、方法和考核指标予以明确。同时，项目团队应按照新的《项目实施方案（计划）》实施该项目。

四是未通过新的《项目实施方案（计划）》论证的，项目团队仍将按照原《项目实施方案（计划）》实施该项目。

第七条　项目验收

在项目实施阶段结束且任务目标已基本实现后，公司应按照下列步骤进行项目验收。

一是由相关事业部提出项目验收申请，并附项目实施方案（计划）、项目实施总结报告、资金使用报告（项目决算报告）、产品测试报告、用户使用报告等。

二是技术质量部对事业部提交的申请材料进行形式审查，编制《项目验收方案》，就召开验收会议的时间、地点、出席方（包括财务部、人力资源部、采购部、外部技术专家、市场和投资等专业人员 7 或 9 人组成）、答辩方（相关事业部、项目团队、测试团队等）、项目验收的依据等做出安排，并通知出席方和答辩方提前做好验收准备。

三是技术质量部组织召开验收会议，对照项目验收依据，以票决制（分为大于 2/3、介于 2/3 和 1/2 之间、小于 1/2 三种情况）做出该项目是否“通过”“基本通过”“未通过”验收的结论，并形成验收会议决议。

四是如果验收会议结论为“通过”“基本通过”，技术质量部应将验收会议决议、连同项目验收的全套资料，签报总经理办公会，由其对该项目的验收结论予以审批、确认。

五是项目验收结论经总经理办公会审批、确认后，相关事业部应配合技术质量部、财务部、人力资源部、采购部等完成下列工作：该项目的成果登记，图纸和程序文件等归档，流动资产、固定资产和无形资产的账务处理，以及兑现业绩考核奖励等工作。

六是如果验收会议结论为“未通过”，则事业部应根据验收会议提出的改进意见，责成项目团队、测试团队对该项目进行调整、优化，并在指定时间内再次提请对该项目进行验收。

项目验收的依据主要是《项目任务书》中确定的项目验收（考核）指标，包括产品技术指标、性能指标、产品成果、专利软著等知识产权、投入产出等。

第八条　项目中止结项

项目中止结项的前提条件：一是项目实施中出现意外或遭遇不可抗力，导致《可行性研究报告》基本结论成立的市场、技术、资金、人员等依据已不复存在；二是项目验收会议结论为“未通过”，相关事业部根据验收会议提出的改进意见，责成项目团队、测试团队对该项目进行调整、优化，但在指定时间内再次进行验收时，验收会议结论仍为“未通过”，导致该项目在研发周期、投入产出效益、预计未来的产业化目标等方面已无继续实施的意义等。

中止结项执行如下的审批程序。

一是相关事业部向公司提出《项目中止结项申请表》，并附最终“未通过”验收会议的决议，以及阶段性的项目实施总结报告、阶段性的资金使用报告、专项审计报告等。其中，《项目中止结项申请表》的主要内容包括：项目名称、项目代码、项目负责人（项目经理），项目中止结项的理由，项目已取得的成果和已发生的投入，对项目中止结项后留存的流动资产、已形成的固定资产和无形资产处置以及项目团队解散和人员安置的建议，事业部总经理签字栏等。

二是技术质量部对事业部提交的申请材料进行形式审查后，签报总经理办公会，由其对该项目的中止结项予以审议、批准。

三是经总经理办公会审批后，相关事业部应在技术质量部、财务部、人力资源部、采购部等的协助下，做好项目中止的后续处置工作：处置项目借用或调用的各方资源，留存的流动资产、已形成的固定资产和无形资产，项目团队解散和人员安置，违约责任、赔偿及罚款等，形成《项目中止结项报告》。

第九条　附则

本办法由技术质量部负责解释，自批准发布之日起执行。

问题

您如何评价太湖股份的《产品研发项目管理办法》？

您认为太湖股份进行的产品研发与您所在企业进行的产品研发有哪些异同？相互之间有哪些可以借鉴的地方吗？

9.4 只有设计的标准化，才有未来的产业化

悟空集团（公司）是一家摩托车制造企业。在国内近百家摩托车生产企业中，悟空集团的产销量多年来位居前十名，其生产、销售的各型摩托车，如跨骑车、弯梁车、踏板车，甚至电动车等，行销中国城乡各地，并出口海外，在世界很多国家和地区留下了其或威猛刚毅或飘逸风雅的身影。

近些年，悟空集团生产、销售的摩托车的种类和规格越来越多。这种多品种、小规模的产品特征，尽管适应了客户需求个性化的发展趋势，却很容易造成产品成本上升和产品质量下降。显然，这将直接影响悟空集团的市场竞争力水平，甚至在与竞争对手拼杀过程中处于劣势。

如何解决这一难题？

经过反复思考，总工程师汤鸿儒在一次集团总经理办公会上说："看来，悟空集团需要在产品研发部门进一步强化设计的标准化工作了，否则，这种多品种、小规模的产品需求特征，最终可能会把我们压得透唔到气①。"

汤鸿儒是地地道道的广东人，从华南理工大学毕业后进了悟空集团，干了快 30 年了，他的妻子也是广东人，与他青梅竹马，在家里两口子常说粤语，这使他在上班讲话时偶尔也会夹带着个别的粤语词汇。

"为此，我建议，首先要在总工办内设立标准化部，为集团的二级部门，专门负责推进（产品）技术标准化工作。其主要任务一是梳理和完善集团的标准体系，包括参与制订国家标准、行业标准、地方标准，同时积极制订企业标准；二是编制集团的产品标准化手册，对包括摩托车的发动机系统、传动系统、行驶系统、操纵制动系统、电气系统②的每一个零部件的材质、规格、结构、性能等做出明确规定，统一纳入产品标准化手册，并予以滚动发布，定期更新；

① 透唔到气，粤语中意为"喘不过气"。

② 发动机系统由缸体、曲柄连杆、供油、配气、冷却、润滑、点火、废气涡轮增压系统等组成；传动系统由离合器、变速器、链轮、链条等组成；行驶系统由车架、前减震器、后减震器、中央减震器、前后车轮等组成；操纵制动系统由转向把操纵总成、制动总成等组成；电气系统由电源、电启动、照明、仪表信号、电子喷射系统，以及电控防抱死装置（ABS）等组成。

三是建立一整套的制度体系，监督集团各部门，尤其系各业务单元严格执行集团的标准体系和产品标准化手册。

“其次要从我分管的产品研发部门做起，不断强化设计人员的标准化意识，在设计的通用化、模组化、系列化方面取得突破。具体来说，要在产品设计阶段就入手，做到‘三化’，即零件要通用化、部件要模块化、产品要系列化。通过认真贯彻‘三化’和不断地提高‘三化’，向产品成本和产品质量宣战，以保证我们在多品种、小规模的产品特征下，还能够适应客户需求个性化的发展趋势，赢得未来的产业化大舞台，保持甚至提高悟空集团现有的市场竞争力水平。

“譬如，对系列化产品，在设计时就应要求首台套产品的标准件占比（包括标准零件的数量占比和标准部件的价值量占比）要高于 50%，次台套产品的标准件占比要比首台套产品的标准件占比再提高 20%，然后再提高 10%、5%、2.5%，等等。同样，对升级换代产品，设计时也应要求第一代产品的标准件占比（包括标准零件的数量占比和标准部件的价值量占比）要高于 50%，第二代产品的标准件占比要比第一代产品的标准件占比再提高 20%，然后再提高 10%、5%、2.5%，等等。

“而且，对这些设计的标准化要求，要列入产品研发部门的 KPI 考核指标。具体如何设置指标和指标值权重可由人力资源部与总工办等商定。

“今后，产品研发部门要研发新产品，或要推出系列化产品或升级换代产品，在做研发方案评审和研发成果验收时，以及中试车间和试产车间要进行产品试制和产品试产，在做产品设计定型鉴定和产品生产定型鉴定时，都要进行相应的标准化评审，达不到标准化要求的，即便其他方面都满意，也不能批准其进入下一个研发或产业化的环节。”

说到这里，汤鸿儒朝上推了一下架在鼻梁上的眼镜，看了看在座的各位，尤其是滕邵斌副总经理，又接着说：“当然，这涉及中试车间和试产车间的工作，而这两个车间归邵斌分管。所以，这事还需要与邵斌沟通，我希望能得到邵斌的支持！”

滕邵斌冲汤鸿儒点了点头，笑着回应道：“这没问题啊，我看行！”接着，他又问道，“鸿儒，只是为什么标准化工作要先从设计环节取得突破呢？”

“因为它是试制和试产，尤其是生产运营环节的前端。如果我们唔[①]在设计环节取得突破，后面在生产运营环节就很难再有大的改变了。

“况且，我还分析了产品设计与生产运营阶段的成本费用构成和新产品的营收构成情况：悟空集团近三年的产品研发的费用占比为4%～5.5%，生产运营中人工和制造费用占比为5%～6%，原材料和零部件成本占比为80%～85%，其他成本费用，如管理费用、财务费用等占比为3.5%～11%，而我们每年向市场投放的新产品的营收占比都在25%以上。因此，加强产品设计阶段的标准化对悟空集团来说，显然是一个投入产出比最高的环节，完全符合‘二八定律’，是值得畀心机[②]去突破的地方。”

最后，汤鸿儒掂了掂手里的一沓材料，说：“我这两天草拟了一份‘在产品研发部门进一步强化设计的标准化工作若干建议的请示’，已在今天会前通过IMIS[③]发给大家了。请大家提出意见，我修改后准备正式提交下一次集团总经理办公会进行审议。”

……

半个月后，集团总经理办公会审议、通过了汤鸿儒在上述请示中提及的若干建议，并出台了《悟空集团关于进一步强化设计的标准化等工作的通知》。

一年后，悟空集团进一步强化设计的标准化等工作就收获了实实在在的成果：企业的原材料和零部件成本同比上一年下降了17.23%，产品一次开箱合格率、产品维修应答响应时长、维修服务时长、顾客投诉率等反映产品质量的综合性指标同比上一年提高了5.47%以上。

问题

您如何评价汤鸿儒关于在产品研发部门进一步强化设计的标准化工作的建议？

您认为，作为一家实体企业，除了应该推进产品技术标准化的工作之外，还有哪些标准化的工作值得推进？

① 唔，粤语中意为“不”。

② 畀心机，粤语中意为“花心思”“下力气”。

③ IMIS, Integrated Management Information System，综合管理信息系统。

第 10 章

生产运营

10.1　摆在老施面前的问题

玖玖设备厂是一家地处济南市市郊的机械加工企业，成立于 2010 年 3 月，占地 100 亩，拥有两个 12800 平方米的单层钢结构厂房——安装了 12 台车床和 12 台铣床，以及 8 台刨床、4 台插床、6 台钻床、6 台磨床等通用机械加工设备（还计划购入两台多功能加工中心），另有一个 1000 平方米的原材料库房、一个 2000 平方米的产成品库房和其他必需的配套建筑体，一线操作工人有 84 人，大都为技校毕业生，个别人还有大专文凭，技术普遍较为精湛，加工的产品质量在当地也堪称上乘。

2018 年 6 月，经过前后三次考察，玖玖设备厂被某新能源汽车电机公司确认为其电动机的前后盖及前后轴承盖，共 4 种零件的配套加工企业，订单为每年各 68600 件，约每周交货各 1319 件，相当于每个工作日要生产各 264 件合格产品。

对玖玖设备厂来说，这可是一笔大单，部分工序的加工量甚至超过了其正常产能[①]。所以，尽管客户对质量要求严格，价格压得也低，毛利率只有 3%，几乎不赚钱，玖玖设备厂还是在 2018 年的下半年全力以赴完成了这笔半年各 34300 件产品的订单任务。

---

① 在实行单班 8 小时工作制的情况下，玖玖设备厂一线操作工人每天实际工作时间为 7 个小时，即 8 个小时减去午饭和休息等机动时间共 1 个小时。某一工序的正常产能 =［7（小时）×60（分钟 / 小时）÷ 单个零件的装卡和加工时间（分钟）× 该工序的机台总数］

进入 2019 年，订单仍在接续，但玖玖设备厂的经营层却高兴不起来——毕竟这是一笔不怎么赚钱的买卖，万一产品合格率做不到 100%，就可能赔钱。而赔钱的事情，时间一长，肯定谁都不情愿。

于是，玖玖设备厂的经营层在新年上班后的第一次厂长办公会议上研究决定，一是要控制企业期间费用的不合理增长，二是要挖掘潜力，进一步提高生产运营环节的效率。

会后，负责生产运营的副厂长张鑫文把生产科科长施建华叫到了自己的办公室，要求生产科："尽快提出一份'挖掘潜力，进一步提高生产运营环节效率'的建议方案。比如，还能不能压缩工序间产品转运时间，把节省出来的时间留给已超过正常产能的操作工序。这样，既可以不再安排该操作工序的工人加班，也就不用额外支付 1.5 倍的加班工资，还可以减少这些工人精神紧张而导致的产品质量问题。"

离开张鑫文的办公室，施建华一路思考着往回走，由于考虑问题过于专注，竟在上楼梯的时候，差点一脚踩空而摔倒。

回到生产科调度室，老施打开电脑，调出了这一订单涉及的 4 种零件的加工工艺表及相应的加工工时明细表（见表 10.1、表 10.2 和表 10.3）。

表 10.1　加工工艺明细

产品	工序										
	车	铣	刨	插	钻	磨	龙门刨	冲	剪	钳工	其他
电动机前盖		1		2	3	4					
电动机后盖		1		2	3	4					
前轴承盖	1				2						
后轴承盖	1				2						

表 10.2　加工工时明细

（单位：分钟）

产品	铣		转运	插		转运	钻		转运	磨		合计
	装卡	加工	铣→插	装卡	加工	插→钻	装卡	加工	钻→磨	装卡	加工	
电动机前盖	6.25	14.50	0.55	1.00	4.00	0.35	1.00	4.00	0.40	1.00	4.00	37.06
电动机后盖	6.25	14.50	0.55	1.00	4.00	0.35	1.00	4.00	0.40	1.00	4.00	37.06

注：在铣床上铣前后盖的上下端面时，每次同时装卡4个零件，一起加工。在铣其他表面以及其他工序时，每次装卡1个零件，分别加工。

在转运时，铣→插和插→钻之间每次同时转运8个零件，由转运人员用手推车转运；钻→磨之间每次同时转运20个零件，由转运人员驾驶叉车转运。

所有的装卡时间、加工时间和转运时间均已折算为单件产品的加工工时。

表 10.3　加工工时明细

（单位：分钟）

产品	车		转运	钻		合计
	装卡	加工	车→钻	装卡	加工	
前轴承盖	2.00	8.00	0.29	1.00	3.00	14.29
后轴承盖	2.00	8.00	0.29	1.00	3.00	14.29

注：在转运时，每次同时转运20个零件，由转运人员用手推车转运。

所有的装卡时间、加工时间和转运时间均已折算为单件产品的加工工时。

这些表里显示的数据证实了老施的判断：在这 4 种零件中，装卡和加工最耗时；超过正常产能的工序是电动机前后盖的铣床加工。对超过正常产能的工序，不可能通过调整工艺顺序，压缩其他工序的装卡和加工时间，或调整各工序间产品的转运路线、转运方式等为其“腾挪”出时间，解决“瓶颈”问题。

那应该怎么办?

老施又从电脑里调出并打印了厂区平面图（见图 10.1）和两个主生产厂房的设备配置图（见图 10.2），铺在桌子上，仔细研究起来。

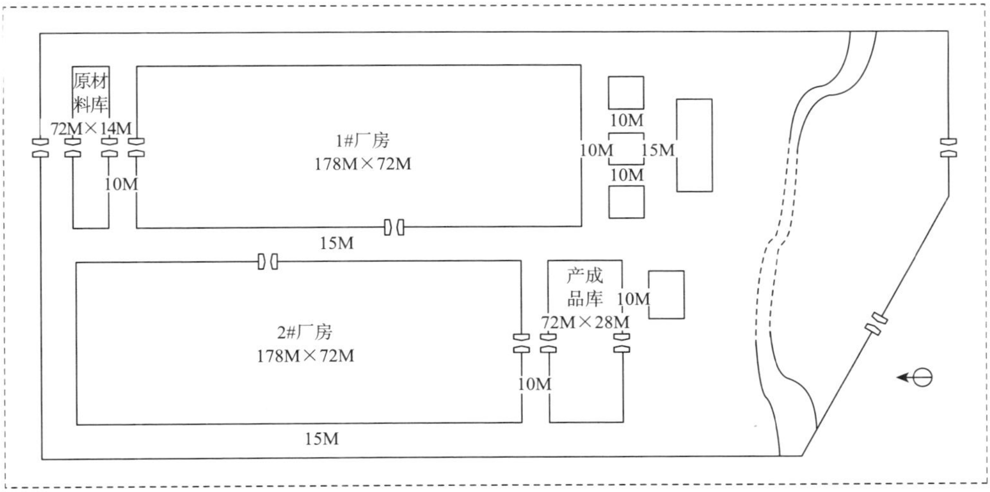

图 10.1　厂区平面图

显然，厂房和仓库等主要建筑物是建厂时就设计成这样的，已快 10 年了，不可能再动。要消除铣床工序的“瓶颈”：一种办法是在主生产厂房里腾出地方，再购置、安装一两台铣床，投入生产；另一种办法是尽快购置、安装计划要购入的两台多功能加工中心，投入生产。从技术进步和企业更好发展的角度，老施当然赞同后一种办法。但这两种办法，一是都需要花钱，厂里是否有这笔预算，老施不得而知；二是都需要时间，即便现在就下订单采购，什么时候能够到货、什么时候能够安装到位并投入使用，铣床至少需要三五个月，多功能加工中心没有一年半载根本就不可能。

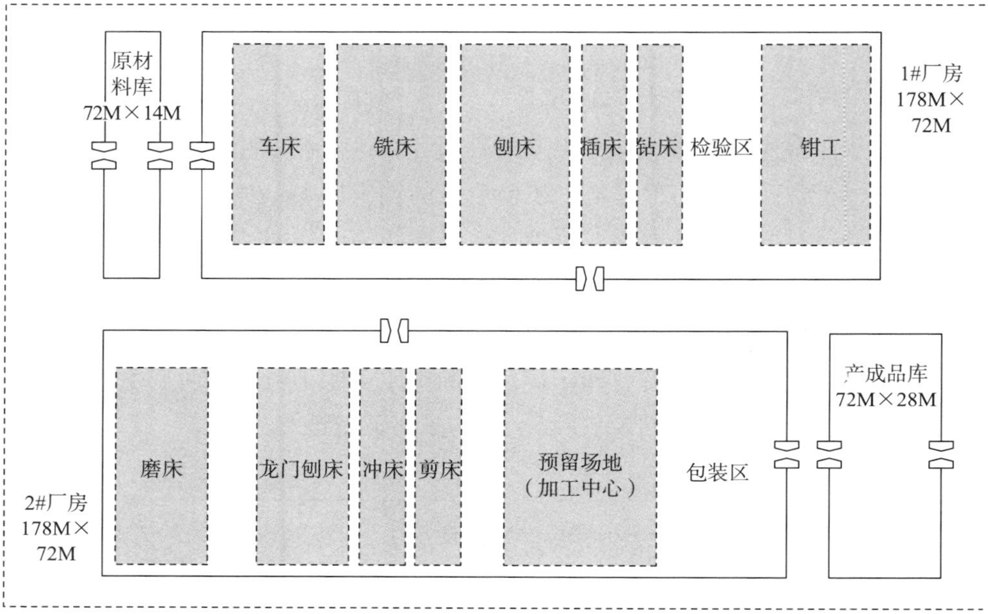

图 10.2 主生产厂房的设备配置图

那么，还有其他办法吗？老施再度陷入了沉思。

冬日的残阳一点一点地朝西边的窗台上挪去，屋内几乎所有物件都被涂抹上了一种瑰丽的红色……

快到下班的时间了，就在这时，老施忽然有了新的主意：一是可以调整加工工艺，譬如，将铣床上加工电动机前后盖上下端面的活儿交给刨床去干，以减少铣床加工的工作量；二是可以制作专用的工装夹具，以压缩在铣床上加工电动机前后盖上下端面时的装卡时间……

老施刚才还紧锁的眉头舒展了。他拿起电话，打给产品工艺科科长孔又军——因为要想办成其中任何一件事，先决条件是要得到产品工艺科的配合与支持。

问题

您认为老施关于“对超过正常产能的工序，不可能通过调整工艺顺序，压缩其他工序的装卡和加工时间，以及调整各工序间产品的转运路线、转运方式等，来为其‘腾挪’时间，解决‘瓶颈’问题”的认识正确吗？

除了老施前后想到的 4 种办法，您认为还有其他解决铣床加工瓶颈问题的办法吗？

10.2 让“流程再造”的旗帜高高飘扬

前进股份（公司）是一个以自动柜员机（Automatic Teller Machine，ATM）和自动售检票系统（Auto Fare Collection，AFC）等货币自动处理设备及相关系统软件的研发、生产、销售和运维服务为主业的上市公司，其产品行销全国各地，每年还有相当数量的产品出口海外。

前进股份按照不同的客户群，分别设有 ATM 事业本部和 AFC 事业本部，前者主要面向银行金融客户市场，后者主要面向地铁、高铁、民航等交通运输客户市场，以及景区、会展中心等游览场所客户市场。

以前，公司只有 ATM 产业时，按职能分工和产品工艺路线单独设立了生产科、供应科、销售科和产品设计所等职能科室，以及机械加工车间（包括金属切削、折弯、焊接等，但不包括铸造，铸件采用外购）、表面处理车间（包括油漆、喷塑或涂塑等，但不包括电镀，电镀采用外协加工）和 ATM 分厂等业务单元。其中，机械加工车间和表面处理车间负责 ATM 上层电子箱和下层保险箱柜体，以及钱匣和传动机构等的机械加工；ATM 分厂负责取钞模块、存钞模块、循环模块、输入输出和内部通信控制板等的制作，以及软件系统——包括介质驱动程序、数据接口程序和系统控制程序等的加载，并进行 ATM 总装及产成品的测试、检验、出厂等工作。

其 ATM 的生产运营流程如图 10.3 所示。

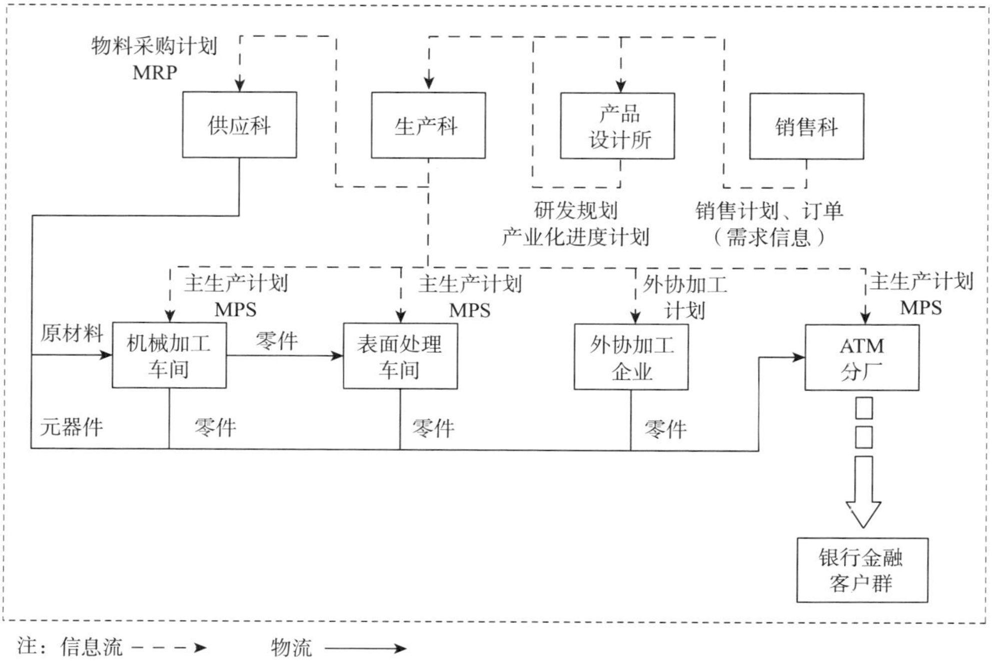

图 10.3 ATM 生产运营流程

后来，公司又培育了 AFC 产业。

开始，对 AFC，也由机械加工车间和表面处理车间负责 AFC 售票机和一卡通充值机柜体，票匣、钱匣和传动机构，以及检票（刷卡）机柜体、各种剪式闸机或摆式闸机等的机械加工；ATM 分厂负责 AFC 收钞（币）模块、刷卡模块、取票模块、输入输出和内部通信控制板等的制作，以及软件系统——包括介质驱动程序、数据接口程序和系统控制程序等的加载，并进行 AFC 总装及产成品的测试、检验、出厂等工作。

但没过多久，随着 ATM 和 AFC 客户群的市场需求在数量上越来越多，在品种上越来越复杂的形势变化，销售科与 ATM 分厂之间，以及与产品设计所之间的矛盾就变得越来越严重了。譬如，针对 ATM 分厂不能按时交货，产品设计所或 ATM 生产车间不能及时解决客户反映的产品技术、质量问题，产品设计所未能预先开发出新产品，无法引导 ATM 和 AFC 客户的订货需求等，销售科会不时提出意见。再如，产品研发人员的工作积极性有时的确不高，因为开发的新产品是否畅销、是否能够产生明显的经济效益并没有与研发人员的激励因素直接挂钩，研发人员只会得到公司或产品设计所的口头或书面表彰，最多能拿到相当于一两个月工资的年终奖而已。

如何才能减少这些矛盾，提高内部运营效率，更好地满足不同市场客户群的不同需要？前进股份的管理层曾就此专门进行了研究，决定将 ATM 分厂改组为 ATM 事业本部，并单独设立 AFC 事业本部。同时，撤销产品设计所和销售科，将相应的产品研发和市场营销等职责下沉到两个事业本部，由两个事业本部各自负责面向银行金融客户群、交通运输及游览场所客户群的产品的研、产、销，以及后期的运维服务工作。但考虑到资源应充分共享的原则和规模经济下应集中采购的原则，决定保留机械加工车间、表面处理车间、供应科，以及生产科——其继续负责公司整体生产运营的计划调度工作。

流程再造后的 ATM 和 AFC 的生产运营流程，如图 10.4 所示。

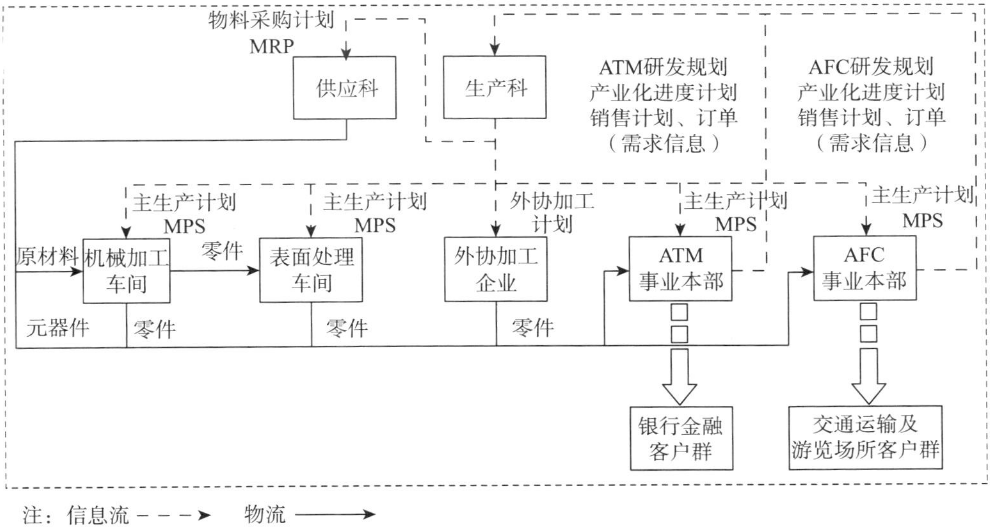

图 10.4 ATM 和 AFC 生产运营流程

随着全社会，尤其是银行金融（服务）行业和交通运输及游览场所（服务）行业的信息化建设步伐加快，前进股份 ATM 和 AFC 的销售量持续增长。其中，ATM 的营业收入由 2012 年的 17.76 亿元增长到 2016 年的 22.91 亿元，五年内年均增长了 6.57%；AFC 的营业收入由 2012 年的 3144 万元增长到 2016 年的 8668 万元，五年内年均增长了 28.86%[①]。

① 由前进股份 2012—2016 年年度报告披露的数据进行计算所得。

但与此同时，公司内部ATM事业本部和AFC事业本部与生产科、供应科、机械加工车间和表面处理车间之间的矛盾又突出了起来。譬如，生产科要统一编制主生产计划（MPS）及物料采购计划（MRP）和外协加工计划，安排、调度机械加工车间、表面处理车间和两个事业本部的每一个零件和模块的加工制作，但涉及的跨度大、环节多、效率低，极容易出现纰漏。后果是，一是两个事业本部在进行ATM和AFC总装时，一旦发现机械加工车间或（和）表面处理车间提供的某一零件有瑕疵或缺件时，只能停止该产品的总装，并通知生产科要求机械加工车间或（和）表面处理车间加班生产该零件；二是在产品交货前，一旦客户对产品的交货数量、交货时间等提出变动要求，由两个事业本部反馈至生产科，再由生产科对原主生产计划（MPS）进行调整，往往难度很大，沟通的环节很多，协调的效率始终不高。

这样，要求进一步提高内部运营效率，最大限度地满足不同的市场客户群的不同需要的呼声，在公司中又“喧嚣”了起来。

于是，前进股份的管理层再一次就此专门进行了研究，最后决定撤销已存在了20余年的生产科，将ATM和AFC相应的生产运营职责下沉到两个事业本部，两个事业本部编制各自的主生产计划（MPS）、物流采购计划（MRP）以及外协加工计划，并与外协加工企业一样，每年通过采购合同/订单、加工合同/订单等与公司内部的供应科——将改称“供应公司”、机械加工车间、表面处理车间等建立直接的供货（内部交易）关系。同时，将过去机械加工车间或（和）表面处理车间供货时的零件，一律调整为部件，通过“化零为整”，将发现问题和解决问题的关口提前，从而减小了两个事业本部在进行ATM和AFC总装时出现机械加工车间或（和）表面处理车间提供的某一零件有瑕疵或缺件，就只能停止该产品的总装并要求机械加工车间或（和）表面处理车间加班生产该零件的概率。

再一次流程再造后的ATM和AFC的生产运营流程，如图10.5所示。

此后，需要跨职能部门或业务单元进行沟通、协调的事情明显减少，机械加工车间或（和）表面处理车间也基本不再安排加班，ATM事业本部和AFC事业本部的产品计划完成率，分别由上一年的98.41%和96.37提升到了99.25%和97.64%。

一句话，公司的运营效率进一步提高了。

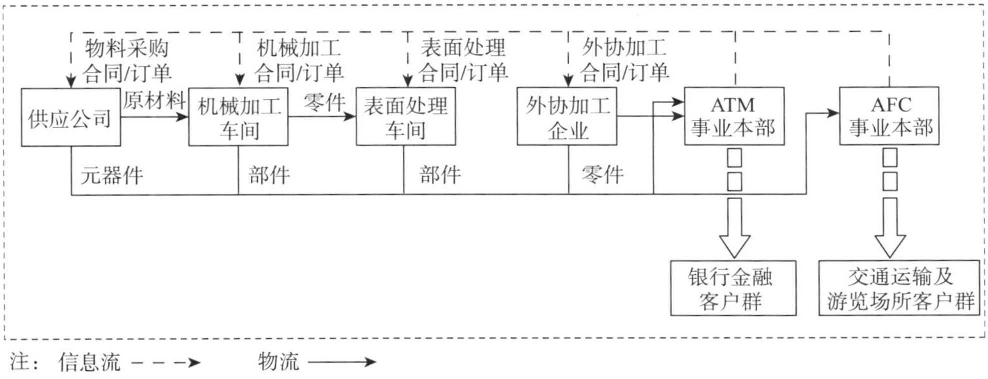

图 10.5　ATM 和 AFC 生产运营流程

问题

您认为开展流程再造，应具备哪些先决条件？在实施流程再造过程中，应把握哪些关键点？

您认为对某一企业来说，流程再造可以无限度进行下去吗？

10.3　过多的存货往往会成为自己的“死穴”

企业或多或少总会有存货——原材料、零部件、半成品、产成品、发出商品等。绝对“零库存”的企业其实并不存在。

企业保有一定存货的好处是容易维持自身的均衡生产，并能够满足客户的市场急需，但过多的存货则会影响企业资金的偿债能力、盈利能力、支付能力和周转能力，甚至造成巨额的资产减值损失。这一点，按照摩尔定律[①]，对离不开半导体芯片的 IT 类企业更是如此——过多的存货往往会成为自己的“死穴”。

① 摩尔定律是一项简单评估半导体产业技术进步换代的经验法则，因英特尔（Intel）创始人之一的戈登•摩尔（Gordon Moore）最早提出而以其姓氏命名。1965 年 4 月 19 日，时任仙童半导体公司工程师的戈登•摩尔在《电子学》杂志（*Electronics Magazine*）上发表了《让集成电路填满更多的组件》的论文。该论文预言在半导体芯片上集成的晶体管和电阻数量将每年增加一倍，即花同样的钱，半导体芯片的性能将每年提高一倍。换言之，同样性能的半导体芯片的价格将每年跌去 50%。时至今日，摩尔定律依然有效，只不过半导体产业技术进步换代的时间由当初的一年，变为一年半、两年、两年半……

纵横股份（公司）曾是一家通过技术引进，生产销售移动通信基站和手机产品的企业，1996年上市，1998年和1999年分别开始移动通信GSM和CDMA手机的自主研发。当时，国内市场销售的几乎全是摩托罗拉、爱立信、诺基亚等外国品牌的手机，因此，纵横股份那时就想“要造中国人自己的手机”，这在国内企业中算是“醒得早的”。

以前对技术引进的移动通信基站和手机，纵横股份在安排生产计划时一直采取均衡生产策略。因此，对自主品牌手机，纵横股份在安排生产计划时也采取了同样的均衡生产策略，即根据整体的市场需求预测，进行产品研发和生产设施配置，然后以自身设想的、可以实现的年度市场营销目标，安排进行自主品牌手机的均衡生产。

1999年纵横股份自主品牌的GSM手机问世，但出货量很少，只是“试试水”而已。

2000年纵横股份自主品牌的CDMA手机问世，但由于中国联通的CDMA网并未如期组建，致使其出货量几乎为零。同年，纵横股份自主品牌的GSM手机销售了数万台，也做了一些区域性的广告，在江浙一带有了一点儿名气。当然，该业务如果单独核算，肯定是亏损的。

2001年纵横股份加大了自主品牌手机的研发力度，并对生产线进行了大规模的技改投资，相继向市场推出了多款GSM、GSM-GPRS和CDMA手机，市场反应良好，全年各类自主品牌手机销售了数十万台。但由于每一款手机的出货量不大，仍低于盈亏平衡点，所以该业务如果搞单独核算，整体依然处于亏损状态。

2002年纵横股份的经营模式由对外合作转变为自主经营、产品门类由移动系统转变为移动终端、市场营销由代理国外品牌转变为主打自主品牌，通过多场大型促销活动，向市场推出了多款全新的GSM、GSM-GPRS、CDMA和CDMA-1X手机，其纵横之珠、纵横魅力、纵横英雄系列丰富了公司的产品线，全年销售各类自主品牌手机接近200万台，但未能达到预期的市场营销目标，除个别款式手机外，其余款式手机的出货量仍低于盈亏平衡点，无法覆盖相应的成本费用，还造成存货积压，只能计提3.49亿元的存货跌价准备，加之公司期间费用大增等其他减利因素的共同作用，致使纵横股份自上市以来出现了首次亏损，归属母公司的净利润由2001年营利2.07亿元变为2002年亏损2.06亿元（详见表10.4）。

表 10.4　2002 年主要损益数据

（单位：元）

	2001年	2002年	同比2001年
主营业务收入	8,398,612,585.77	8,219,687,112.13	-2.13%
减：主营业务成本	7,164,343,653.43	7,107,358,251.11	-0.80%
主营业务税金及附加	49,209,120.71	23,706,899.42	-51.82%
主营业务利润	1,185,059,811.63	1,088,621,961.60	-8.14%
加：其他业务利润	9,802,456.98	16,131,670.29	64.57%
减：期间费用	1,016,794,184.61	1,279,850,888.61	25.87%
其中：营业费用	418,046,815.44	705,074,800.53	68.66%
管理费用	595,575,130.43	565,861,672.73	-4.99%
财务费用	3,172,238.74	8,914,415.35	181.01%
营业利润	178,068,084.00	-175,097,256.72	-198.33%
加：投资收益	73,793,504.54	20,682,027.18	-71.97%
补贴收入	1,721,004.25	2,272,014.37	32.02%
营业外收入	14,636,688.94	14,103,627.18	-3.64%
减：营业外支出	8,451,248.37	33,218,825.63	293.06%
利润总额	259,768,033.36	-171,258,413.62	-165.93%
减：所得税	39,006,986.35	12,911,935.51	-66.90%
少数股东损益	13,417,391.10	21,773,842.53	62.28%
净利润	207,343,655.91	-205,944,191.66	-199.33%
应收账款	1,714,904,915.14	1,274,030,254.59	-25.71%
其中：计提坏账准备	158,436,388.68	88,567,038.73	-44.10%
存货	1,362,941,598.84	1,663,484,186.55	22.05%
其中：计提存货跌价准备	281,566,037.61	349,012,608.01	23.95%

注：摘自纵横股份2002年年度报告。

2003 年纵横股份所承受的经营转型带来的阵痛明显加剧，推出的十余款自主品牌手机，尽管包括 GSM、GSM-GPRS、CDMA 和 CDMA-1X 等制式，但在中高端机上，其产品品质、技术性能、使用功能和品牌美誉度等均明显不敌爱立信、诺基亚、摩托罗拉等国际通信巨头；在中低端机上，其产品使用功能的花哨性、外形的时尚性和产品价格的低廉性等又明显不如一些国内的竞争对手，如波导、科健、夏新等。在这种惨烈的市场竞争面前，纵横股份的生产经营背负了前所未有的巨大压力，虽然也实施了加快推进产品研发、整合市场销售渠道、加大国内和海外市场拓展等重点举措，但成效甚微，全年销售各类自主品牌手机虽突破了 200 万台，却远未达到预期的市场营销目标，除个别款式手机外，其余款式手机的出货量仍低于盈亏平衡点，无法覆盖相应的成本费用，还造成大量的存货积压，只能计提了高达6.3亿元的存货跌价准备，特别是为压缩累积的CDMA手机的库存，不得不以低于其原材料和零部件成本的市场价格对外销售，加之公司期间费用再度大增等其他减利因素的共同作用，纵横股份再一次出现亏损，而且算得上“巨亏”，归属母公司的净利润由2002年亏损2.06亿元大幅增亏至2003年亏损11.61亿元，也由此戴上了“ST”的帽子（详见表10.5）。

表10.5　2003年主要损益数据

（单位：元）

	2002年	2003年	同比2002年
主营业务收入	8,219,687,112.13	4,226,131,370.62	-48.59%
减：主营业务成本	7,107,358,251.11	3,991,792,393.96	-43.84%
主营业务税金及附加	23,706,899.42	18,638,132.90	-21.38%
主营业务利润	1,088,621,961.60	215,700,843.76	-80.19%
加：其他业务利润	16,131,670.29	-37,184,816.60	-330.51%
减：期间费用	1,279,850,888.61	1,410,750,222.72	10.23%
其中：营业费用	705,074,800.53	526,834,608.40	-25.28%
管理费用	565,861,672.73	855,691,672.39	51.22%
财务费用	8,914,415.35	28,223,941.93	216.61%
营业利润	-175,097,256.72	-1,232,234,195.56	603.74%
加：投资收益	20,682,027.18	74,750,728.45	261.43%
补贴收入	2,272,014.37	674,438.74	-70.32%
营业外收入	14,103,627.18	5,317,716.01	-62.30%
减：营业外支出	33,218,825.63	36,076,257.03	8.60%
利润总额	-171,258,413.62	-1,187,567,569.39	593.44%
减：所得税	12,911,935.51	7,988,803.26	-38.13%
少数股东损益	21,773,842.53	-34,975,307.69	-260.63%
净利润	-205,944,191.66	-1,160,581,064.96	463.54%
应收账款	1,274,030,254.59	892,524,865.49	-29.94%
其中：计提坏账准备	88,567,038.73	128,088,185.76	44.62%
存货	1,663,484,186.55	907,966,319.51	-45.42%
其中：计提存货跌价准备	349,012,608.01	629,550,999.99	80.38%

注：摘自纵横股份2003年年度报告。

造成这样的巨亏，股民不答应，企业经营层也扛不住了，在万般无奈之下，纵横股份从 2005 年开始逐步从自主品牌手机产业中淡出，其最初“要造中国人自己的手机”的梦想也就此泯灭。

第一批与其几乎同时杀入国产手机产业领域的企业，如波导、科健、夏新、迪比特、南方高科、南京熊猫等的命运其实也都类似——“落了片白茫茫大地真干净！”今天的手机用户们，尤其是 90 后、00 后们恐怕早已不知道当年这些在中国手机市场上曾经“叱咤风云”的英雄为“何方神圣”了。

问题

对什么（产业）类型的企业来说，“过多的存货往往会成为自己的‘死穴’”？是“快销”企业吗？

您认为存货成为企业“死穴”的主要原因是生产计划安排不合理造成的，譬如一味强调了均衡生产，而没有采取订单追随或弹性安排策略，还是其他一些原因造成的？

10.4 生产体系该如何应对市场需求多样化带来的挑战

在这年秋天，确切地说，还是在寒露刚刚过去的一次总经理办公会散会的时候，星辰股份（公司）的总经理成超叫住了公司分管生产运营的副总经理计顺年。

“老计，你先等一等，我还有点儿事想和你说说。”

刚收起笔记本，站起来准备离开的计顺年又坐到了椅子上。

作为国内为数不多的涉足自行车制造的上市企业，星辰股份现有 800 多人，建有几个整车装配车间和电动自行车事业部，并与承担车架、车把、链盘、车座、脚蹬、车轮、车筐、车斗等生产的配套厂家建立了长期的合作关系，具备年产 700 万辆各式自行车和电动自行车的生产能力，同时还可以向市场提供相应的零配件及相关的配套服务。

在别人眼里，计顺年属于偏“佛系”的人。在生活中，他追求不高，钱够用就好，“不以物喜，不以己悲”，喜欢慢节奏，讲究“顺其自然”“平平淡淡”；

在工作上，他稳扎稳打，一步步地从班组长干到了现在的位置，虽然求新、求变不是他的长项，但做事踏实、认真，执行力不错，还积累了较为丰富的生产计划、组织、指挥、控制，以及对内、对外沟通协调方面的工作经验。

“其实你也知道，”成超说，“已经好几年了，小熊就一直在反映，我们面对的市场需求正变得越来越多样化。”

成超提到的“小熊”是公司的市场营销总监熊宇舶。他今天没有参加总经理办公会，说是去了外地，要与一家“共享单车”的企业洽谈，要求对方应切实履行去年签订的一份“共享单车供销合同”。

“在今年前三个季度里，这种市场需求的变化趋势就更为明显了。前年和去年，由于‘共享单车’的需求旺盛，公司还签下过多份单笔几十万辆的大单，甚至还有个别单笔上百万辆的超大单。但自去年下半年开始社会对‘共享单车’热情的逐步‘退潮’，公司就没有再拿到过单笔超过十万辆的大单，拿到的全是些单笔几万辆，甚至几千辆的中、小单。本来还有不少每单就几百辆的，小熊征询我的意见，我不同意签，因为批量都太小了！

“我查阅过档案，公司最早[①]只生产28吋、26吋等两三种、十多个型号的代步用自行车。二十世纪九十年代公司上市的时候，已经可以生产28吋、26吋、24吋和20吋[②]等五六种、共两百多个型号的自行车。其中，主要是代步用自行车，但已开始生产少量的休闲骑行用自行车。当时一年的产销量是500万辆左右。”

“是的。”计顺年回应道：“那时我已经来了，先在车架车间当技工，后来又去了生产计划科做了调度。”

“我是2002年来的，差不多比你晚了十年，不如你老兄。”

“但你学问大，‘进步快啊’！”

“嗨，也就彼此彼此吧。”成超笑了笑，接着说，“2000年以后，随着私家车保有量的上升和城市公交系统的完善，尤其是近十年来地铁等轨道交通的兴起，星辰股份过去主要生产的代步自行车的份额正逐年下降，取而代之的是休闲骑行自行车、折叠自行车、儿童自行车和各类运动健身自行车，如公路、山地、场地运动自行车等。这几年，公司每年自行车的产销量与公司上市的时

① 此处指二十世纪五十年代星辰股份设立的时候，当时不叫“星辰股份”，而叫“星辰自行车厂”。

② 自1977年5月国务院颁布《中华人民共和国计量管理条例（试行）》后，国内公开的正式场合已不再使用非国际通用标准（基本长度单位为米）的计量单位，但部分自行车企业内部仍习惯用28吋、26吋、24吋、20吋等说法。28吋即710mm，26吋即660mm，24吋即610mm，20吋即510mm。

候差不多，还是 500 百万辆左右，但涉及了十几种产品、五六百个型号，平均每个型号自行车的年产销量已不足 1 万辆。”

“我记得你告诉过我，‘公司目前的毛利盈亏点是每单 3000 辆左右’？”成超问。

“是的。具体到不同的产品会有些差异，但平均毛利盈亏点会在 3000 辆上下。”计顺年答道。

“所以，我担心随着这种市场需求多样化的趋势发展下去，将来公司接到的订单可能都是些 3000 辆以下的小单，甚至就几百辆、几十辆、几辆的超小单，极端一点可能就只有一辆的单子，那该怎么办？还接不接？！”

计顺年欲言又止，因为他搞不清楚成超是在问他，还是在问自己。

“现在企业界有一种观点，”成超又接着说，“认为在知识经济和信息化时代，市场需求会极度多样化，甚至完全个性化，‘一人一单’会成为企业面对的常态。因此企业的组织形态也会发生翻天覆地的变化，要‘人单合一’，全是一个一个的项目团队，打破现有企业内部的职责分工和层级制，像水母组织一样，可以‘自适应’，自己去攻城略地。”

计顺年感觉成超说得稍有些远了，就插话道：“你说的应该属于企业发展战略或组织架构设计方面的问题吧？对这些，我可是外行。”

“是的。对这些问题，公司管理层会在适当的时候安排专题研讨会进行详细的研究分析。我今天要和你说的是，在今后两三年，公司的生产体系如何应对市场需求多样化带来的挑战？说白了，就是对低于 3000 辆自行车的小单，市场营销部门还签不签？比如明年吧，马上就要开始编制明年的预算了，小熊他们的业务预算还纳不纳入这些小单？”

“成总，”计顺年答道，“你提的这个问题，近些日子我也一直在琢磨。我的意见，一是可由生产运营部、采购部和财务部会商，对每个品种的车子，进行毛利盈亏点的详细测算，由生产运营部在 12 月 1 日前将测算数据反馈给市场营销部，而且以后每个季度都进行一次滚动调整，测算数据也由生产运营部及时反馈给市场营销部，作为小熊他们编制业务预算和平时签订合同时，判定具体某一订单毛利盈亏点的参考依据；二是由生产运营部和市场营销部每周做一下凑单。现在做起来也容易，在计算机系统上就可以完成。”

“凑单？”

“就是把单独达不到毛利盈亏点的‘小单’‘超小单’，但在同一交货周期内的，凑在一起安排并单生产，这样市场营销部原来不能签的这些‘小单’‘超小单’的合同就可以签了。”

“另外，”计顺年接着说，“我还建议，公司应该对产品价格体系做进一步的完善，使同一种产品，但批量大小不同、交货期长短不同的产品，在报价上要有所不同，要体现出差异。现在的价格体系还是太粗，也不完整。比如，公司去年推出的‘流星雨’系列车型，它的毛利盈亏点在3600辆，现在的价格体系里就只有3600辆、1万辆、5万辆、10万辆、20万辆和50万辆及以上，共6个阶梯的报价，交货期从3600辆至10万辆都是3个月，超过10万辆的都是6个月。那不够3600辆的怎么办？要求交货期少于3个月的又怎么办？都去找你总经理特批？还有如果有100万辆、200万辆的超大单呢？或者交货期可以1年甚至1年以上的呢，有没有更大的价格折扣？”

“对，你说的这一点很重要！”

“其实星辰股份生产体系现在就剩下几个整车装配车间、一个生产运营部和一个采购部了，最多再加上一个电动自行车事业部。公司几乎所有的零部件都是通过采购部从各个配套厂家那里外购回来的，我们只是完成了整车装配这最后一步。去年的外购成本占了营业成本的96.5%，这几年也差不多都是这个水平，95%上下。这么大的采购量，那些配套厂家都是针对我们订单的批量大小、交货期长短给予不同的报价的。客户单子小，交货期还短，配套厂家也可以接啊，客户多掏钱就行！

“所以，有了完善的价格体系，小熊他们市场营销部在和客户沟通的时候，就可以向客户说明：多小的单子、多急的单子，我们都可以接，但价格就会高一些了。只要‘不差钱’，哪怕就一辆，哪怕单独定制都可以……当然，你也可以找其他厂家，但也不一定就会拿到比我们更低的价格。何况，星辰股份毕竟是自行车行业的龙头企业，我们的产品品质和企业口碑，那肯定是‘鸭子上架——顶呱呱’‘隔着门缝吹喇叭——名（鸣）声在外’啦！”

听计顺年嘴里一下冒出好几个歇后语，成超不由对他另眼打量了一番。他笑着说：“嗬，真想不到啊！你还会这些？你是我认识的那个老计吗？”

“哈哈，最近在看一本《歇后语大全》，我这叫‘王婆的瓜子店——热炒热卖’。”

“哈哈哈……”

问题

您认为本文提及的“毛利盈亏点”与通常企业管理中所说的“盈亏平衡点”是同一概念吗？

您怎样评价计顺年就公司生产体系该如何应对市场多样化带来的挑战所提出的意见？

您怎样评价计顺年就公司应该对产品价格体系做进一步完善所提出的建议？

10.5　这样做就可以保证不再发生伤亡事故了吗

润泽电缆厂地处岭南，一年里的大多数日子都潮湿闷热。2002 年 7 月 28 日午后，天刚飘下些许雨滴，连地皮还没有浸湿，就很快消失得无影无踪了。在这种天气状况下，尤其是午饭后，人总容易犯困，无精打采，而往往在这种时刻，某种危险可能正悄无声息地一步步逼近……

“啊……”凄厉和悲惨的叫声把成缆车间里所有的人统统唤醒了，只见 2 号线上已绞成的电缆缠住了收线工祁立朝的一只脚，旋转着的收线盘把他甩起来，在空中划出一道令人恐惧的弧线，将他重重地砸在三四米外的机台上……当人们赶到近前并手忙脚乱地关掉电气开关后一看，倒在机台上的祁立朝的头部正慢慢地淌出鲜血。在救护车赶到现场前，人已失去了生命体征。

润泽电缆厂所有厂领导都在第一时间赶到现场，厂安全事故应急处置小组立即投入工作：通知地方安监局、公安局，通知和接待家属，做出家属抚恤安排，处理善后，配合有关部门进行事故调查和责任认定……

一个半月后，地方安监局下达了《润泽电缆厂 7.28 事故责任认定书》。

事故为人身事故。事故级别为死亡事故。事故性质为责任事故。

事故的直接原因系润泽电缆厂成缆车间 2 号线当班工人祁立朝违反安全生产操作规程，在换完收线盘后误入滚动着的收线盘的前方，结果被散置于机台地面上的电缆缠住其右脚并将其甩起后砸在机台上，致使其头部遭受重击而当场死亡。

事故的直接责任人和主要责任人为祁立朝，但鉴于其本人已在事故中身亡，故不再追究其责任；对在该责任事故中负领导责任的成缆车间副主任和主任、分管安全生产的副厂长和厂长等，由该企业及该企业的上级单位予以相应的责任追究，并要求该企业从中吸取教训，按照“四不放过”原则[①]进行相应的工作整改，防止此类事故的再次发生。

随后，润泽电缆厂对成缆车间的副主任和主任做出了扣罚当月工资、奖金及年终奖的责任追究处理；润泽电缆厂的上级单位对该厂分管安全生产的副厂长和厂长做出了经营业绩考核“一票否决”和扣罚全年奖金的责任追究处理。

在该事故后的工作整改中，润泽电缆厂分别强化、实施了“事前预防”与“事后奖惩”两种整改举措。

对“事前预防”，首先是组织所有的生产车间，包括拉丝、挤塑、绞对、成缆、护套车间等的一线操作人员按照该厂《安全生产操作规程》（见附件一），分批进行了为期两天的安全生产操作培训，并在以前只对新员工开展的安全生产操作培训的基础上，增加了对全体员工均需每年接受一次安全生产培训的安排，以加强每一位干部员工安全生产的意识和规范其安全生产的行为；其次是充实了安全生产检查监督队伍，除了厂部生产调度处原有的两名专职的安全生产检查监督人员以外，又在各生产车间增加了一名专职的安全生产检查监督人员，在各职能部门增加了一名兼职的安全生产检查监督人员，要求他们认真履职，开展定期和不定期的安全生产检查监督工作，能够及时发现问题，提早排除隐患。

对“事后奖惩”，是将责任事故发生与否和发生事故的等级，与责任单位和相关责任人的业绩激励进行挂钩——没有发生责任事故的单位和相关责任人方可获得业绩激励。反之，将依据发生事故的大小，对责任单位和相关责任人进行相应的责任追究，停发部分或全部的业绩激励；对因渎职、玩忽职守或一贯懈怠散漫而造成较大或重大事故的直接责任人和主要责任人，将予以除名，直至移送公检法机关。

为保证“事前预防”与“事后奖惩”两种整改举措能够有据可循、有法可依，润泽电缆厂还对该厂的《安全生产管理规定》进行了修订、完善，颁布了新的《安全生产管理规定》（见附件二），并要求每一位干部员工严格遵守，认真贯彻执行。

自此，时间已过去了快 20 年，润泽电缆厂没有再发生过此类事故。

---

① “四不放过”原则：事故原因没有查清楚不放过，事故责任者没有受到处理不放过，群众没有受到教育不放过，防范措施没有落实不放过。

附件一：

安全生产操作规程（节选）

第一章　电缆制造工序的安全操作规程

第一条　拉丝工

（1）只有接受过专业培训的本岗位操作人员才允许操作拉丝机生产线。

（2）上班时应正确穿戴好劳动防护衣裤及鞋帽。

（3）机台及工作区内应做到清洁卫生、摆放整齐，保持通道畅通，不得私自移除任一防护装置。如有残线、断线应丢入回收筐内，避免绊倒摔伤；要防止乳化液池外溢，避免滑倒摔伤。

（4）在开机前，应检查电气控制设备等是否正常，发现故障时应立即通知机修人员维修。

（5）在拉丝过程中，要精力集中，不做与操作无关的事，不想与操作无关的问题。

（6）在拉丝过程中，要防止突然断线伤人。当出现中间断丝或遇一根丝的结尾时，不准用手在收线盘上接头；不准收线盘的收线过满；不准正面对收线盘进行排线调整。

（7）在拉丝过程中，如进线打结，必须关机才能进行焊接处置。焊接时要戴好防护镜，以防烫伤或灼伤眼睛。

（8）换盘时，应先检查吊葫芦是否完好、可靠。使用吊葫芦时，不准超负荷起吊；手不准放置在吊绳与线盘之间；要控制好起吊高程，防止线盘撞顶。

（9）在工作过程中，如发生工伤或设备事故，应立即断电停机和上报。

第二条　挤塑工

（1）只有接受过专业培训的本岗位操作人员才允许操作挤塑机生产线。

（2）上班时应正确穿戴好劳动防护衣裤及鞋帽。

（3）机台及工作区内应做到清洁卫生、摆放整齐，保持通道畅通，不得私自移除任一防护装置。

（4）开机前，应检查水、电、气、蒸气和废气抽排装置是否正常，发现故障时应立即通知机修人员维修。

（5）在挤塑过程中，要精力集中，不做与操作无关的事，不想与操作无关的问题。

（6）在铲运铜线线包时，应细心操作，防止线包滑落或撞击，造成人员伤害和财产损失。

（7）在工作过程中，如发生工伤或设备事故，应立即断电停机和上报。

第三条 绞对工

（1）只有接受过专业培训的本岗位操作人员才允许操作绞对机生产线。

（2）上班时应正确穿戴好劳动防护衣裤及鞋帽。

（3）机台及工作区内应做到清洁卫生、摆放整齐，保持通道畅通，不得私自移除任一防护装置。

（4）开机前，应检查电气控制设备等是否正常，发现故障时应立即通知机修人员维修。

（5）开机前，应认真检查收放线装置顶针是否上牢，防止因线盘飞出而毁物伤人。

（6）在绞对过程中，要精力集中，不做与操作无关的事，不想与操作无关的问题。

（7）在绞对过程中，如更换规格、节距和预置长度，以及进行击穿电压测试时，必须关机并在绞对机停稳后方可操作。

（8）在绞对过程中，禁止打开防护网罩。

（9）换盘时，应先检查吊葫芦是否完好、可靠。使用吊葫芦时，不准超负荷起吊；手不准放置在吊绳与线盘之间；要控制好起吊高程，防止线盘撞顶。

（10）在工作过程中，如发生工伤或设备事故，应立即断电停机和上报。

第四条 成缆工

（1）只有接受过专业培训的本岗位操作人员才允许操作成缆机生产线。

（2）上班时应正确穿戴好劳动防护衣裤及鞋帽。

（3）机台及工作区内应清洁卫生、摆放整齐，保持通道畅通，不得私自移除任一防护装置。

（4）开机前，应检查电气控制设备等是否正常，发现故障时应立即通知机修人员维修。

（5）经常检查绞笼托轮与大圆环，以及退环与偏心轮的接触情况。绞笼托轮与大圆环的接触部位应及时润滑；退环与偏心轮的接触部位应接触良好。

（6）开机前，必须关好扎带仓和高扎机的防护门，所有操作人员必须退出保护栏，不准站在保护栏内。

（7）在成缆过程中，要精力集中，不做与操作无关的事，不想与操作无关的问题。

（8）在成缆过程中，当电缆进入压模和牵引轮时，禁止用手触接电缆，防止手指压伤。

（9）使用吊葫芦换盘时，应先检查吊葫芦是否完好、可靠。使用吊葫芦时，不准超负荷起吊；手不准放置在吊绳与线盘之间；要控制好起吊高程，防止线盘撞顶。

（10）使用起重设备（行车）换盘时，手不准放置在吊绳与线盘之间；起重设备（行车）操作者和成缆工要互相配合，前者应服从后者的指挥。

（11）装卸线盘时，要将绞笼制动并考虑绞笼平衡。线盘装入绞笼后，应穿好轴杠，并将防脱销插入销孔。

（12）收线盘在滚动时，禁止在收线盘滚动的前方站人。

（13）在工作过程中，如发生工伤或设备事故，应立即断电停机和上报。

第五条　护套工

（1）只有接受过专业培训的本岗位操作人员才允许操作护套机生产线。

（2）上班时应正确穿戴好劳动防护衣裤及鞋帽。

（3）机台及工作区内应清洁卫生、摆放整齐，保持通道畅通，不得私自移除任一防护装置。如地面上有石油膏漏淌，必须随时予以清除，避免人员滑倒、跌伤。

（4）开机前，应检查水、电、气、蒸气和废气抽排装置是否正常，发现故障时应立即通知机修人员维修。

（5）在制作护套过程中，要精力集中，不做与操作无关的事，不想与操作无关的问题。

（6）在制作护套过程中，如更换模具、清洗机头必须关机并在护套机停稳后方可操作。操作时应戴好手套，以防被石油膏、机头等烫伤。

（7）在制作护套过程中，引导金属带卷绕电缆时，禁止用手触接金属带和电缆，防止手指压伤。

（8）使用吊葫芦换盘时，应先检查吊葫芦是否完好、可靠。使用吊葫芦时，不准超负荷起吊；手不准放置在吊绳与线盘之间；要控制好起吊高程，防止线盘撞顶。

（9）使用起重设备（行车）换盘时，手不准放置在吊绳与线盘之间；起重设备（行车）操作者和成缆工要互相配合，前者应服从后者的指挥。

（10）在滚动收线盘时，禁止在收线盘滚动的前方站人。

（11）在工作过程中，如发生工伤或设备事故，应立即断电停机和上报。

（以下各条及以下各章，略）

附件二：

安全生产管理规定

（2002年修订版）

第一章　总则

第一条　为了加强润泽电缆厂（以下简称本厂或企业）的安全生产管理，保护劳动者在生产过程中的安全和健康，根据《中华人民共和国安全生产法》（以下简称《安全生产法》）等相关法规并结合企业实际，制订本规定。

第二条　本规定适用于润泽电缆厂，包括所属各单位。每一位干部员工必须严格遵守，认真贯彻执行

第三条　本厂的安全生产方针是“安全第一、预防为主”。该方针贯穿于企业所有安全生产活动的始末。

第二章　安全生产机构、人员和任务

第四条　本厂实行“纵向到底、横向到边”的安全生产责任制。

第五条　企业设立安全生产委员会（以下简称安委会），由厂长（企业安全生产的第一责任人）兼任主任，分管安全生产的副厂长兼任副主任，生产调度处等相关单位负责人兼任委员。安委会的任务是全面负责企业的安全生产工作。

第六条　在安委会下设立安委会办公室，由生产调度处负责人兼任主任，并在生产调度处配备两名专职的安全生产检查监督人员。安委会办公室的任务是具体负责企业日常的安全生产工作，包括编制本规定和《安全生产操作规程》，在召集生产调度会的同时布置安全生产工作，组织全员的安全生产培训，布置安全生产考核和提出奖惩方案建议，检查监督各单位的安全生产工作并向安委会汇报，贯彻执行安委会的工作部署，对安全生产事故及时上报，进行应急处置或配合进行应急处置。

第七条　在各单位设立安全生产小组，由各单位负责人兼任组长，并在生产车间配备一名专职的安全生产检查监督人员，在职能部门配置一名兼职的安全生产检查监督人员。各安全生产小组的任务是自接负责本单位的安全生产工作，包括对员工进行日常的安全生产教育，在安排生产任务的同时布置安全生

产工作，对各岗位开展日常性的安全生产检查监督，及时发现问题和处置问题，提早排除安全生产隐患。

第三章　职工安全生产职责

第八条　遵守劳动纪律，服从管理。

第九条　遵守本岗位安全生产操作规程，熟知本岗位不安全因素特点，熟练掌握本岗位安全操作技能，做到“三不伤害”——不伤害自己、不伤害他人、不被别人伤害，提高安全生产能力和防范事故能力。

第十条　积极参加安全生产活动，提出安全生产的合理化建议，及时排除工作中的不安全因素，积极参加事故抢险并向事故调查人员如实反映情况。

第四章　安全生产教育培训

第十一条　企业每年组织一次由全体员工参加的安全生产培训。对各级安全生产检查监督人员每年必须进行安全生产重点培训。

第十二条　新员工，包括实习人员和临时工，必须接受安全生产操作规程的培训。调换新工种，采用新工艺、新技术、新设备的员工，必须再次接受安全生产操作规程的培训。

第十三条　从事特种作业的人员，必须接受专业的安全生产技能培训，经地方有关部门严格考核并取得合格操作证（执照）后，才允许上岗。

第五章　安全生产检查监督

第十四条　安全生产检查监督分为年度、月度和日常，共三级。其中，年度检查监督由安委会负责组织，月度检查监督由安委会办公室负责组织，日常检查监督由各单位安全生产小组负责组织。

第十五条　年度、月度和日常三级检查监督的重点均为检查监督（各单位）各岗位安全生产责任制的落实情况，一线操作人员遵守《安全生产操作规程》的情况，以及设备、场地等方面存在的安全隐患，发现问题，立即予以批评教育并要求其及时整改。

第十六条　检查监督人员应当将检查的时间、地点、内容、发现的问题，以及处置情况做出书面记录，并由检查人员和被检查单位的负责人和相关责任人签字，存档备案。

第六章　安全生产事故应急处置

第十七条　企业设立安全生产事故应急处置小组，由安委会副主任兼任组长，由安委会办公室主任和事故发生单位负责人兼任副组长，由财务处、人事劳资处、技术质量处、设备动力处等相关单位负责人和生产调度处专职安全检查监督人员兼任组员。

第十八条　企业发生安全生产事故的，事故单位负责人应立即向安委会办公室报告，配合安委会办公室进行应急处置。

第十九条　企业发生人身伤亡事故或火灾等重大财产损失事故的，事故单位负责人应立即向安委会主任、副主任报告，由厂长立即报告上级单位，厂领导在第一时间赶到现场，厂安全生产事故应急处置小组立即投入工作，通知地方安监局、公安局、消防局等，安排应急救援，通知和接待家属，处理善后，做出家属抚恤安排，进行或配合进行事故调查和责任认定。

第七章　安全生产考核、奖惩和责任追究制度

第二十条　每年年初，各单位负责人应代表本单位与厂长签订“安全生产责任书”。该责任书将载明各单位当年应履行的安全生产责任、实现的安全生产指标和指标值，以及相应的奖惩和责任追究条款。

第二十一条　每年年末，企业依据与各单位签订的“安全生产责任书”，对各单位的安全生产进行考核，并结合年度、月度和日常的检查监督情况对各单位予以评价打分。

第二十二条　全年安全生产考核合格，没有发生责任事故的单位和相关责任人方可获得业绩激励。反之，将依据存在的安全生产问题、发生事故的大小，对责任单位和相关责任人进行相应的责任追究，停发部分或全部的业绩激励；对因渎职、玩忽职守或一贯懈怠散漫而造成较大或重大事故的直接责任人和主要责任人，将予以除名，直至移送公检法机关。

第八章　附则

第二十三条　本规定由润泽电缆厂安委会办公室负责解释。

第二十四条　本规定自发布之日起施行。

问题

您认为润泽电缆厂在该伤亡事故后采取的“事前预防”与“事后奖惩”两种整改举措，是必要和周全的吗？这样做就可以保证不再发生伤亡事故了吗？

如果安全生产事故可以分为自然事故、技术事故和责任事故三类，而您又认可“识别和根除‘危险源’，才是防止责任事故发生的根本举措”的话，您会给润泽电缆厂提出哪几条防范责任事故发生的合理化的工作建议呢？

第 11 章

信息化系统

11.1 就像一只啄木鸟

郎英在原单位工作了 7 年后加盟了风云技术（公司），被聘任为风云技术信息化办公室主任。

走马上任后，她除了向公司分管信息化工作的副总经理鲁万友报到并简单介绍了自己的履历外，所做的第一件事就是用一周左右的时间开展了调研。

她首先调阅了公司的制度体系、组织架构、主要业务，以及在信息化办公室设立时公司就已确定的关于信息化办公室的工作职责等文件，又调阅了公司已完成开发建设并仍在运行的各种信息化系统的说明性文档，察看了信息化机房，还与信息化办公室的 5 名工作人员逐一谈话，了解他们各自的工作经历、学识和专业能力特长、在部门中承担的具体职责、年度主要工作目标和截至当时的实际完成情况，并听取了大家对公司信息化工作的现状与问题的分析意见及对信息化工作的改进建议等。

随后她去了鲁万友的办公室，打算做一下工作汇报并听取鲁万友的指示。

鲁万友站起身与这位带着几分飒爽和干练神采的下属握了握手，给郎英倒上了一杯凉茶。两人在鲁万友办公桌的对面落座后，略作寒暄，郎英便开始了她的工作汇报。

“鲁总，”郎英道，“我来公司上班有一周了，主要是了解了公司尤其是公司信息化工作的基本情况，分析了信息化工作存在的一些问题，并准备对下一步应开展的信息化工作提出一些具体的工作建议。”

“哦。好啊！”鲁万友冲郎英点了一下头，道，“那你分别说说吧。”

郎英说：“公司的信息化工作是在2005年，即公司成立后的当年开启的。迄今为止，共建成了12个信息化应用系统。其中，管理层面的有公文管理、（主页）信息发布、电子邮件、即时通信和视频会议等5个；业务层面的有劳动合同、考勤休假、薪酬福利、业绩考核、会计核算、财务报表和销售合同管理等7个。

“公司设立了信息化办公室。把我担任的办公室主任一职也计算在内的话，目前有6名工作人员。信息化办公室的主要工作职责包括：编制公司信息化系统建设总体规划，制订信息化管理制度，牵头立项和组织实施公司信息化系统建设及运维（含信息化机房和用户桌面运维），以及指导和协助各用户单位合理使用信息化系统等工作。

“公司信息化中心机房的面积为185平方米，是按照标准的计算机机房环境条件设计和施工的。互联网的外网带宽为300M（中国联通），与外地的5个办事处通过互联网链接。在中心机房和内网上运行的硬件包括服务器34台、存储设备6台、网络设备23个；运行的软件包括操作系统，以及中间件、数据库、防病毒、数据备份与数据恢复软件等。

“通过一周来所做的调研，我认为公司的信息化工作无论是在机构和人员配备，还是在软、硬件配置和信息化系统应用上，已具备了一定的基础并取得了一定的成效。”

郎英略作停顿后又接着说：“但客观地说，也发现了一些亟待解决的问题。

“其一，在信息化建设方面，缺少持续更新的信息化工作总体规划。我查到公司唯一的一份信息化工作总体规划，还是6年前由信息化办公室起草的，而且只通过了公司总经理办公会审批，并没有正式发布，也没有得到认真执行。当然，这也有信息化办公室的责任，当时起草的这份总体规划过于空泛，其中很多内容不切合企业实际，自然在执行时就会困难重重。

“其二，按照信息化办公室的主要工作职责，无论是管理层面还是业务层面的信息化应用系统，本应该由信息化办公室来牵头立项和组织实施，但实际上却往往是由使用部门发起立项并分散开发、建设起来的，缺乏对软硬件平台的通盘考虑，其数据定义、数据格式和数据编码等也不统一，导致这些信息化应用系统基本上都不能互连互通和资源共享，结果造成了公司信息化平台资源，尤其是数据资源的浪费。

“其三，有一些重要的信息化应用系统，尤其是一些业务层面的信息化应用系统缺失，最为明显的是公司尚无采购合同管理系统、采（购）存（货）销（售）管理系统等，而对我们公司这样的从事手机区域性分销业务的贸易类企业来说，这些信息化应用系统，恰恰是必须具备的。”

此时，在鲁万友的脑海里那种对郎英较为满意的看法已逐渐明朗了起来：只用一周的时间调研，就把握住了公司信息化工作的全貌，表明她工作态度认真，工作效率很高。况且说了这么久，也没有翻看笔记，汇报时条理性却很强，讲话简明扼要，不啰唆，对问题的归纳和对原因的分析也比较准确，说明她的工作思路清晰，专业知识基础和实践经验也较为丰厚。看来，这次人力资源部招聘来的这位“女将”还真的不错！

想到这里，鲁万友冲郎英微笑了一下，并再一次点了一下头。

郎英注意到鲁万友脸上流露出来的这种虽细微却明确的赞许表情，于是她像受到了某种鼓励似的，继续讲下去：“所以，我建议公司可以针对这三种问题，采取相应的措施，有计划地加以解决。

“首先，由信息化办公室着手起草新的信息化工作总体规划，并经公司总经理办公会审议批准后正式颁布、实施。这样的信息化总体规划以后应该每三年或每五年就编制一次。信息化总体规划包括的主要内容，一是要在充分调研的基础上，对公司信息化工作的现状和问题进行认真分析，选准核心需求；二是要确定公司未来三年或五年的信息化发展目标和信息化建设应当遵循的原则；三是要对信息化应用体系、技术体系、数据体系和管控体系等进行顶层设计，确定体系组成架构；四是要制订分年度的实施计划，提出相应的保障措施和激励措施，并监督有关部门和有关人员切实落实。

“其次，今后开发、建设任何新的信息化应用系统，都应由信息化办公室来履行‘牵头立项和组织实施’的职责。当然，开发、建设一些大的信息化应用系统，可能周期比较长，花钱比较多，类似于投资项目，此时，可以让公司投资管理部门协助我们进行项目可行性研究。这样，可以由信息化办公室在任一新的信息化应用系统开发、建设之初，就将其需要的软硬件平台和数据定义、数据格式、数据编码等纳入公司统一规划的技术体系和数据体系之中，从而避免再出现由使用部门发起立项并分散开发、建设，导致的公司信息化平台资源，尤其是数据资源浪费的问题。

“最后，应该尽快开发、建设与我们公司从事的手机区域性分销业务相匹配的信息化应用系统。尤其是我刚才提到的那些业务层面的信息化应用系统，如采购合同管理系统、采（购）存（货）销（售）管理系统等。当然，在开发、建设这些业务层面的信息化应用系统时，最好能够考虑直接上 ERP。”

郎英说到这里，鲁万友插了句话：“ERP 算很大的信息化应用系统吧？以前公司也数次考虑过上这个系统，但总是下不了决心。”

见鲁万友问，郎英答道：“其实 ERP 并不都是很大的系统，这和企业的具体定位有关。一般产品制造类企业，尤其是那些从事产品制造，且业务多元化的全国性公司或跨国公司，其 ERP 才较大，像我们这种仅从事手机的分销贸易，又只是区域性公司所需的 ERP 其实并不算大，因为我们的用户数量有限，数据库结构比较简单，组成的应用子程序也不多。”

“那开发、建设大概要投入多少呢？”

“如果不计算我们自己内部的人工费用并充分挖掘公司现有的一些软硬件平台资源，只考虑新的投入的话，我估计能够控制在两三百万元以内吧。”

“哦，那好……”见郎英不再说了，鲁万友又问，“你说完了？”

“是的。”郎英又答道，“我今天要汇报的内容就是这些。接下来，我想听听鲁总您的指示。”

“嗨，也谈不上什么指示。听了你的汇报，我初步判断，你对公司信息化工作给出的诊断意见是符合公司实际情况的，一是问题找得准，二是提出的工作建议也具有很强的针对性和可操作性，就像一只啄木鸟，可以很快就发现和捉出了树木里的虫子，让风云技术这片森林又充满了勃勃生机。”

说到这里，鲁万友对自己打的这个比方很满意，笑了。

郎英也笑了。

“接下来，你可以把你今天汇报的内容形成一份书面报告给我，我再分送给总经理办公会成员，大家找时间集中会商一次，或直接对这份报告进行会签。如果都没有什么不同意见，就可以依照你的建议，开始逐一推进下一步工作了。”鲁万友最后说。

“好的。谢谢鲁总！”郎英说。

问题

郎英对风云技术信息化工作所给出的诊断意见，给您带来了哪些启示？

无论是对一家新设立的企业，还是对一家已存续的企业来说，这些启示是否都适用？

11.2　我们真的需要这样的 ERP 吗

衡山股份（公司）除自身建有四个事业本部，直接从事信息产品贸易和系统集成业务外，其下属的二十余家全资或控股子公司分别从事通信设备生产、行业电子设备生产、手机分销和外贸、电动汽车充电站运营、工业园区租赁与配套服务等经营业务（其组织架构见图 11.1）。

衡山股份在约十年前就搭建了覆盖全公司的 IMIS，却一直没有建立统一的业务管理信息系统，如 ERP 等，下属二十多家子公司中有三五家倒是建立了 ERP，但基本上是自己规划、自己建设、自己管理、自己使用。

为避免或减少在建设业务管理信息系统上因“各自为政”导致的人力、物力、财力资源的浪费，破除衡山股份与各个子公司，以及各个子公司之间的“信息孤岛”现象，实现数据信息的互联互通与共享共用，提高全公司经营管理的效率和水平，衡山股份管理层在 2013 年 7 月决定启动公司 ERP 建设项目。该项目共分为三期建设。一期的重点是建设衡山股份总部的 ERP，计划投入 800 万元，建设周期预计 4 ～ 6 个月；二期的重点是要对下属企业中已建立的 ERP 进行系统改造，实现互联互通和数据共享；三期的重点则是要对下属企业中尚未建立 ERP 的进行投资建设，最终实现利用全公司统一的 ERP 进行高效的业务管理和更为科学的决策支持。

该项目由新近聘任的衡山股份信息化总监曹源浩挂帅，并责成公司企业发展部下辖的信息化办公室具体组织实施。

曹源浩曾在两家外企担任过供应链管理经理，2013 年 3 月加盟衡山股份之前是一家锂电池制造企业的副总裁，负责该企业的生产运营，并主抓和完成了该企业的 ERP 建设项目——据说“花钱不多，也就三五百万吧”。

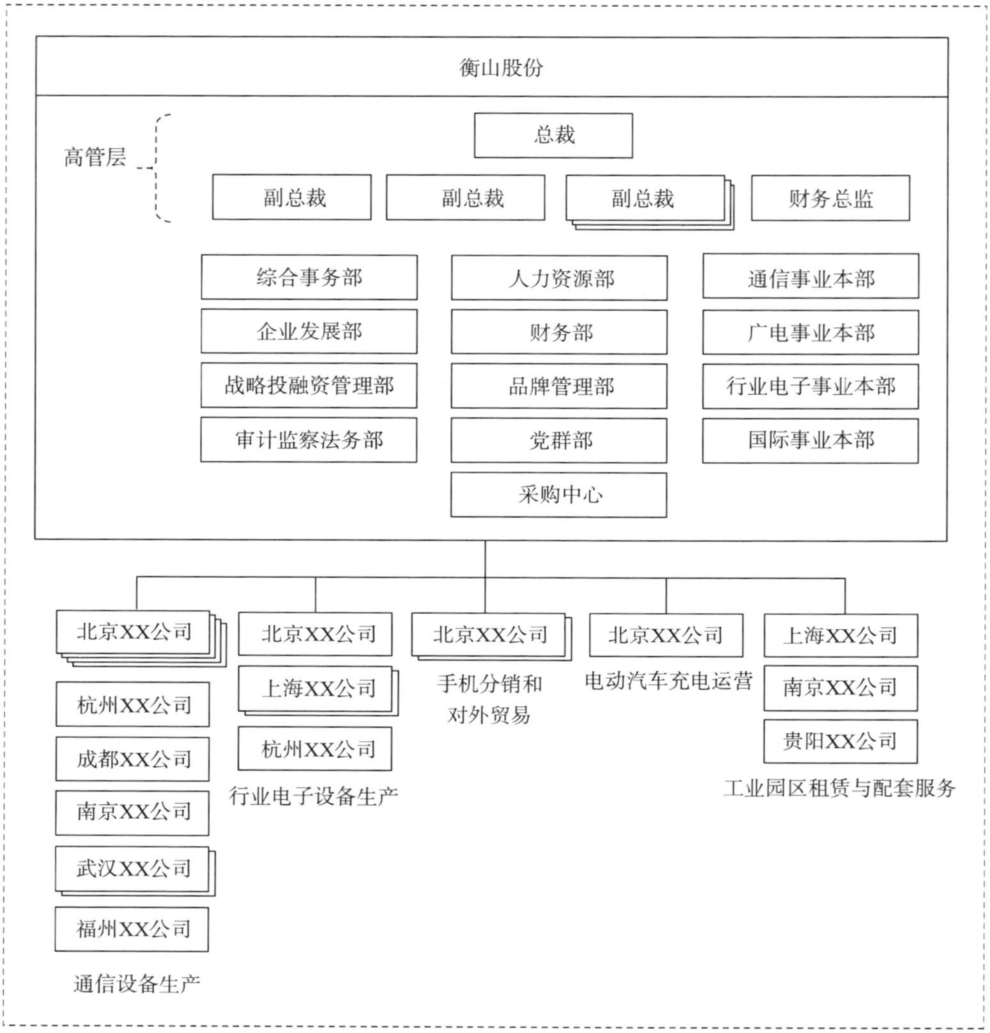

图 11.1　衡山股份的组织架构

曹源浩领命后，带领信息化办公室的一众人马开展了该项目的前期调研，他们通过发放和收集问卷，以及访谈等方式对衡山股份和各子公司的业务管理信息系统的现状、存在的问题，尤其是对拟建设的衡山股份 ERP 的期望和要求等，大范围地征询了意见。

公司总裁华尚国说：“一是 ERP 应与公司 IMIS 及职能部门现在独立运行的一些应用系统，如人力资源的 HR 系统，以及财务的银企直联系统、核算及报表系统等建立接口，实现数据资源共享，譬如可以通过 ERP 实现对员工工作日志的管理，员工所有的工作行为都应在系统中留有记录。二是需要通过 ERP 全面落实预算管理，使下属企业年度预算的制订、实施、控制、调整的过程及结果都可以在 ERP 中实时反映出来。当然，这需要明确 ERP 中数据或报表的生成、审核和调用审批的管理权限，由哪个部门负责和由什么人负责？目前，在 IMIS 上，是根据某一干部员工的职位和相应的职权，由人力资源部的专人负责在系统上为其开通的管理权限。”

几位负责经营业务的公司副总裁金琦、陶思涌、姜任天等认为，一是要通过 ERP，固化公司业务运营的流程，减少人为因素的影响，使业务运营更加规范和高效。二是要通过 ERP，优化公司业务运营的流程，目前，IMIS 中的合同评审是串联的，合同审批时间太长，容易出现管理瓶颈，这些不应该再出现在 ERP 中。应在业务灵活快捷与风险防范之间寻求一个平衡，譬如，可对合同审批设定一个原则，可由事业本部二级部门经理批准的合同，就不必再由事业本部总经理批准，这样可减少审批次数，也就提高了开展经营业务的效率。三是希望通过 ERP 对合同执行的情况进行跟踪，对供应商和客户进行评估，并对今后合同的签订和执行提供参考依据。

陶思涌还说：“希望国际事业本部现有的 ERP 能够通过接口并入要建设的公司 ERP 中，供应商编码、物料编码和客户编码等也需要与公司 ERP 的相应编码统一起来，实现相互兼容。”

负责战略管理和产品研发的公司副总裁戚铭衡谈道：“以前公司的产品分类很笼统，现在提出了一套更加合理的新的产品分类标准，并按新的口径对各业务单元的产品、产量、销售量，以及新产品、集成技术产品、原创技术产品等进行统计，这对公司提升战略决策水平是很重要的。在 ERP 中应该贯彻这一套新的产品分类标准，提供实时有效的产品数据，为管理决策提供支撑，譬如进行产业定位分析、关键指标对标分析等，使原先定性分析变为定量分析，提高决策的信度与效度。”戚铭衡还提及：“希望在 ERP 上建立一套对研发项目的管理流程，包括项目申报、审批、实施、验收以及产业化、商品化，将财务部、技术质量部、相关事业本部和研发项目承担单位纳入体系。目前下属的北京衡山技术（公司）已经建立了成熟的研发项目管理体系，将来可以配合公司 ERP 做一些接口，纳入整体的管理体系中去。”

负责公司投资工作的副总裁喻平舟说：“希望通过 ERP，对企业股权投资项目和基建投资项目的全过程进行监管，包括项目后评估，如果达不到立项或项目可行性研究时确定的目标，就需要做出相应的处理，甚至及时进行清算，避免造成更大的资产损失。”

公司财务总监邹远达说：“一是 ERP 应该基本维系现有 IMIS 上的采购管理体系、合同评审体系，包括合同的法务和财务评审体系。对流程中不符合内控和监管要求的部分进行优化和调整，但不能上了 ERP 反而增加了工作量，譬如打乱了公司现有的对外上报政府相关单位和财政、税务等的数据接口，数据出现错误，报表无法按时报出，后果就很严重了。二是通过 ERP，希望可以自动生成财务报表、管理报表和统计报表，提升数据的时效性和准确性。譬如，统计报表，目前的统计渠道多，临时性统计任务也多，导致下属企业常常疲于应付，每一次统计都要从基础数据开始收集、整理、汇总，工作量很大，很难做到统计数据的及时、准确。三是 ERP 流程设计要符合内控原则，调用数据需要通过财务部的审核和同意，以保证数据的准确性和保密性要求。”邹远达最后又说：“目前公司实行的是以‘预算为先导’的管理，包括费用预算、经营资金预算、投资（资金）预算等。希望将来在 ERP 中实现围绕资金峰值展开的预算动态管理，即所有的经营业务都必须控制在允许的资金峰值范围之内。”

公司董事长柏焜要求：“ERP 的流程设计要合理。其中，业务流程设计要尊重业务部门的意见。关键是要解决数据处理的问题，要保证数据的及时、准确和真实。数据也不是多多益善，而是适用，要符合企业的实际情况和满足产业的发展需要。”

因此，根据前期调研所获，并结合自己过去在 ERP 项目方面积累的经验，曹源浩提出了《衡山股份 ERP 一期项目的建设方案》（见附件）。

……

8 个月后，按照该 ERP 一期项目的建设方案，经过紧张的开发、建设，虽然费用和时间均超出了预期，但该项目总算进入了试运行阶段。

而在试运行阶段出现的问题却让衡山股份的管理层大失所望。

一是 ERP 与职能部门原先独立运行的一些应用系统，如财务的银企直联系统、核算及报表系统等的互联互通并不完美，数据错误，不能按时生成和出具报表的事情时有发生。

二是 ERP 未能解决业务合同审批时间过长的管理瓶颈问题，原来在 IMIS 中存在的问题基本没有解决，反而还因为采购商、物料和客户等各种编码的录入增加了业务人员的工作量，事业本部纷纷抱怨，“上了 ERP 后，做一单业务更难了！”

三是下属企业的销售数据、研发与新产品数据、生产数据、供应链数据，以及股权投资项目数据与基建投资项目数据等在 ERP 上仍无法直接查询，也未实现对预算管理全过程的实时监控，更不可能为衡山股份管理层提供产业定位分析、关键指标对标分析、潜在市场机会分析等战略决策支撑了。

于是，在当初决定要建设 ERP 的衡山股份管理层每个人的脑海里，都浮现出一个偌大的疑问：我们真的需要这样的 ERP 吗？

附件：

衡山股份 ERP 一期项目的建设方案

一、总体目标

为提升衡山股份的企业管理水平和内控水平，提供信息化管理的手段和工具。

二、分解目标

一是统一信息化系统——建设覆盖衡山股份的人、财、物、产、供、销的业务管理信息化平台。

二是实现数据共享——供应商、客户、物料等基础数据以及相关业务数据，由全公司统一编码、统一管理，只需一次录入，所有系统用户均可共享，以减少工作量，提高工作效率，并保证数据的规范性及准确性。

三是财务业务一体化——通过 ERP 的财务业务一体化集成功能，实现税务关系上的“三流合一”，强大的可追溯性可以使会计人员通过会计凭证进一步追溯到原始的物流、资金流以及相应的合同信息。

四是实现业务全程监控与分析——可以实时查询相关报表信息，如预算执行情况、合同执行情况、库存情况、应收情况、项目计划完成情况等，为管理层的决策分析提供支撑。

三、开发建设周期

2013 年 7—12 月，包括前期调研阶段。

四、费用

预计项目全部费用为 800 万元，具体明细见该项目立项报告。

五、应用程序设计原则

一是管理的前瞻性——在考虑目前企业管理的现实需求的同时，体现未来企业管理的规划要求。

二是符合内控的需要——通过实现采购、销售等业务的在线审批，并实时查询预算执行情况、合同执行情况、库存情况、应收情况等，进一步提升内控管理水平。

三是流程的完整性——针对各种业务类型都要有流程支持。

四是流程的高效性——保证流程相关的业务简洁、高效、通畅。

五是操作的可行性——流程设计结合管理现状，充分考虑可执行性。

六、ERP 一期项目的应用程序

依据上述原则，规划了如下 ERP 一期项目的应用程序（见表 11.1）。

表 11.1　ERP 一期项目的应用程序（个）

序号	业务模块	模块序号	程序编号	程序名称	序号	业务模块	模块序号	程序编号	程序名称
1	SD	1	SD-010	客户主数据维护流程	27	MM	12	MM-120	无物料号的物资和服务采购流程
2	SD	2	SD-020	以销定采流程	28	MM	13	MM-130	费用性采购流程
3	SD	3	SD-030	以销定采—国际出口流程	29	FICO	1	FICO-010	科目主数据维护流程
4	SD	4	SD-040	以销定采—国际转口流程	30	FICO	2	FICO-020	成本要素（组）维护流程
5	SD	5	SD-050	库存销售流程	31	FICO	3	FICO-030	成本中心（组）维护流程
6	SD	6	SD-060	集成销售流程	32	FICO	4	FICO-040	利润中心（组）维护流程
7	SD	7	SD-070	BT业务销售流程	33	FICO	5	FICO-050	项目号（内部订单）维护流程
8	SD	8	SD-080	工程项目（分包）销售流程	34	FICO	6	FICO-060	研发项目管理流程
9	SD	9	SD-090	工程项目（非分包）销售流程	35	FICO	7	FICO-070	资产主数据维护
10	SD	10	SD-100	服务销售（招标代理服务）流程	36	FICO	8	FICO-080	预算维护流程
11	SD	11	SD-110	服务销售（费用归集）流程	37	FICO	9	FICO-090	手工记账处理流程
12	SD	12	SD-120	借项业务流程	38	FICO	10	FICO-100	采购结算账务处理流程
13	SD	13	SD-130	贷项业务流程	39	FICO	11	FICO-110	付款账务处理流程
14	SD	14	SD-140	销售退货流程	40	FICO	12	FICO-120	销售结算账务处理流程
15	SD	15	SD-150	手机代理销售流程	41	FICO	13	FICO-130	收款账务处理流程

续表

序号	业务模块	模块序号	程序编号	程序名称	序号	业务模块	模块序号	程序编号	程序名称
16	MM	1	MM-010	物料主数据维护流程	42	FICO	14	FICO-140	票据账务处理流程
17	MM	2	MM-020	供应商主数据维护流程	43	FICO	15	FICO-150	资金账务处理流程
18	MM	3	MM-030	以销定采采购流程	44	FICO	16	FICO-160	固定资产盘点流程
19	MM	4	MM-040	委外加工采购流程	45	FICO	17	FICO-170	资产购置账务处理流程
20	MM	5	MM-050	库存物资采购流程	46	FICO	18	FICO-180	在建工程及资本化流程
21	MM	6	MM-060	资产采购流程	47	FICO	19	FICO-190	资产变动流程
22	MM	7	MM-070	采购入库流程	48	FICO	20	FICO-200	统计指标维护流程
23	MM	8	MM-080	库存调拨流程	49	FICO	21	FICO-210	实际费用分配分摊流程
24	MM	9	MM-090	盘点库存流程	50	FICO	22	FICO-220	订单期末结算流程
25	MM	10	MM-100	采购退货流程	51	FICO	23	FICO-230	财务期末结账流程
26	MM	11	MM-110	发票校验流程					
注：SD为直销与分销，MM为采购与库存，FICO为财务与成本									

七、ERP 主数据管理（Master Data Management, MDM）的编码原则及编码规则

一是 MDM 编码原则。

全面性——将衡山股份的全部主数据都纳入编码体系。

稳定性——编码可在 10 年内保持稳定不变。

唯一性——同一主数据的编码在衡山股份内要做到唯一。

可拓展性——编码体系能适应公司未来业务发展的需要。

简便性——编码要方便操作实施，能降低日常编码工作的管理成本。

二是 MDM 编码规则。

主数据覆盖供应商、客户、产品及物料等，其编码规则如表 11.2 所示。

表 11.2　MDM 编码规则

供应商	长度（位）	编码号段
普通供应商	8	10,000,000—19,999,999
指定供应商	8	80,000,000—89,999,999
临时性供应商	8	90,000,000—99,999,999

续表

产品及物料	长度（位）	编码号段
项目	10	100,000,000—1,099,999,999
原材料	10	200,000,000—2,099,999,999
半成品	10	300,000,000—3,099,999,999
成品	10	400,000,000—4,099,999,999
包装物	10	500,000,000—5,099,999,999
客户	长度（位）	编码号段
普通客户	8	10,000,000—19,999,999
指定客户	8	80,000,000—89,999,999
临时性客户	8	90,000,000—99,999,999

主数据收集模板如表 11.3 所示。

表 11.3　主数据收集模板示例——普通供应商原始数据

供应商编号	在IMIS中的编号	供应商名称	法定代表人	注册地址	实收资本（万元）	营业执照号码	国税登记号
10000000—19999999	有，才填	广东XX公司	XXX	XX省XX市XX路XX号	1XXX	441XX102	441XX325
机构代码	开户人	开户银行	银行账号	电话	传真	信誉评级	办公地址
617XX332-XX	广东XX公司	XX银行XX分行	330XX997	55XX62	55XX63	良	XX省XX市XX路XX号
工商年检日期	采购企业代码	采购部门	物流使用部门	登记人	登记日期	开始日期	结束日期
41170	必填	采购中心	国际事业本部	XXX	2009/1/4	2010/1/4	2010/1/4

八、ERP 运行流程图

上述 ERP 一期项目的应用程序和 MDM 等构成如下的 ERP 运行流程图（见图 11.2）。

九、对 ERP（计划采用 SAP 系统）项目建设方案的说明

一是实现与 IMIS 和 MDM 的互联互通，保证 ERP 与 IMIS 的供应商、物料和客户的主数据的一致性，减少因人为因素导致的主数据不一致问题，也减少工作量和操作错误。

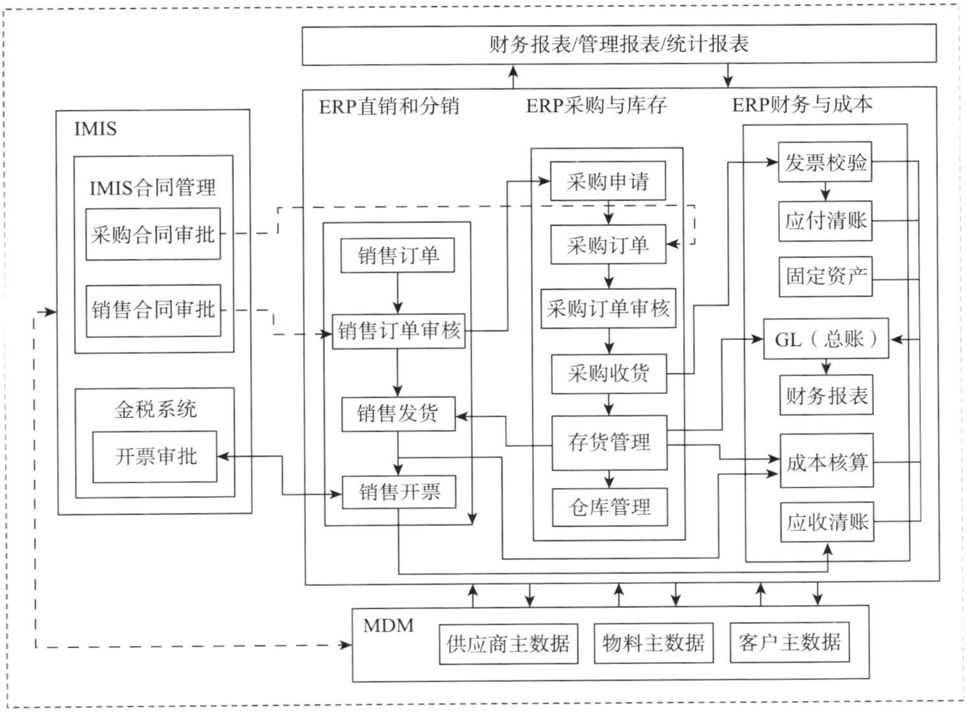

图 11.2　ERP 运行流程图

二是实现与职能部门现在独立运行的一些应用系统，如财务的银企直联系统、核算及报表系统等的互联互通。

三是依据业务模式的不同，实现对业务的有差别审批流程，取消了合同项下的订单审批和金税开票申请流程。

四是实现对客户信用的有效管控，通过系统落实公司信用管理制度，降低了客户信用风险。

问题

您认为衡山股份 ERP 一期项目的建设方案存在什么问题？是衡山股份管理层，包括作为信息化总监的曹源浩，忽略了制订信息化建设方案时本该考虑的某些关键因素吗？

假定您找到了衡山股份 ERP 一期项目的问题根源，那么据您判断，在 ERP 试运行阶段出现的问题中，哪些可能很快就得到解决？哪些可能需要一段时间逐步得到解决？哪些可能永远也无法得到解决？

11.3 用“桌面云”来构建企业的 IT 用户终端系统

蓝图科技（公司）是一家全国性的 IT 企业。按照企业信息化系统的整体设计思路，蓝图科技的信息化系统应由基础层、应用层和结果（输出）层组成（见图 11.3）。

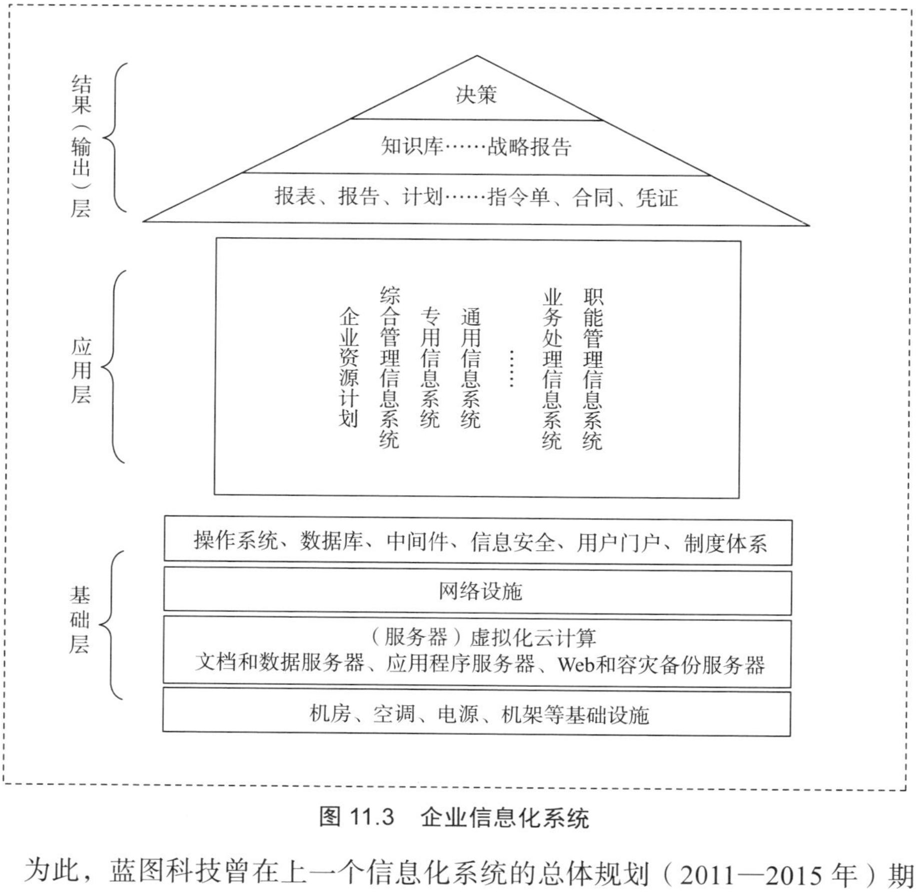

图 11.3 企业信息化系统

为此，蓝图科技曾在上一个信息化系统的总体规划（2011—2015 年）期间将以前相对分散的职能管理信息化应用平台，如公文管理、档案管理、信息发布、电子邮件、电子传真、即时通信、视频会议等，以及以前相对分散的业务处理信息化应用平台，如人力资源管理、财务管理、生产运营、研发项目管理、合同管理、客户关系管理等，分别整合到了 IMIS 和 ERP 这两大统一的信息化应用体系之中（见

图 11.4），并搭建了由企业“设施云”“平台云”“软件云”组成的信息化技术体系（见图 11.5）。

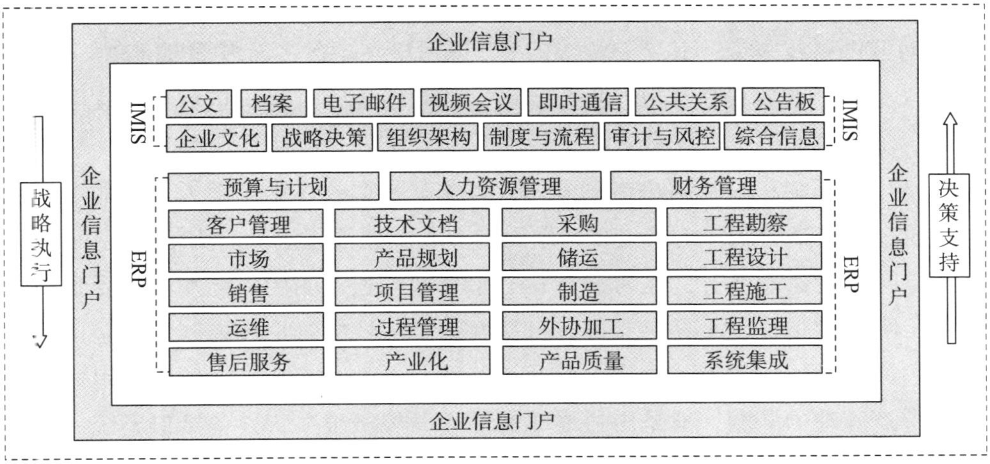

图 11.4　信息化应用体系

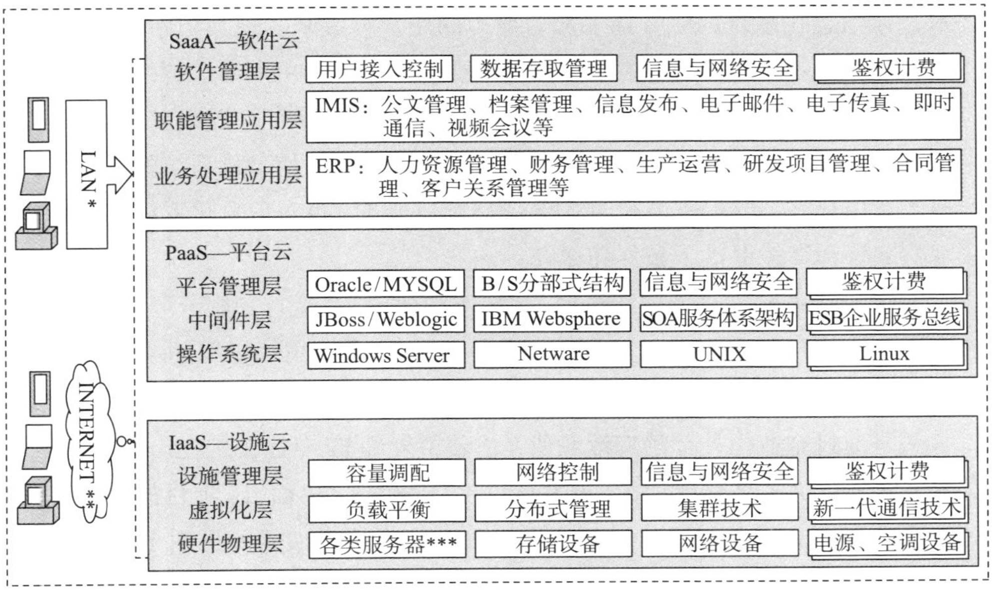

注：*　蓝图科技总部用户通过局域网访问企业云系统。
　　**　蓝图科技所属企业用户通过互联网访问企业云系统。根据实际需要适时增加互联网带宽，在必要时租用光纤专线。
　　***　主要包括Web服务器、数据库服务器和应用服务器等。

图 11.5　信息化技术体系

为不断完善该信息化系统，蓝图科技确定将用两年的时间将原有传统的PC等用户终端统一纳入企业“桌面云”。“桌面云”实际是对蓝图科技已建成的、由企业“设施云”“平台云”“软件云”组成的信息化系统的一种拓展。

对蓝图科技来说，其原有传统的PC等用户终端存在诸多管理问题。

一是在新购置设备或升级原设备时，需要专业人员逐一进行设备软硬件的安装、配置，而整个蓝图科技有上万台用户终端，运维工作十分繁杂，每年的维护费用也不少；二是用户终端分布广，尤其是那些经常“满天飞”的市场营销人员，其携带的用户终端出现问题时专业人员往往无法及时为他们提供IT服务，这甚至会影响业务的正常进行；三是分散、独立的用户终端容易受到病毒侵扰、黑客攻击，也不易对其进行可靠性和合法性的辨识和控制；四是无法实现用户终端的统一采购，在资产管理上也是“政出多门”，容易出现用户终端实物资产管理的漏洞；五是用户终端的品牌、规格很多，设备接口不统一，有的软硬件配置也不一样，统一化、规范化的问题比较突出。

而用“桌面云”来构建的企业IT用户终端系统，是依托云计算的虚拟化技术，在信息化系统的服务器上部署虚拟的用户终端来实现其访问和存取数据功能，通过有效分离其物理终端和逻辑桌面，将原有的用户终端侧的操作系统、应用程序和用户数据转移到信息化系统侧进行运行和保存，以此解决或大幅减少了原有传统的用户终端存在的诸多管理问题，拓展了信息化系统的覆盖范围，实现了对用户终端的端到端全时（域）空（域）管理，也对信息化系统进行集中、深度的配置和管控提供了条件和途径。

蓝图科技采取了“策划和规划”“规范和建设”“运行和服务”三个步骤，稳步推进将原有传统的PC等用户终端统一纳入企业“桌面云”的项目工作。

首先是开展策划和规划。

一是通过企业内外部的广泛调研，由若干外部IT专业机构提出项目方案，对各方案进行优劣势分析，做出方案选择；二是确定“桌面云”项目的总体目标、具体技术指标和服务指标，以及“桌面云”技术体系架构（见图11.6）；三是编制项目规划，分为二期建设，一期为试点期——选择蓝图科技总部和所属广东子公司进行试点，二期为推广期——将覆盖范围推广到所属其他地区的子公司；四是编制实施进度计划，又分为试点期实施进度计划和推广期实施进度计划，具体的时间进度、人员和费用预算等安排均要求控制到月。

其次是进行规范和建设。

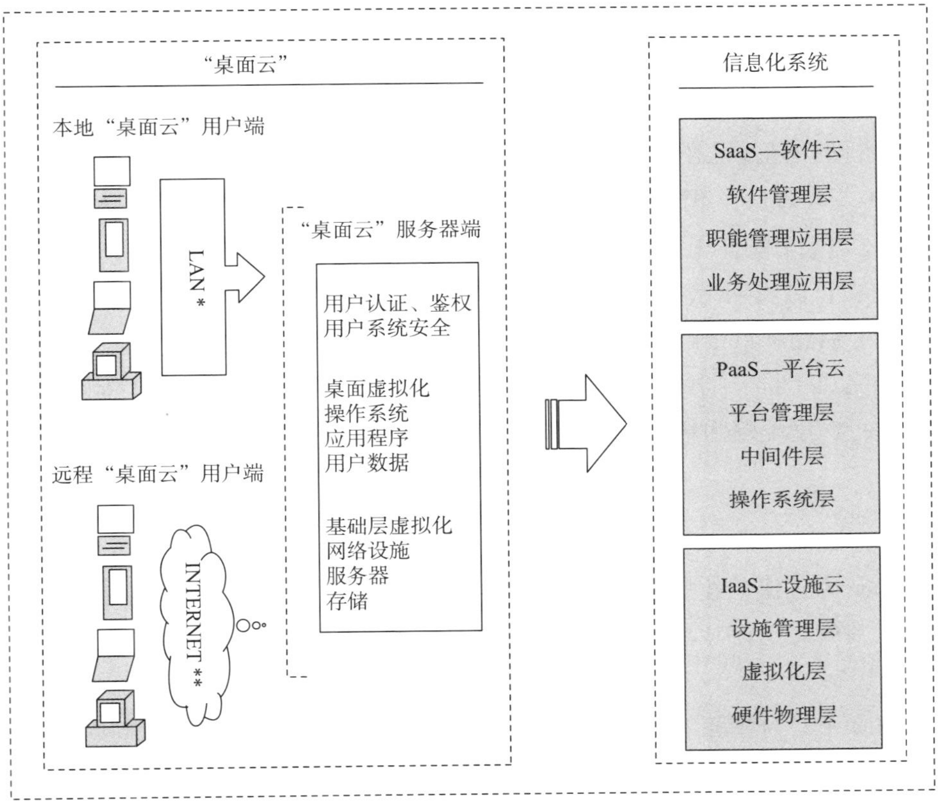

注：“桌面云”用户端既包括传统的台式机、笔记本电脑、平板电脑、智能手机，也包括只剩下键盘、显示器等外设的所谓“瘦终端（Thin Client）”。

图 11.6　“桌面云”技术体系架构

一是按照“桌面云”项目的技术指标和服务指标，进行产品选型和工程建设方案评价，组织产品供应商和工程建设服务商的招、投标；二是依据该项目的进度计划组织产品采购和工程建设，严格进行项目预算控制；三是安排产品检验和工程监理，确保产品质量、工程进度和工程质量达到优质与高效。

最后是推进运行和服务。

一是编制运维服务管理规范，组建“桌面云”系统的管理者、专业运维者和技术支撑者三支队伍，明确各自的职责任务，明确运维重点将由“桌面云”用户端转移至“桌面云”服务器端；二是在工程建设初验合格后，编制系统试运行方案、用户使用管理制度和用户使用手册等，开展用户培训，并印发试运行通知，启动试运行；三是在试运行期间随时监控系统试运行情况，及时处置系统异常和回复用户咨询，根据用户的合理化建议对系统进行初步优化；四是在两个月后，完成试运行报告，形成系统试运行正常且可以按期结束试运行的结论，且经工程建设终验合格后印发正式运行通知，转入正式运行；五是正式运行后，仍随时监控系统的运行情况，及时处置系统异常和回复用户咨询，并根据用户的合理化建议对系统进行进一步的优化和完善。

在项目试点期结束且完成试点期的建设目标后，蓝图科技又按照最初的项目规划，启动项目推广期的工作——将项目覆盖范围延展到其他地区的子公司，并如期完成了推广期的建设目标，最终形成了全公司统一的，可以对用户终端资源进行深度配置和集中管控的“桌面云”系统。

问题

您认为蓝图科技所依据的由基础层、应用层和结果（输出）层组成的企业信息化系统的设计思路合理吗？这种设计思路是普遍适用于各种企业，还是仅适用于蓝图科技？

您如何评价蓝图科技为推进“桌面云”项目所采取的“策划和规划”“规范和建设”“运行和服务”三个步骤？其中遗漏了什么应开展而未开展的重要工作吗？

您认为蓝图科技用“桌面云”构建企业的IT用户终端系统，就可以“一好百好”吗？一句话，“桌面云”存在什么不足吗？

11.4 为何 E-Learning 几乎无人问津

金石之声（公司）共有员工700多人，包括市场营销人员、产品设计人员、经营管理人员和生产线工人等。作为一家专门向市场提供音响器材的企业，金石之声对员工知识与技能的培训还是较为重视的，每年花在员工培训方面的费用约70万元。除了例行组织员工参加各类内训和外训活动之外，公司还在2008年通过招标采购的方式，选择一家应用软件提供商开发了一个“企业员工线上培训系统”，即 E-Learning。这既可以作为对金石之声已有的线下培训系统的完善和补充，方便公司员工自由安排线上学习，又可以利用课件能够重复使用的特点，提高人均培训费用的投入产出比，以实现进一步提升公司培训能力的目标。

然而，令人遗憾的是，目前 E-Learning 几乎无人问津——该系统的注册用户数虽有 505 人，但最近 1 年内访问过该系统的记录数只有 62 次，而最近 1 年内登录过该系统的用户数竟只有区区的 7 个人，还不足公司员工总数的 1%！

于是，在近期金石之声对信息化系统建设情况开展的一项调查中，约有 78% 的被调查者对 E-Learning 表示了“不屑”，此比例要远大于被调查者对 IMIS，以及财务核算、考勤和休假管理、业绩考核、销售合同等业务管理信息系统的“吐槽”。

这些被调查者对 E-Learning“不屑”的原因并不完全相同。

一部分被调查者认为，该系统当年开发时用户调研“肯定”做得不够到位，脱离了金石之声的实际，也没有完全满足员工知识与技能的培训需求，结果是该系统提供的一些使用功能和培训内容可能多余，而另一些使用功能和培训内容又可能缺失。

譬如在使用功能上，该系统提供了答疑辅导、批改作业、对试卷打分或定性评价等教师功能，但从来没有一位“教师”真正使用过这些功能——因为该系统就没有与开设课程对应的教师团队与学员开展任何形式的线上互动；反之，学员需要的对课件的截屏、笔记的复制和粘贴、对外部互联网资料的查阅、调用等功能，该系统却并不具备。

再如在培训内容上，该系统除有一些管理课程的“大路货”，如 Office 的基本操作、企业公文写作、非财务人员的财务管理、提升员工的执行力、班组管理等外，只有一些常规制造企业产品的研发、生产和销售方面的知识与技能培训的课程，而缺少针对金石之声这类音响产品制造企业产品的培训课程，如无线和有线传音器、调音台或前置放大器、音频控制处理器或效果器、均衡器、分频器、混频器、延时器等周边设备，以及功率放大器和各类音箱、喇叭等的研发、生产和销售方面的知识与技能的课程。

也有一部分被调查者认为，该系统在人机界面的开发上做得不合理，有些功能操作繁复，“用户用起来一点儿都不方便，自然就不爱用”。

譬如进入“个人中心”，学员在“在线学习”界面完成选课、阅读或听读、做笔记、做作业后，要从“在线学习”退出并去“考核或考试”界面时，会直接退出到该系统主页，必须重新进入“个人中心”，才能在“考核或考试”界面完成已学课程的考核或考试。

再如用户登录，该系统提供了3种登录方式，分别是以用户名、个人邮箱和手机号码登录，但设置密码的要求各不相同，有的不方便记忆，有的使用起来十分烦琐。其中，以用户名登录时设置密码的格式为10个阿拉伯数字和26个英文字母的组合，且英文字母要包括大小写；以个人邮箱登录时，登录密码的格式为10个阿拉伯数字和4个常用运算符号+、-、*、/的组合；以手机号码登录时，要发送验证码请求，以收到的手机短信动态码作为登录密码，而且每一次登录时都要重新发送验证码请求。

还有一部分被调查者认为，金石之声在该系统导入时培训、宣讲工作做得不深、不细，以至于许多人至今仍不会使用。通过回顾核查，发现该系统就没有开展过试运行——既没有印发试运行通知，编制试运行方案和使用手册，也没有开展过较大范围的员工培训，只是在正式运行前印发过一个通知，对正式运行开始的时间、注意的事项、相关的要求，以及技术支持的联系方式等予以了说明。

这部分被调查者中约有1/6的人是入职金石之声不足3年的新员工，他们表示：“来公司快3年了，根本就不知道公司有此E-Learning。自己入职时并没有接受过与此E-Learning相关的培训”“平常工作中也没有人对自己提及这个E-Learning”。

另有一部分被调查者认为，如果通过该系统进行员工培训，那就应该建立相关的培训制度，明确员工、教师（目前尚未落实）和作为培训组织者的人力资源部各自的责、权、利，对不参加E-Learning培训的员工应该怎么办，对考核或考试不合格的员工有哪些负向激励，等等，也要予以落实。只有这样，才能避免该系统沦为“像在丰盛的正餐后免费赠送的一小块甜饼”那样的尴尬境地。

问题

您如何评价被调查者对E-Learning表示的“不屑”和“不屑”的理由？

您认为金石之声是否应该建设E-Learning？

您认为应对E-Learning进行怎样地改进，才能发挥其真正的作用？

后　记

案头上翻开的旧笔记、堆积的报刊和书籍、大大小小的纸头……都去了它们该去的地方。

经过差不多一年的时间，我完成了这本《管理者之鉴》的写作。

而正是在这一年的时间里，新冠肺炎疫情突然降临并迅速传播开来，给正处于前所未有之大变局的世界平添了某种不确定因素。一时间，政治的、经济的、气候的、地缘的……种种矛盾和问题交织在一起，像撒下了一张无边无际的大网，需要不同国家、不同种族、不同肤色、不同语言、不同信仰的人们同舟共济，不屈不挠，才能冲破其束缚，向着和平与发展的人类光明的所在而奋力奔跑。

我想，做企业大抵也会如此吧？就如同我在《管理者之鉴》中讲述的这数十个管理案例一样，每一个管理者都是在各种各样的管理问题面前，不断地发现事物运行的客观规律，采取措施，突破险阻，虽艰难仍会义无反顾地澎湃前行的。

好在春天又重回大地，微风、阳光……到处都已是草长莺飞。

张晓成

二〇二一年春